© Cesare Cicardini

Beppe Severgnini, geboren 1956, lebt in Crema, in der Lombardei. Von 1996 bis 2003 war er Italienkorrespondent der Zeitung *The Economist*, seit 1998 führt er im *Corriere della Sera* die Kolumne »The Italians«. 2004 wurde er zum »Europäischen Journalisten des Jahres« gewählt. Seine Bücher sind nicht nur in Italien Bestseller, sondern auch in den USA, England und Deutschland.

Beppe Severgnini

Überleben in Italien

... ohne verheiratet, überfahren
oder verhaftet zu werden

Aus dem Italienischen
von Bruno Genzler

WILHELM HEYNE VERLAG
MUENCHEN

Titel der Originalausgabe: *La testa degli italiani*
Originalverlag: Rizzoli, Mailand

Verlagsgruppe Random House FSC-DEU-0100
Das für dieses Buch verwendete FSC®-zertifizierte Papier
Holmen Book Cream liefert Holmen Paper, Hallstavik, Schweden.

Taschenbucherstausgabe 04/2011

Copyright © der Originalausgabe 2005 by Beppe Severgnini
Copyright © der deutschsprachigen Ausgabe 2007 by Karl Blessing
Verlag, München, in der Verlagsgruppe Random House GmbH
Der Wilhelm Heyne Verlag, München, ist ein Verlag der
Verlagsgruppe Random House GmbH
Printed in Germany 2011
Umschlaggestaltung:
Hauptmann & Kompanie Werbeagentur, Zürich
Satz: Uhl + Massopust, Aalen
Druck und Bindung: GGP Media GmbH, Pößneck
ISBN: 978-3-453-64527-1

www.heyne.de

Für Indro Montanelli,
wie vereinbart

»*In dieser Lage ist Ehrlichkeit mit sich*
selbst die beste Art der Vaterlandsliebe.«
Luigi Barzini, *Die Italiener*

Inhaltsverzeichnis

Freitag
ERSTER TAG

Von Malpensa nach Mailand

Am Flughafen, wo wir zeigen, dass wir Ausnahmen mehr als Regeln lieben

Italiener zu sein, ist ein Fulltime-Job. Keinen Augenblick vergessen wir, wer wir wirklich sind, machen uns aber einen Spaß daraus, diejenigen, die uns beobachten, zu verwirren.

Misstrauen Sie dem spontanen Lächeln, den wachen Augen, der Eleganz vieler und der Lässigkeit aller, die Ihnen begegnen. Dieses Land wirkt sexy, verspricht Aufmerksamkeit und Sinnesfreuden. Aber lassen Sie sich nicht täuschen. Oder bitte, tun Sie es, wenn Sie unbedingt wollen, aber kommen Sie nachher nicht auf die Idee, sich zu beschweren.

Ein amerikanischer Reisender schrieb einmal: *Italy is the land of human nature*, »Italien ist das Land der menschlichen Natur.« Stimmt das – und es sieht ganz danach aus –, wird Ihre Erkundungsreise zu einem Abenteuer. Eine gute Karte wäre von Vorteil.

Sie haben also zehn Tage Zeit? Gut, dann schlage ich Ihnen Folgendes vor: Wir reisen durch das Land und schauen uns jeden Tag drei Orte genauer an. Die klassischen Stätten einer Italienreise, über die schon so viel geschrieben wurde – vielleicht weil man so wenig darüber weiß –, sowie jene Orte, die typisch sind für unseren italienischen Alltag. Da wir schon mal hier sind, wollen wir mit dem Flughafen beginnen. Später werde ich Ihnen unsere ungeschriebenen Verkehrsregeln erläutern, die anarchistischen Tendenzen in einem italienischen Büro, den Rededrang im italienischen Zug, die Theatralik im Hotel oder die Weisheit bei Tisch im Restaurant. Die Einsamkeit im Fußballstadion und das Gedränge im Schlafzimmer, der sinnliche Trost der Kirche und die Bedeutung des Strandlebens, die Neurosen einer Hausgemeinschaft und die Solidarität im heimischen Wohnzimmer, Fernsehen, Piazza und Einkaufszentren – all das sind Orte und Themen, die uns beschäftigen werden.

Dreißig Orte in zehn Tagen. Eine anstrengende Tour, auf der Suche nach dem Weg, der direkt in den Kopf der Italiener führt.

Zunächst einmal müssen Sie sich eines klarmachen: Ihr *Italy*, Ihr Italien, ist nicht unser *Italia*. *Italy* ist eine leichte Droge, die in allseits bekannten Formen gedealt wird: sanfte Hügel im Sonnenuntergang, Oliven- und Zitronenbäume, roter Wein und schwarzhaarige Jugendliche. *Italia* hingegen ist ein Labyrinth. Faszinierend, aber verworren. Man gerät leicht hinein und irrt dann jahrelang orientierungslos darin herum. Mit größtem Vergnügen, versteht sich.

Auf der Suche nach dem Ausgang stützen sich viele Fremde auf die Urteile früherer Reisender von Goethe bis Stendhal, von Lord Byron bis Mark Twain, die sich alle rasch ihre feste Meinung über unser Land bildeten und gar nicht schnell genug nach Hause kommen konnten, um sie niederzuschreiben. Diese Autoren werden bis heute immer wieder zitiert, so als ob seit deren Zeiten alles gleich geblieben wäre. Das ist natürlich nicht wahr. Manches hat sich schon geändert in Italien. Aber man muss schon sorgfältiger hinschauen, um herauszufinden, was genau.

Modernere Reiseberichte lassen sich grob in zwei Kategorien einordnen: Chroniken einer entflammenden Liebe und Zeugnisse einer bitteren Desillusionierung. Zeichnen sich Erstere durch einen gehörigen Minderwertigkeitskomplex gegenüber unserem Privatleben aus (vor allem, was den Zusammenhalt der Familie und die ausgezeichnete italienische Küche betrifft), so sind Letztere von einem Überlegenheitsgefühl angesichts unserer öffentlichen Probleme getragen (man findet stets eine scharfe Abrechnung mit der Korruption im Land und einen langen Abschnitt über die Mafia).

Die Chroniken einer entflammenden Liebe, üblicherweise von amerikanischen Frauen geschrieben, erzählen von einer Leidenschaft ohne Interesse: Beschrieben wird ein saisonales Paradies mit einem tollen Klima und herzlichen Menschen. Die Zeugnisse einer Desillusionierung, fast immer von englischen Männern verfasst, verraten hingegen ein Interesse ohne Liebe. Sie beschreiben ein befremdliches Land, das wie von unzuverlässigen Menschen bewohnt und von undurchschaubaren, teuflischen Mechanismen gesteuert wirkt.

Dabei ist Italien keine Hölle. Dazu ist man zu freundlich. Aber auch kein Paradies. Dazu ist man zu undiszipliniert. Einigen wir uns darauf, es ist ein ungewöhnliches Fegefeuer voller stolzer büßender Seelen, die alle glauben, persönlich ein privilegiertes Verhältnis zum

Hausherrn zu haben. Ein Ort, der uns im Umkreis von hundert Metern und im Verlauf von zehn Minuten in Rage bringen und in Verzückung versetzen kann. Eine Art Labor, einzigartig auf der ganzen Welt, das einen Botticelli ebenso hervorbringen konnte wie einen Berlusconi. Ein Ort, dem wir entfliehen möchten, wenn wir dort leben, und an den es uns mit Macht zurückzieht, sobald wir geflohen sind. Ein solches Land ist natürlich nicht leicht zu beschreiben und noch schwieriger zu verstehen. Vor allem für Sie als Ausländer, der, mit ordentlichem Übergepäck an Fantasie angereist, gerade den Zoll am Flughafen passiert hat.

Schauen Sie sich nur mal um. Wer geschrieben hat, ein Flughafen sei ein »Nicht-Ort«, war nie hier in Malpensa, am anderen Mailänder Flughafen Linate oder am römischen Fiumicino. Oder er war dort, hatte aber zu viel damit zu tun, den Leuten auszuweichen, die mit ihren Handys beschäftigt sind und nicht schauen, wo sie hinlaufen.

So ein italienischer Flughafen hat etwas radikal Italienisches. Er ist wie ein Zoo, aber mit Klimaanlage, in dem die Geschöpfe nicht beißen und Gift nur in der einen oder anderen spitzen Bemerkung verspritzen. Wer die Klänge und Zeichen zu deuten weiß, spürt, dass sich ständig irgendetwas anbahnt. Üblicherweise außergewöhnliche Dinge. Denn bei uns ist die Normalität außergewöhnlich. Haben Sie zufällig »Terminal« gesehen? Glauben Sie mir, spielte der Film hier in Malpensa, hätte sich Tom Hanks nicht nur in Catherine Zeta-Jones verliebt, sondern auch eine Partei gegründet, ein Referendum auf den Weg gebracht, ein Restaurant eröffnet und ein Straßenfest organisiert.

Achten Sie mal auf die kindliche Freude, mit der hier Passanten Geschäfte betreten, oder wie kreativ sie sich Beschäftigungen ausdenken, um sich die Zeit zu vertreiben. Oder fällt Ihnen auf, wie befangen sie angesichts von Uniformen werden, ganz gleich, ob ein Pilot auf Zwischenlandung darin steckt oder ein Mann vom Reinigungsdienst? Seit Jahrhunderten schon verursacht uns Autorität Unbehagen, und um diesem beizukommen, haben wir ein ganzes Waffenarsenal entwickelt: Schmeicheleien und Gleichgültigkeit, Vertraulichkeit und Komplizenschaft, offene Feindseligkeit und gespielte Bewunderung. Sehen Sie sich mal die Gesichter der Leute an, die durch die Automatiktüren der Ankunftshalle für internationale Flüge treten. Fällt Ihnen diese kaum wahrnehmbare Erleichterung auf, weil sie die Zollkontrolle hinter sich gebracht haben? Dabei haben die allermeisten Passagiere gar nichts zu verbergen. Aber darauf kommt es nicht an. Was zählt, ist nur: Eine Uniform stand im Weg, und jetzt ist der Weg frei.

Schauen Sie mal, mit welcher Erleichterung, ja Zuneigung sie ihre vom Rollband gewuchteten Gepäckstücke betrachten. Beim Check-in waren sie nämlich keineswegs davon überzeugt, sie am Ziel wiederzusehen, und hatten nichts unversucht gelassen, sie als Handgepäck mit an Bord zu nehmen. Lauschen Sie mal den Wortwechseln der Paare, die jetzt noch eine Spur giftiger als üblich geführt werden, weil man sich in der Öffentlichkeit befindet (»Aber Mario, du hast doch gesagt, dass du die Pässe eingesteckt hast!«). Oder bewundern Sie die Theatralik der Familien, die von der großen Reise zurückkehren. Ihre Gesten und Rituale, ihr Bitten, Auffordern und Rufen – Mama fragt, wo der Sohn ist, Papa sucht und ruft nach dem Sohn, Sohn antwortet, Papa sagt Mama Bescheid, aber jetzt ist Mama verschwunden – sind die gleichen, die sie auch in einem New Yorker Hotel oder auf einem Markt in London vorgeführt haben.

In Malpensa findet man im Keim bereits alles, was unser Land ausmacht. Nur naive Beobachter können das für Chaos halten. In Wirklichkeit ist es eine Aufführung, Improvisationstheater mit fähigen Schauspielern, von denen sich keiner als Statist sieht, sondern alle als Hauptdarsteller, egal, wie winzig ihre Rollen sein mögen. Federico Fellini wäre ein guter Ministerpräsident geworden, hätte er sich nur zur Wahl gestellt. Denn wer die Italiener regieren will, muss ein großer Regisseur sein.

Was lässt sich sonst auf einem italienischen Flughafen lernen? Nun, zum Beispiel, dass auch hier wieder einmal unsere größte Stärke – die Liebe zu allem Schönen – in unsere größte Schwäche umzukippen droht, weil sie uns davon abhält, uns für das »Richtige« zu entscheiden.

Sehen Sie mal dort drüben die Mädchen vor dem Handy-Laden, wie sie sich verführerisch auf ihren Hockern räkeln. Manch eine wird ein Telefon nicht von einer Fernbedienung unterscheiden können, aber alle sind sie unbestreitbar attraktiv. Warum haben die Mobilfunkbetreiber sie dort platziert, anstatt qualifiziertes Personal zu beschäftigen? Na, weil die Kunden es so verlangen. Gefragter als ein wacher Geist sind eben lange Beine.

Bleiben wir noch einen Moment dabei, denn aus der Sache lässt sich einiges lernen: Auch wenn sie keinen Minirock trägt, sind wir Italiener bereit, der Schönheit vieles zu opfern. *Never judge a book by its cover* klingt in italienischen Ohren unverständlich. Nein, wir beurteilen ein Buch nach dem Einband, einen Politiker nach seinem Lächeln, den Anwalt nach seinem Büro, die Sekretärin nach ihrem Auftreten, die Lampe nach ihrem Design, ein Auto nach seiner Form und die Menschen nach ihren Titeln (nicht zufällig ist jeder vierte Italiener Vorsitzender von irgendetwas). Schauen Sie sich die viele Werbung hier im Flughafen an, für Autos, Taschen, Kosmetika etc. Niemand wirbt damit, wie gut sein Produkt funktioniert; nein, erklärt wird uns, wie unwiderstehlich wir sein werden, wenn wir es kaufen. Als hätten wir Italiener solche Aufpäppelungen nötig.

Würde unsere Begeisterung für das Schöne bei den Handymädchen, bei Lampen oder Autos Halt machen, wäre die Sache ja halb so wild. Leider begleitet sie uns aber auch auf dem Gebiet der Moral und verleitet uns, wie erwähnt, dazu, Schönes mit Gutem oder Richtigem gleichzusetzen. Im Italienischen, und nur bei uns, sagen wir *fare bella figura*, eine »schöne Figur machen«, wenn es um einen »guten Eindruck« geht. Überlegen Sie mal, wie aufschlussreich: ein ästhetischer Begriff für eine bestimmte Verhaltensweise.

Sehen Sie die ältere Dame dort drüben, wahrscheinlich eine Französin? Sie steckt in Schwierigkeiten. Gerade hat sie ihre zwei großen Koffer vom Gepäckband gezogen und findet keinen Kofferkuli. Ginge ich zu ihr, um mich vorzustellen und ihr meine Hilfe anzubieten, so würde sie wahrscheinlich erleichtert annehmen. Zugleich aber würde etwas Seltsames geschehen, eine Art Verdopplung, ja Persönlichkeitsspaltung. Während Beppe die Sache in die Hand nähme, würde Severgnini die Szene von außen beobachten und schließlich sich selbst beziehungsweise Beppe für sein Tun loben, der dieses Lob entgegennähme und zufrieden seiner Wege ginge.

Unser Exhibitionismus ist schon etwas Besonderes. Er kann gänzlich auf ein Publikum verzichten, denn auf psychologischer Ebene sind wir uns selbst genug. Und wo liegt dann das Problem? Nun, ganz einfach darin, dass uns schöne Gesten zu gut gefallen und uns im Grunde wichtiger sind als richtige Verhaltensweisen. Denn vermitteln uns Erstere ein angenehmes Gefühl, so sind Letztere doch eher mühsam. Leider machen zehn gute Taten noch keinen zu einem guten Menschen, so wie ihn zehn Missetaten nicht unweigerlich zum Sünder stempeln. Theologen unterscheiden hier zwischen *actum* und *habitus*: Weniger auf die Episode kommt es an, als auf die Gewohnheit.

Mit anderen Worten: Wollen Sie Italien wirklich verstehen, so legen Sie die Reiseführer beiseite und beschäftigen Sie sich mit Theologie.

Die Ethik geht in der Ästhetik unter. Ein ausgeprägter Sinn für alles Schöne: Damit wäre unser erster Schwachpunkt benannt. Wir haben aber noch mehr davon: Wir sind einzigartig, intelligent, gesellig, flexibel und sensibel. Zum Ausgleich verfügen wir aber auch über diverse Stärken: Wir sind überkritisch, häuslich, fügsam, so friedlich, dass es Feigheit nahekommt, und so großzügig, dass es an Naivität grenzt. Verstehen Sie jetzt, warum wir Italiener so befremdlich wirken? Weil die Eigenschaften, die allgemein als Tugenden gelten, unsere Schwächen sind. Und umgekehrt.

Wir sind einzigartig, sagte ich, und das muss wirklich keine Tugend sein. Überrascht? Nun, dann hören Sie mal zu. Vor zwei Stunden saßen Sie noch in einem Airbus der *Alitalia*. Ein andermal flogen Sie vielleicht mit *American Airlines* oder *British Airways*. Ist Ihnen aufgefallen, wie unterschiedlich sich das Bordpersonal verhält?

Die junge italienische Stewardess wird sicher ihre Berufsbezeichnung *assistente di volo* (Flugassistentin) ernst nehmen, das heißt, die Maschine fliegt, und sie assistiert. Aber sie ist auch attraktiv, elegant, vornehm, und das in einem Maße, dass ihr Aussehen und ihr Auftreten einschüchternd wirken. Ich erinnere mich da an einen Flug von Mailand nach New York. Die Stewardess der *Alitalia*, eine schöne schwarzhaarige Neapolitanerin, stolzierte auf und ab: ein Model auf dem Laufsteg in neuntausend Metern Höhe. Mein Sitznachbar sah ihr nach und fragte mich dann: »Meinen Sie, ich könnte noch einen Kaffee bekommen?« – »Und das fragen Sie mich? Die da müssen Sie fragen«, antwortete ich, indem ich auf die Stewardess deutete. »Ja, aber ich kann doch nicht Sophia Loren um einen Kaffee bitten«, seufzte er resigniert. Und damit hatte er Recht.

Die schöne Italienerin gab ihre Vorstellung hoch über den Wolken, und niemand wagte es, sie dabei zu stören.

Vergleichen wir doch mit ihr eine englische Stewardess: Die hat nichts von einem Model. Dezentes Makeup, kein Schmuck. Nicht selten ist sie stämmig gebaut, und bis vor Kurzem trug sie noch ein keckes Hütchen, wie man es sonst nur noch bei Eisverkäufern in New Jersey sah. Ihre Absätze sind niedrig und breit, denn sie trägt *sensible shoes*, »vernünftige Schuhe«, wie sie in London heißen. Während sich das *Alitalia*-Personal smaragdgrün kleidet, wagt sich das von *British Airways* an allzu komplizierte Kombinationen aus Blau, Rot und Weiß, oder an Farbtöne zwischen Mayonnaise und Pfirsich, wie sie in der Natur sicher nicht vorkommen. Dafür aber ist die englische Stewardess beflissen und zuvorkommend, eilt hin und her und lächelt jedes Mal. Sie wartet, bis der Passagier den ersten Bissen im Mund hat, um unversehens hinter ihm aufzutauchen und mit strahlendem Gesicht zu fragen: »*Is everything allright?*«

Aber dann passiert irgendetwas. Sagen wir, Sie kippen sich den Kaffee über die Hose. In dieser Situation erleben wir eine brüske Umwandlung beider Persönlichkeiten, die, wie Sie gemerkt haben, die jeweiligen Nationalcharaktere verkörpern. Die Engländerin erstarrt, weil Sie, der Passagier, vom *pattern*, dem vorgesehenen Weg, abgewichen sind. Sie haben etwas getan, was Sie nicht hätten tun sollen. Und ganz spontan erwacht in ihr die Gouvernante oder Schulleiterin. Sie sagt nichts, lässt Sie aber spüren, dass sie sich ärgert.

Auch die schöne Italienerin verwandelt sich. In der

Not verschwindet die Distanz. Wenn sie gebraucht wird, kommt die Mama zum Vorschein, die Schwester, Gefährtin, Freundin, Geliebte: Sie legt ihren Blazer ab und hilft Ihnen tatsächlich. So schwach und mürrisch sie im normalen Ablauf der Dinge auftritt, so sehr dreht sie nun bei diesem Zwischenfall auf, der es ihr ermöglicht, all ihre Fähigkeiten zur Entfaltung zu bringen. Was ist aus der unnahbaren Diva geworden? Sie ist verschwunden, wird ersetzt durch ein lächelndes Mädchen, das versucht, sich nützlich zu machen.

Sie meinen, wenn man das so liest, könnte man leicht auf die Idee kommen, beim nächsten Mal wieder *Alitalia* zu buchen, um sich den Kaffee über die Hose zu kippen? Warum nicht? Für eine schöne Italienerin riskiert man schon einmal eine Brandwunde.

So, dann machen wir uns mal auf den Weg. *Are you ready for the Italian jungle?*

Im Straßenverkehr
oder Psychologische Studien vor der Ampel

Es heißt allgemein, wir Italiener seien intelligent. Das stimmt wohl. Das Problem ist nur, dass wir es ständig, ohne Unterlass, sein wollen. Staunend beobachten Fremde, was uns so alles in den Sinn kommt, die Einfälle im Sekundentakt, Geistesblitze, Fantastereien, Glanzleistungen an Geistesgegenwart oder auch Pedanterie, kurzum, das ganze Feuerwerk, das italienische Köpfe abzufeuern verstehen. Engländer machen sich vielleicht jede Stunde über irgendwas Gedanken, Amerikaner alle halbe Stunde, Franzosen jede Viertelstunde. Jedenfalls nicht alle drei Minuten, so wie wir; das würde sie aus dem Gleichgewicht bringen.

Dies ist auch der Grund, warum in anderen Ländern Vorschriften und Regeln eher Beachtung finden als in Italien. Das selbstverständliche Akzeptieren einer Norm erscheint uns als Beleidigung unserer Intelligenz. Einfach zu gehorchen, wäre uns zu banal, zunächst wollen wir uns mal Gedanken machen. Denn wir selbst möchten entscheiden, ob irgendeine Vorgabe auf unseren speziellen Fall Anwendung finden kann. Jetzt, in diesem Moment.

Nehmen wir nur mal diese rote Ampel dort. Sie sieht aus wie jede beliebige Ampel der Welt, tatsächlich aber handelt es sich um eine italienische Erfindung. Denn sie befiehlt nichts, wie naive Menschen glauben mögen, und gibt auch keine Empfehlungen. Nein, sie ist nur der Ausgangspunkt einer Überlegung, die niemals dumm ist, überflüssig schon, aber nicht dumm.

Wenn wir Italiener, oder viele von uns, an eine rote Ampel kommen, registriert unser Gehirn kein Verbot (»Rot! Stopp! Nicht rüberfahren!«), sondern verspürt einen Impuls: So, schauen wir mal, was ist das überhaupt für ein Rot? Ein Fußgänger-Rot? Gut, aber es ist ja erst sieben Uhr morgens, Fußgänger sind um diese Zeit noch keine auf der Straße. Das heißt, dieses Rot ist ein hinterfragbares Rot, ein nicht-wirklich-rotes Rot: Das heißt, wir fahren rüber. Oder ist es ein Rot, das den Verkehr an der Kreuzung regelt? Ja, aber was ist das für eine Kreuzung? Hier hat man einen guten Überblick, man sieht genau, ob jemand kommt, und im Moment kommt niemand. Also ist dieses Rot nur ein Fast-Rot, ein relatives Rot. Was tun? Wir überlegen einen Moment – und fahren rüber.

Was ist aber, wenn es sich um eine Ampel an einer gefährlichen Kreuzung handelt (mehrere, sich schneidende Fahrbahnen, hohe Geschwindigkeit, schlechte Übersicht)? Keine Frage, wir halten an und warten auf Grün. In Florenz – wir werden einen Abstecher dorthin machen – kennt man den Ausdruck »volles Rot«. »Rot« ist ein Begriff aus der Amtssprache, »voll« ist der persönliche Beitrag dazu.

Man beachte, dass solche Entscheidungen nicht leichtfertig getroffen werden. Meist sind sie das Ergebnis logischer Überlegungen, die sich fast immer als richtig erweisen (wenn nicht, kommt der Notarzt).

Diese Haltung nehmen wir zu allen Regeln und Geboten ein, nicht nur der Straßenverkehrsordnung, sondern auch des Bürgerlichen Gesetzbuchs, des Steuerrechts oder der Moral. Man mag das für Opportunismus halten, aber dahinter steht weniger Eigennutz als ein gewisser Stolz. Schon vor fünfhundert Jahren betrachtete sich der italienische Bildhauer Benvenuto Cellini als »in meiner Eigenschaft als Künstler über den Gesetzen stehend«. So weit würde die Mehrheit der Italiener wohl nicht gehen, nimmt sich aber jederzeit das Recht zu einer authentischen Interpretation von Norm und Situation heraus. Der Grundsatz, dass ein Verbot eben ein Verbot ist und eine rote Ampel eine rote Ampel, kann so nicht akzeptiert werden. Jeder sagt sich: Das müssen wir erst mal durchsprechen.

Auf allen Straßen der Welt ist es üblich, dass Autofahrer am Zebrastreifen anhalten. Wo nicht, gibt es entweder keine Zebrastreifen oder keine Straßen. Italien ist da ein Sonderfall. Wir haben sowohl Straßen (die verstopft sind) als auch (verblichene) Zebrastreifen, aber dass Autos dort halten, sieht man selten. Stattdessen wird antizipiert, beschleunigt, verlangsamt, umkurvt. Mal schießt man vor den Füßen des Hindernisses vorbei, mal knapp dahinter. Und der Fußgänger darf sich wie ein Torero fühlen; nur ist der Gegner zu schnell, als dass er auf ihn einstechen könnte.

Hin und wieder allerdings kommt es vor, dass eine Heilige, ein Irrer oder ein Fremder für den Fußgänger anhält. Aber was passiert daraufhin? Die Autofahrer dahinter müssen bremsen und ärgern sich: Jetzt wären sie um ein Haar aufgefahren. Und wofür? Für einen Fußgänger, der schließlich auch warten konnte, bis die Straße frei war. Der geschonte Passant wiederum setzt eine pathetisch dankbare Miene auf. Er hat ganz vergessen, dass er im Recht ist, und sieht nur das Nachgeben des Autofahrers, der ihn mit ungewohntem Respekt behandelt hat. Er geht rüber und bedankt sich freundlich. Trüge er einen Hut, würde er ihn ziehen und sich dabei wie ein Bauer in einer Novelle Boccaccios verneigen.

Vor rund dreißig Jahren schrieb ein amerikanischer Journalist: »Fußgänger zu sein, gilt in Italien nicht als schick, sondern zeugt von schlechtem Geschmack.« Sollte sich daran mittlerweile etwas geändert haben, dann höchstens zum Schlechteren hin. In der gnadenlosen Hierarchie der Straße haben sich nun auch Mopeds und Motorroller ihren Platz erobert (Fahrräder nicht, die gelten als Leidensgenossen der Fußgänger). Gewiss sind die Bremsen heute viel besser als damals, aber sich von der optimalen Bremswirkung eines ABS-Systems zwei Meter vor den eigenen Knöcheln zu überzeugen, macht auch nicht froh. Es sei denn, Sie zählen zu den Besuchern, die nach Italien kommen und alles pittoresk finden. Dann haben Sie auch das verdient, was immer Ihnen zustoßen mag. Auf italienischen Straßen müssen Sie auf alles gefasst sein.

So wie sich Menschen mittels Stimmbändern, Zunge, Augen und Händen ausdrücken, schreibt der amerikanische Schriftsteller John Updike, machen es Autos mit Hupen und Scheinwerfern. Ein kurzes Aufhupen bedeutet »Hallo!«. Ein langer Ton »Ich hasse dich!«. Und ein kurzes Aufblenden besagt: »Fahren Sie, ich warte.«

Was soll man dazu sagen? Updike hat wirklich meisterhafte Romane geschrieben, doch seine Kenntnisse der Autosprache sind eher rudimentär. Schauen Sie sich einfach mal um: In Italien reden Autos nicht nur, nein, sie kommentieren, beleidigen, unterstellen, halten Vorlesungen, flüstern, schreien, protestieren, flehen, weinen, kurz: sie drücken alle Schattierungen der menschlichen Seele aus. Und wir verstehen sie.

Mit der Hupe gelingt es uns, ganze Symphonien zu komponieren. Zwar wird sie nicht mehr ganz so expressiv wie früher eingesetzt, bleibt aber ein ausdrucksstarkes, anspielungsreiches, bei Gelegenheit auch aggressives Instrument. Ein kurzes, trockenes Signal bedeutet: »He, die Parklücke da hab ich zuerst gesehen!«, oder auch, »Wach auf, es ist grün!«. Ein längerer, klagender Ton fragt: »Wem gehört denn der Wagen vor meinem Garagentor?« Zweimal kurz zeigt an: »Ich bin da«, etwa dem Nachwuchs, der gerade das Schulgebäude verlässt. Manch ein Taxifahrer ist gar imstande, mit der Hupe Mitgefühl und Solidarität zum Ausdruck zu bringen. Das ist dann keine Ruhestörung, sondern eine Erscheinungsform überflüssiger Virtuosität. Nicht die einzige in Italien.

Und die Lichthupe? Mit ihr erklärt man nicht: »Fahren Sie, ich warte«, sondern »Warte, ich fahre« (ein Ausländer, der diese Sprache missversteht, wird die Konsequenzen zu tragen haben). Aufblenden auf der Überholspur der Autobahn bedeutet in der Regel: »Weg, lass mich vorbei«. Wird scheinbar unmotiviert aufgeblendet, dann zu dem Zweck, vor einer Kontrolle der Verkehrspolizei zu warnen. Dies ist einer der wenigen Fälle, da wir Italiener uns – beglückt, die staatliche Autorität unterlaufen zu können – zusammentun. Sicher, dabei handelt es sich um einen schon fragwürdigen, ja unzivilisierten Gemeinsinn, ein Phänomen, mit dem sich mal jemand beschäftigen sollte.

Wer den chaotischen Verkehr auf unseren Straßen beobachtet, wird nicht umhinkommen, sich über die geradezu philosophische Distanz der Verkehrspolizisten zu wundern. In der Mailänder Innenstadt, die eigentlich für den motorisierten Verkehr gesperrt ist, zirkulieren allerlei Fahrzeuge, mit Sondererlaubnis ausgestattete Mailänder, vor Wut kochende Lombarden aus dem Umland, verwirrte Italiener sowie gewitzte oder verirrte Schweizer. Schauen Sie sich mal die Schlange der in zweiter Reihe geparkten Wagen an: Eine reichte schon, um die Allee zur Gasse zu machen. Und warum greift kein Polizist, keine Politesse ein? Na, weil sie tolerant sind. Und weil sie eingesehen haben, dass sie unmöglich der gesamten Menschheit einen Strafzettel verpassen können.

Noch nicht einmal diese Wächter staatlicher Autorität urteilen auf der Grundlage allgemeingültiger Regeln, sondern setzen sich mit den persönlichen Entscheidungen der Autofahrer auseinander, wobei sie eine Flexibilität an den Tag legen, die Ordnungskräften anderer Länder wohl unbekannt ist. Sie sollten bei einer Auseinandersetzung, wie sie sich bei dieser Gelegenheit leicht entspinnen kann, einfach mal reinhören. Hier handelt es sich um Mini-Schnellverfahren mit allem, was dazugehört, Staatsanwalt (Polizist), Zeugen (ein weiterer Polizist, Passanten), Rechtsanwalt (die Ehefrau), den üblichen Schutzbehauptungen (»Ich wohne doch direkt gegenüber«, »Ich war nur auf einem Sprung in der Apotheke«) sowie abschließendem Urteil und Urteilsbegründung. Ein echtes Phänomen, diese spontane ambulante Justiz, denn im Unterschied zur regulären – neun Millionen Fälle, die auf ein Urteil warten, acht von zehn Straftaten bleiben ungesühnt – funktioniert sie tatsächlich.

Doch mit der Toleranz ist es wie mit dem Wein: In Maßen genossen tut er gut, zu viel davon ist unbekömmlich. Denken Sie nur an die Autos, die auf der Hinfahrt wie Geschosse auf der Überholspur an uns vorbeijagten. Würden Sie mit den Fahrern reden, könnten Sie feststellen, dass die geltende Geschwindigkeitsbeschränkung auf allen Autobahnen – einhundertdreißig Stundenkilometer – für sie kein Maß ist, sondern Anlass für eine Debatte. Man würde nicht erwarten, dass der Primitivling, der uns vorhin noch an der Stoßstange hing und wie von Sinnen auf- und abblendete, in der Lage sein soll, sich irgendwie zu rechtfertigen. Aber genau das tut er, wechselt von anthropologischen zu psychologischen Argumenten, erinnert an kinetische und juristische Grundsätze, beruft sich auf zu seinen Gunsten sprechende Auslegungen und Fehlertoleranzen und vertraut schließlich auf den Ermessungsspielraum und die Gnade der staatlichen Autorität.

So wie er Auto fährt, müsste man ihn einsperren. So wie er diskutiert, hätte er einen Lehrstuhl an einer Universität verdient. Der Beamte, der ihm zugehört hat, denkt: »Vielleicht sollte ich hier mal tolerant sein.« Und indem er den einen freispricht, verurteilt er alle anderen.

Im Hotel
oder Einzelfälle im Doppelzimmer

In einem Brief nach Hause schrieb D. H. Lawrence: »Eben deswegen lebe ich so gern in Italien. Die Menschen hier sind so unbedarft. Sie fühlen und wollen. Aber sie wissen nicht.« Papperlapapp. Wir wussten und wissen immer sehr gut, was los ist, auch wenn wir mal die Ahnungslosen spielen.

Nehmen wir nur dieses Hotel hier. Was unterscheidet es von einem amerikanischen Motel? Alles. So ein amerikanisches Motel ist vorhersehbar, wiederholbar, beruhigend, gut und leicht nutzbar. Das italienische Hotel aber – auch das hier in der Mailänder Innenstadt – ist unvorhersehbar, einzigartig, überraschend. Es verlangt Zeit und Aufmerksamkeit und birgt vielerlei Geheimnisse. Wir Italiener erwarten von einem Hotel keinen erlesenen Service, sondern suchen die kleinen Herausforderungen. Es schmeichelt uns eben, ein gutes Zimmer zu ergattern und dann auch noch herauszufinden, wo sich der Lichtschalter an der Wand befindet, den man hinter allerlei Zierrat versteckt hat.

Betreten etwa in Michigan ein Mann und eine Frau ein Hotel, fragt sich der *receptionist* nicht den Bruchteil einer Sekunde, welche Art Beziehung die beiden verbinden könnte (Freunde, Geliebte, Kollegen, Vater und

Tochter, Paar in Ehekrise? Alles deren Sache!). Was das spontane Lächeln und den Verzicht auf Fragen betrifft, geht es in diesem Mailänder Hotel ebenso professionell zu. Doch der Blick verrät Neugier, die aber nicht unangenehm sein muss. Ja, gewiss: Man kümmert sich um unsere Angelegenheiten. Auf diesem Wege aber auch um uns.

Wie Sie sehen, ist dieser Ort hier weder pittoresk noch *charming*. Es passt keines der Adjektive, mit denen uns Fremde üblicherweise klassifizieren und herabsetzen (wir tun das Gleiche umgekehrt auch, Sie brauchen also kein schlechtes Gewissen zu haben). Er ist hell, frisch renoviert, und es geht geschäftig zu. Vierundneunzig Zimmer, *room service*, »das einzige Hotel in Mailand, in dem Sie über eine High-Speed-Verbindung im Internet surfen und per E-Mail kommunizieren können«, wie es in einer Broschüre heißt (hoffentlich stimmt das nicht). Gerade in seiner Normalität sagt dieses Hotel einiges über Kopf und Herz der Italiener aus, beides exotische Bereiche, die stets für eine Überraschung gut sind.

Die Höflichkeit ist nicht aufgesetzt, aber es handelt sich auch nicht um leidenschaftliche Dienstfertigkeit und Hingabe, wie manch einer vielleicht glauben mag. Es ist mehr eine Kombination von Intuition (das möchte der Kunde), Professionalität (das ist wohl meine Aufgabe), menschlicher Toleranz (auch andere haben ihre kleinen Laster, so wie ich selbst), Gewitztheit (je zufriedener der Gast ist, desto weniger verlangt er) und gesundem Menschenverstand (höflich zu sein, ist so anstrengend nun auch wieder nicht). Und all das sorgt für einen warmen Empfang.

Merken Sie sich: Diese Wärme ist die Durchschnittstemperatur der sozialen Beziehungen in unserem Land. Das Thermostat reagiert empfindlich, und der Mechanismus springt sogleich an, nicht nur zwischen Portier und Hotelgast, sondern auch zwischen Verkäufer und Käufer, Wähler und Politiker, Kontrolleur und Kontrolliertem. Und so kommt es, dass wir in der ganzen Welt für unsere guten Concierges und Carabinieri bekannt sind, für unsere tüchtigen Kaufleute und diskret agierenden Betrüger.

Um es noch einmal zu wiederholen: Von einem Hotel verlangen wir nicht, wie andere Völker, Gleichförmigkeit und Vorhersehbarkeit. Nein, wir fühlen uns als einmalig und möchten auch so behandelt werden, an einem einmaligen Ort, in einer einmaligen Situation. Und mögen wir auch nur zufälliger Gast in einem stinknormalen Hotel sein, so sind wir doch überzeugt, dass in irgendeinem mysteriösen Verzeichnis – das von den Göttern geführt wird und nicht von der Meldebehörde – Spuren unserer Durchreise erhalten bleiben werden.

Die Motels der *Agip*-Kette waren einmal der kühne Versuch, das Hotelangebot in Italien zu standardisieren. Gewiss ein interessantes kulturelles Experiment mit einem durchdachten Konzept, aber heute geht die Entwicklung wieder in eine andere Richtung. Und das ist nicht zufällig die altbekannte: In einem Hotel erwarten wir mehr noch als einen funktionierenden einen persönlichen Service – und darüber hinaus Raum für

Selbstbestätigung. Sieht man sich die Namen der großen Mailänder Hotels an, könnte man glauben, in London gelandet zu sein: Atlantic, Ascot, Bristol, Brun, Continental, Capitol, Carlton, Carlyle. Aber das ist nur eine Art Ouvertüre, wie um zu sagen: Treten Sie näher, nehmen Sie Platz und lassen Sie sich verblüffen.

Auch anderen ist das aufgefallen: Viele derer, die in letzter Zeit über italienische Verhältnisse geschrieben haben – und das Thema scheint immer beliebter zu werden –, haben beobachtet, dass das öffentliche Leben in Italien zunehmend als Aufführung stattfindet. Martin J. Gannon, der Autor von »*Understanding global culture*«, erinnert in diesem Zusammenhang an das Melodrama und stellt vier gemeinsame Merkmale heraus: die Entfaltung von Prunk, der Einsatz und die Wichtigkeit der Stimme, der Ausdruck von Emotionen und das Wechselspiel von Chor und Solisten.

Für den Prunk stehen zum Beispiel die Uniformen der Portiers. Gewiss sieht man die auch in anderen Ländern, doch meine Landsleute tragen sie voller Stolz und Elan, im Gegensatz etwa zu einem *doorman* vor einem New Yorker Hotel: So ungefähr würde es wohl aussehen, hätte sich der Yogi-Bär eine Uniform geklaut. Aber auch wo betresste Uniformen fehlen, wie in diesem Hotel hier, herrscht eine feste Kleiderordnung. Alle Mitglieder des Personals tragen das gleiche Jackett mit dem gleichen Abzeichen und sind darüber hinaus alle auffallend, aber nicht übertrieben elegant gekleidet – denn schließlich sind wir hier in Mailand.

Auch die Stimme ist von grundlegender Bedeutung: Wer hinter dem Empfangstresen eines italienischen

Hotels sitzt, kann einschätzen, was wir vertraulich behandelt oder verbreitet wissen möchten (im ersten Fall wird er zu einem Geheimagenten, im zweiten zu einem Megafon). Auch die Emotionsäußerungen sind wichtig: Auf der einen Seite des Tresens Überraschung, spontane Lebendigkeit, die wohltönende Heuchelei eines »*Bentornato*« (»Willkommen zurück!«); auf der anderen Seite die Freude, wiedererkannt zu werden, und die beruhigende Gewissheit, eine persönliche Behandlung erwarten zu dürfen. Vierte Gemeinsamkeit: die Bedeutung des Chores. Ja, es gibt immer jemanden – einen anderen Portier, einen Gepäckträger, einen Gast –, der sich in die Aufführung einklinkt, mit einer Geste, einem Blick, einem »Aber gewiss, Dottore!«

Hier endet üblicherweise die Vorstellung noch vor dem ersten Akt. Die Schauspieler lassen ihr Lächeln ersterben und verschwinden hinter dem Vorhang. Aber ein paar Stockwerke darüber läuft die Szene weiter, mit dem Öffnen der Zimmertür, dem Einschalten des Fernsehers, dem Aufziehen der Gardinen, die sich wie ein Theatervorhang öffnen, der Beschäftigung mit dem »Kissen-Programm« (Sie können zwischen folgenden acht Typen wählen: *Standardkomfort; Kopf okay; Elastisch und Frisch; Immer in Form; Wie auf der grünen Wiese; Der kritische Punkt; Auping 4; Auping 1).*

Orson Welles schrieb einmal: »In Italien wimmelt es von Schauspielern, fünfzig Millionen Schauspielern, und alle verstehen sie ihr Fach. Die wenigen schlechten findet man auf den Bühnen und im Film.« Sicher jedenfalls stehen sie nicht hinter dem Empfangstresen eines Hotels, denn dort lässt man nur erfahrene Profis auftreten. Allerdings ist die Bezahlung nicht dementsprechend. Vielleicht sollte man ihnen erlauben, neben ihrem Gehalt auch die Übernachtungskosten einzustecken. Das wäre eine angemessene Entlohnung für ihre meisterhafte Vorstellung.

Unsere *Pensioni* sind, wenn überhaupt möglich, noch typischer für Italien. Schon allein die Bezeichnung: »Hotel« oder »Motel« sind international, *Albergo* ist besser, klingt aber auch ein wenig französisch. *Pensione* aber ist original italienisch, so wie *bed & breakfast* original englisch. Nur dass die Betten hier breiter sind und das Frühstück karger ausfällt.

Ich muss vorausschicken, dass sich meine Auffassung von einer *Pensione* frech über die Einteilung der Fremdenverkehrsämter mit ihren Kategorien und Sternchen hinwegsetzt. Unter einer *Pensione* verstehe ich einen Übernachtungsbetrieb unter familiärer Leitung mit beschränkter Gäste- und Zimmerzahl und eingeschränktem Service.

Gerade Letzteres ist eine unverzichtbare Bedingung. Einen Fernseher würde ich noch akzeptieren, doch sein Betrieb muss schon mangelhaft sein (gelten lasse ich eine Fernbedienung mit schwachen Batterien, zu grell eingestellte Farben, einen Lokalsender anstelle von RAI DUE). Zimmertelefon kann ich noch hinnehmen, aber es muss sich um ein Modell handeln, das nicht mehr im Handel ist. Ein angeschlossenes Restaurant akzeptiere, ja schätze ich, aber auch hier muss die Auswahl beschränkt sein: zwei Vorspeisen und drei Hauptgerichte, mehr nicht.

Verfügt das Haus über eine kilometerlange Speise-karte, einen tadellos funktionierenden Fernseher und ein modernes Telefon, so kann es sich nie und nimmer um eine *Pensione* handeln. Wird das Frühstück auch aufs Zimmer serviert, hat das die sofortige Disqualifikation zur Folge. Wer sich die Bezeichnung *Pensione* verdie-nen will, muss ein Mindestmaß an Unbequemlichkeit bieten, das im herzlichen Empfang und im offenen Lä-cheln der Zimmermädchen (am besten aus dem Ort, nicht allzu jung, fast mütterlicher Typ) seinen Ausgleich findet. Eine *Pensione* hat daneben eine leichte Orientie-rung zu gewährleisten, so dass man sich nicht in auto-bahntunnelähnlichen Fluren verliert. Nach Möglichkeit sollte sie auch mit einem kleinen Spielsalon ausgestattet sein, in dem sich die jüngeren Gäste kennenlernen und um die Videospiele streiten können. Oder, alternativ dazu, mit einer Kellerbar, einem funktionierenden Ka-min oder einem Leseraum mit Stapeln von Illustrierten aus dem letzten Jahr.

In den vergangenen Jahren hat sich die Bezeichnung *Pensione* immer mehr zum Synonym kleiner Hotels an der Adria entwickelt, deren Name meist »Miramare« oder so ähnlich lautet und in denen sich vornehmlich Touristen aus osteuropäischen Ländern drängen. Man hielt es daher für nötig, eine Imagekorrektur vorzuneh-men. Das heißt, die klassischen *Pensioni* verbergen heute schamhaft ihre Herkunft – ähnlich wie Bauernfamilien, die gerade in die Stadt gezogen sind – und nennen sich »kleines Hotel«, *Alberghi di charme* oder *Chalet*. An der Sache selbst ändert sich dadurch nichts. Was zählt, ist die familiäre Leitung, das sanft autoritäre Gebaren der

Chefin, die den Gast gewähren lässt, aber auch mal anspricht, informiert und lenkt wie ein Kind auf Zeit, das ihr vom Schicksal und der Zimmervermittlung anvertraut wurde.

Sie werden es auf der Reise selbst erleben. Wir Italiener erwarten von unserer *Pensione* das Gleiche wie Amerikaner von ihrer Motelkette: ein vertrautes Umfeld. Die italienische Pension ist wie ein Kokon, in den wir uns flüchten in dem Gefühl, dort beschützt und behütet zu werden vor den Anfeindungen der Welt. Aber ein typischer Pensionsgast ist keineswegs ein Feigling. Eher ein raffiniertes Gewohnheitstier, das von seinem Urlaub in einem gewissen Rahmen verbleibende, überschaubare Aufregungen verlangt: ein Tag voll Sonne nach schlechtem Wetter, mal ein Sorbet anstatt Obst, eine attraktive Signora am Nebentisch.

Es sind drei Lebensabschnitte, in denen man *Pensioni* zu schätzen weiß: wenn man Kind ist, wenn man Kinder hat und wenn einem Kinder leicht auf die Nerven gehen. In der Zeit dazwischen, also in dem abenteuerlichen Vierteljahrhundert von der Jugend bis zum ersten Hexenschuss, ist man für den Charme solcher Herbergen wenig empfänglich. Für einen Dreißigjährigen hat ein Pensionsgast leicht etwas von einem Pensionär, und entsprechende Vorschläge wird er mit dem Gestus drahtiger Überlegenheit zurückweisen: »Vierzehn Tage an ein und demselben Ort festhängen? Kommt nicht infrage!« Doch die Pensionen haben keine Eile. Sie warten in Ruhe ab, bis wir unsere Weltreisen erledigt haben, unsere Coast-to-Coast-Touren, unsere Rafting-abenteuer, weil sie ja wissen: Früher oder später werden wir schon wieder auftauchen, um mal zu schauen, was es als Nachspeise gibt. Vielleicht in Begleitung ausländischer Freunde, die sich auch gern eine Portion bringen lassen.

Samstag
ZWEITER TAG

In Mailand

Im Restaurant

Schauen wir mal: Natürlichkeit, Selbstzufriedenheit, Gewohnheit, Erleichterung, Vertrauen, Fantasie, Erinnerungen, Neugier, Intuition (viel), Tradition (ein wenig), Stolz (familiär, lokal, regional), Misstrauen, Konformismus, Verbohrtheit, Realismus, Extrovertiertheit, Spaß, Begeisterung (löblich) und Ruhe (ungewöhnlich). Das sind so ungefähr die Zutaten, die wir mitbringen, wenn wir Italiener im Restaurant Platz nehmen. Und Sie sollten sich davon etwas abschauen, anstatt sich sogleich auf die *Linguini Primavera* zu stürzen.

Wir sind, um es kurz zu sagen, absolute Profis auf dem Gebiet des Verzehrs. Keine andere Nation Europas kocht und genießt wie wir. Gewiss, auch in Frankreich versteht man sich aufs Essen, zeigt aber mehr und mehr auch manieristische Tendenzen. Da erlaubt man sich schon mal einen Schnörkel und das eine oder andere Sößchen zu viel. Ein kulinarischer Spätempirestil, der so interessant ist wie Rosen im September. Bei uns in Italien herrscht hingegen noch eine republikanische, fest in unserer Tradition verwurzelte Strenge: Seit Jahrhunderten schon suchen wir bei Tisch Trost für die Zumutungen des Alltags und finden ihn dort gewöhnlich auch. Wir Italiener glauben nicht, dass eine

Nudelsoße gelungen oder ein Olivenöl gut ist. Wir wissen es einfach. Natürlich machen wir uns und anderen auch schon mal etwas vor, wenn es Höflichkeit oder Zweckmäßigkeit ratsam erscheinen lassen, aber auch das hat dann, näher betrachtet, wieder etwas Künstlerisches.

Wohlgemerkt spreche ich hier nicht von zehn Prozent, sondern wirklich von allen Italienern. Wir verfügen hier über eine natürliche Kompetenz, ganz unabhängig von gesellschaftlichen Schichten, Altersgruppen, Einkommensverhältnissen oder geographischen Regionen. Diese Sicherheit im Urteil über Nahrungsmittel fördert die Natürlichkeit, mit der wir uns Wein und Essen zuwenden. Sollten Sie in diesem Restaurant dennoch angespannte Mienen entdecken, so haben diese mit Gedanken an die Rechnung zu tun. Aber darüber hinaus gilt, ich wiederhole es: Die Leute wissen, was sie wählen und was lieber nicht. Bestellt jemand das Falsche, dann schon mit der Absicht, sich hinterher darüber zu beschweren. Auch dies ist, genauer betrachtet, eine Form der Verfeinerung.

Statistiken belegen unseren Stolz auf die heimische Küche, dessen Grundlage weniger Chauvinismus ist als das Wissen, wirklich gut zu sein. Neunzig Prozent aller Italiener, so stellte eine englische Untersuchung fest, ist die nationale Küche lieber als irgendeine andere: Niemand sonst in Europa hat einen so patriotischen Magen. Wie es aussieht, ist auch im Ausland keine Küche so beliebt wie die italienische: Für zweiundvierzig Prozent der Befragten ist sie die Nummer eins, gefolgt von der chinesischen und der französischen. Ein dritter

Platz, der unseren Nachbarn jenseits der Alpen nicht schmecken wird, aber dennoch sportlich hingenommen werden sollte. Gegen die Besten zu verlieren ist schließlich keine Schande.

Wir in Italien haben zu dem, was auf unseren Tellern liegt, ein ganz ähnliches Verhältnis wie einige Stämme im Amazonasgebiet zu den Wolken am Himmel: Ein kurzer Blick genügt, und wir wissen, was wir erwarten können. Solch ein Niveau erreicht man natürlich nicht von heute auf morgen. Lange Phasen gastronomischer Kargheit, der Armut geschuldet, haben wir durchleiden müssen. »In den Wirtshäusern Italiens kann es sogar noch einem Maultiertreiber den Magen umdrehen, die Speisen sind so schlecht gekocht, dass ein Hottentotte angewidert das Gesicht verzieht«, schrieb der schottische Romancier Tobias G. Smollett noch um das Jahr 1760. Dann aber setzte eine Entwicklung zum Besseren ein, die bis zur heutigen Meisterschaft führte.

Unsere Erfolgsgeschichte auf gastronomischem Gebiet hat ihre Wurzeln in der Zeit der großen Auswandererströme Ende des 19. Jahrhunderts. In ihren neuen Heimatländern eröffneten die eingewanderten Italiener Lokale und Trattorias, in denen sie ihre Landsleute bewirteten und ihnen die einzige Küche offerierten, die sie kannten: italienische Hausmannskost. Ein Geniestreich, war doch die heimische Küche über Jahrhunderte schon eine Art offenes Laboratorium gewesen, in dem sich Einfachheit und Reinheit mit Kreativität und Fantasie aufs Glücklichste verbanden. Bereits die italienische Küche der Renaissance war exzellent, bot aber nur Erlesenes und Raffiniertes für die höchsten Kreise.

Die neue italienische Küche aber, die dann die Welt erobern sollte, war im Gegensatz dazu ein ehrliches Produkt, praktikabel und populär. Ein weiterer Beleg dafür, wie gut wir Italiener sein können, wenn wir die Dinge nicht unnötig kompliziert machen.

Kein Zweifel, auch Italien verändert sich und nimmt allgemein verbreitete schlechte Gewohnheiten an. Wir essen zu viel und zu häufig. Unsere Kinder, die vor einem Jahrhundert noch abgehärmt aussahen, vor siebzig Jahren mager und vor vierzig wohlgenährt, sind heute vielfach übergewichtig. Vorbehalte gegen Tiefkühl- und Fertigprodukte nehmen ab. So weit wie die Amerikaner mit ihrem TV-Dinner, dem Grab jeder familiären Konversation, sind wir noch nicht, doch der Fernseher läuft bereits im Hintergrund, und die Mikrowelle wartet. Zwei Geräte übrigens, die sich, bei genauerer Betrachtung, durchaus ähnlich sind und die, so fürchte ich, in Italien mehr und mehr eine unheilige Allianz bilden werden.

Wollen wir dem entgegenwirken, müssen wir uns auf unseren Stolz verlassen und unser Misstrauen, beides Eigenschaften, an denen es uns nicht mangelt. Es gibt genügend im Ausland selbstverständliche Gewohnheiten, die sich bei uns nie haben durchsetzen können und nie durchsetzen werden. Wie etwa ein reichhaltiges Frühstück. Wie schrieb doch Pellegrino Artusi in seinem Werk *Von der Wissenschaft des Kochens und der Kunst des Genießens*, in dem die Kenntnisse und Erkenntnisse unseres Landes auf kulinarischem Gebiet zusammengetragen sind: »Morgens nach dem Aufwachen sollten wir auf unseren Magen hören und uns danach richten, was für ihn am bekömmlichsten ist. Spüren wir, dass er nicht gänzlich leer und frei ist, belassen wir es am besten bei einer Tasse schwarzen Kaffees.« Dies war bereits eine prophetische Verurteilung des angelsächsischen *breakfast*, das sich anbietet, um einem Tag in wilden Heidelandschaften oder einer U-Bahn-Fahrt im Kreis missmutiger Frühaufsteher gewachsen zu sein. Nicht aber, um einen Junimorgen in Italien zu beginnen.

Wir befinden uns in der Via Brisa zwischen der Via Meravigli und dem Corso Magenta, einem Viertel für wohlhabende Anwohner und mutige Besucher. Die Straße ist von geradezu sadistischer Eleganz, wartet sie doch mit drei gleichermaßen gefährlichen Alternativen auf: heimtückischem Porphyrpflaster, wahnwitzigem Kopfsteinpflaster, gemeinen Straßenbahnschienen. Man könnte es ein Paris–Dakar urbaner Zweiradfahrer nennen. Vielleicht ist es kein Zufall, dass in diesem Stadtteil auch Leonardo da Vincis »Letztes Abendmahl« zu finden ist, zu verstehen als eine Mahnung an verwegene Besucher, die glauben, abends im Dunkeln noch heil auf zwei Rädern wieder aus dem Viertel herauszugelangen.

Unser Ziel, das Restaurant in der Via Brisa, reiht sich ein zwischen den typischen Mailänder Banken und den Überresten eines eindeutig römischen Amphitheaters. Eingerichtet wie eine normale Trattoria – lackiertes Mobiliar, spartanische Stühle, ein begrünter Innenhof –, zieht es doch noble Gäste an. Um die übliche Trattoria-Kundschaft zu finden, müssten Sie nach Lokalen mit imitierter Eleganz Ausschau halten: Schlechter Geschmack in der Einrichtung bürgt in der italienischen Gastronomie für gutes Essen. So ist es zum Beispiel ratsam, bei der Restaurantauswahl mal einen Blick auf die Wände zu werfen. Hängen dort ansprechende Bilder, sollten Sie misstrauisch werden. Besser sind da schon Ölgemälde irgendeines Verwandten, die Landschaftsbilder der Tochter, die Stillleben eines umtriebigen Kochs.

Gewisse Stilblüten des Kitschs, die sonst schon mal zu sehen sind, findet man hier nicht, dafür aber manch andere interessante Dinge. Dieses Restaurant besuchen Leute aus der Finanzwelt, um bekannte Gesichter aus dem Showgeschäft zu treffen, Prominente aus dem Showgeschäft kommen, um von den Modeleuten gesehen zu werden, Modeleute kommen, um Medienleute zu treffen, und Medienleute schließlich erscheinen, um das ganze Treiben mit arroganter Miene zu beobachten (die allerdings auch sanfter werden, sobald man selbst erkannt wird). Gemeinsam sind dieser Schar zwei Dinge, Zunge und Gaumen, beide gut trainiert und schnell im Urteilen.

Es ist ein Uhr mittags, in Mailand Zeit für die *colazione*, was in Rom allerdings »Frühstück« bedeutet und in London dem Lunch entspräche. In Rom hingegen nennt man den Lunch *pranzo*, worunter viele Mailänder wiederum das verstehen, was man in Neapel *cena* nennt. Kompliziert? Selbstverständlich. In Sachen Nahrungsaufnahme gelten in Italien Regeln, die uns selbst ganz natürlich erscheinen, es tatsächlich aber nicht sind. Damit sind Essen und Trinken perfekte Metaphern unseres Landes mit seiner Flut von Gewohnheiten und Ausnahmen, in der Sie als Ausländer zu ertrinken drohen. Aber keine Angst, wir kommen Ihnen zu Hilfe. Doch wie alle Bademeister verlangen auch wir Anerkennung nach der Rettungstat.

Nehmen Sie als Beispiel nur den Cappuccino. Nach zehn Uhr morgens gilt er geradezu als unmoralisch (wenn nicht gar illegal). Ihn am Nachmittag zu trinken, ist ungewöhnlich, es sei denn, es wäre richtig kalt draußen. Und nach dem Mittagessen bestellen ihn nur Amerikaner. Oder die Pizza: Am Abend allseits beliebt, ist sie als Mittagsmahlzeit nur etwas für Studenten. Reis mit einem Stück Fleisch passt perfekt, Pasta mit Fleisch ist befremdlich (es sei denn, das Fleisch sei Bestandteil der Soße). Nur ein Antipasto als Hauptgericht nach dem Pastagang ist üblich, doch wer als Antipasto ein Hauptgericht wählt, gilt als Vielfraß. Geriebener Parmesan auf Muscheln ist Gotteslästerung, doch sollte Ihnen ein junger Küchenchef diese Kombination kredenzen, so bedanken Sie sich mit Applaus. Wein in Korbflaschen ist nur etwas für Touristen oder, als Dekoration an der Wand, für einen Vereinsausflug. Schließlich der Knoblauch: Ähnlich wie die Eleganz darf er nicht fehlen, aber auch nicht im Vordergrund stehen. Und die *bruschette*, die manch ein italienisches Restaurant im Ausland seinen Gästen anbietet, würden hier vor Ort die sofortige Exkommunikation nach sich ziehen.

Eine englische Freundin hat diesen ganzen Wust an ungeschriebenen Vorschriften einmal als »Ernährungsfaschismus« bezeichnet. »Jetzt übertreibst du aber«, antwortete ich ihr: »Du hast dir einen Cappuccino nach dem Abendessen bestellt und bist noch nicht mal des Landes verwiesen worden.«

Irgendjemand hat einmal geschrieben, der Magen habe in Italien eine geradezu metaphysische Bedeutung, ähnlich wie sein Rasen für den Engländer. Das stimmt. Doch unsere Besessenheit ist noch intensiver, elementarer: Wir reden über das, was wir essen, bevor wir es essen, während wir es essen und nachdem wir es gegessen haben. Solche Verdauungsdiskussionen beruhigen den Magen und bereiten uns mental vor: auf die nächste Mahlzeit und eine neue Debatte.

Ausflüge in die Gastronomie wurden in den letzten Jahren für uns Italiener zu einer Leidenschaft, die hier und dort schon an Besessenheit grenzt. Für Restaurantbesuche geben wir jährlich fünfzig Milliarden Euro aus. Dafür wird uns aber auch allerhand vorgesetzt: bekannte Gerichte, kreative Verwirrungen, viel Traditionelles, jedoch auch genussvolle Überraschungen. Hier in Mailand bezahlt man für ein Menü mehr als in Paris. Dennoch werden weiter fleißig Tische vorbestellt, wird getafelt und gezecht, um dann, wenn die Rechnung kommt, ein Gezeter anzustimmen.

Wir sind eben Opfer günstiger Umstände (in Italien essen zu gehen, gleicht der Jagd in einem Jagdgehege: Man kann wenig falsch machen) und raffinierter Marketingstrategien. Restaurants bieten immer, gerade heutzutage, mehr, als auf der Speisekarte steht, und lassen sich dafür bezahlen: Diskretion oder Zurschaustellung, Innovation oder Tradition, Ästhetik oder Nostalgie, Provozierendes oder beruhigend Vertrautes.

In letzter Zeit verkauft sich alles, was irgendwie biologisch daherkommt, naturbelassen, rustikal. Solche Adjektive wirken wie Psychopharmaka. Wir essen wieder Salat, seitdem man ihn uns als Rucola schmackhaft macht, als *Radicchio, Trevisana, Chioggia, Soncino, Chicorée* oder *Rughetta.* Olivenöl hat die Schlacht gewonnen, Butter tritt den Rückzug an. Ein gewisser Minimalismus, ein Verwandter der *Nouvelle Cuisine*, hält sich noch, eine kulinarische Richtung, bei der weniger der Magen als das Hirn satt wird und die dem Italiener alter Schule, der noch in uns allen steckt, sauer aufstößt.

Viele junge Köche haben begriffen, worum es geht. Sie verfeinern die traditionellen Rezepte. Fast immer besteht der Trick darin, schweren Gerichten eine leichte Bekleidung überzuziehen. Ein verdienstvolles Schaffen. Mit Rezepten ist es wie mit Dialekten: Werden sie nicht gebraucht, so verschwinden sie unbeweint. Die Gefahr ist nur, in kulinarischen Snobismus abzugleiten. Der französische Philosoph Roland Barthes schrieb vor fünfzig Jahren vom »Bauernteller als ländliche Fantasie gelangweilter Städter«. Langsam, aber sicher geht die Entwicklung auch bei uns in diese Richtung.

Das verraten die modischen verbalen Ausschmückungen, mit denen man die einfachsten Dinge aufzumotzen versucht. In vielen Restaurants scheint man so begeistert darüber zu sein, all diese kaum verständlichen Fachtermini benutzen zu dürfen, dass man schlicht übertreibt. Denken Sie mal an den gestrigen

Abend in dem Restaurant im Viertel Navigli. Sie haben passiertes Gemüse bestellt, aber auf der Speisekarte stand: »Cremesuppe aus Gemüsen der Saison mit Aroma von wildem Fenchel, serviert mit Crostini und abruzzesischem Olivenöl« (auf diese Weise konnte man Ihnen gut zehn Euro dafür abnehmen). Und jene »Rinderlende mit einer Füllung aus Ziegenkäse, in der Pfanne geschwenkt, an geschmorten roten Tropea-Zwiebelchen«? Das ist einfach Fleisch mit Käse, nur lyrisch umschrieben.

Italienische Speisekarten haben sich in den letzten Jahren zu längeren Erzählungen ausgewachsen, zu Herkunftserläuterungen, Absichtserklärungen. Manchmal lese ich die Übersetzung darunter, um zu verstehen, was man mir da wohl servieren wird. *Shrimps and beans roll* ist auch für mich verständlicher als *Fagottino croccante alla maniera dello Chef con gamberi e fagiolini* (»Knusperröllchen nach Art des Küchenchefs mit Garnelen und grünen Böhnchen«). *Sea trout and sea bass* ist ehrlicher als ein *freccia di trota salmonata e branzino con timballo al cumino* (»Lachsforelle und Seebarsch mit Kümmelpastetchen«).

Der piemontesische Liedermacher Paolo Conte hat sein Befremden angesichts dieser Entwicklung in folgenden Zeilen ausgedrückt:

»Pesce Veloce del Baltico«
dice il menu, che contorno han?
»Torta di mais« e poi servono
Polenta e baccalà
cucina povera e umile

fatta d'ingenuità
caduta nel gorgo perfido
della celebrità...*

Ein treffender Abgesang auf gastronomische Unsitten. Aber vielleicht sollten wir uns nicht darüber grämen, sondern diese blumigen Umschreibungen einfach als raffiniertes Dessert betrachten. Nur dann sind sie genießbar. Aber auch nur, bis wir die Rechnung zur Hand nehmen: Denn spätestens dann wird uns klar, dass es heutzutage, in Zeiten des Euro, nichts mehr umsonst gibt, noch nicht einmal Adjektive.

Wie gesagt, bietet so ein italienisches Restaurant immer mehr als feine Küche und guten Wein, zum Beispiel auch seltsame Rituale, die für Aufregung und Verwirrung sorgen können. Ich sehe es Ihnen an: Sie begreifen nicht, was diese esoterische Vorspeise, *coperto* genannt, auf Ihrer Rechnung zu suchen hat. Ich will es Ihnen erklären:

Das italienische Universalwörterbuch *Zingarelli* definiert *coperto* folgendermaßen: »Vom französischen *couvert*, vom lateinischen *coopertu (m)*, ›bedeckt‹, all das, womit man den Tisch bedeckt.« Genauer: »Gesamtheit

---

* »Schnellfisch vom Baltikum« verheißt die Karte, und dazu?
»Maistörtchen«, und dann bringt man
Polenta mit Stockfisch,
Arme-Leute-Küche,
bescheiden und unbedarft,
in die heimtückischen Strudel
des Ruhmes geraten ...

aller Teller, Bestecke, Gläser und Ähnlichem für eine Person bei Tisch«. Darum: »Platz am Tisch.« Daraus folgend: »Fester Betrag, der im Restaurant für jeden Platz am Tisch zu bezahlen ist.« Bleibt nur noch die Frage: Warum eigentlich? Eine andere Definition des Adjektivs *coperto* bringt Klarheit in dieses nicht ganz unbedeutende Geheimnis der italienischen Gastronomie.

»*Coperto*: zwielichtig, versteckt, heimlich.« *(E quei che 'ntese il mio parlar coverto,* »Er ahnte den versteckten Sinn der Frage« – Dante*.) Mit anderen Worten: Man lässt uns zahlen, verheimlicht uns aber den Grund.

Wir Italiener regen uns schon lange nicht mehr darüber auf: Wir nehmen das *coperto* einfach als eine Art historische Steuer, unanfechtbar wie die Fernsehgebühren und unlogisch wie vieles andere in Italien auch. Sie als Ausländer ärgern sich verständlicherweise darüber, weil Sie das *coperto* für einen Vorwand halten, Ihnen das Geld aus der Tasche zu ziehen, einen Trick, eine sanfte Erpressung, vor allem dann, wenn es mit dem Posten *pane* (Brot) auftaucht: *pane e coperto: 1,50 Euro.* Dabei vergessen Sie die verboten hohen Trinkgelder, die man in den USA von Ihnen erwartet, ein freiwilliger Zwang, der leicht zwanzig Prozent der Rechnung ausmachen kann: ein Oxymoron, das man in den USA zu akzeptieren gelernt hat, das Besucher aus Europa aber bis in den Schlaf verfolgt.

Dennoch, es lässt sich nicht leugnen, das *coperto* hat etwas Heimtückisches. Es taucht auf, verschwindet, ist

---

* Dante Alighieri, *Die Göttliche Komödie, Hölle,* Vierter Gesang, Vers 51 (Deutsch von K. Vossler)

plötzlich wieder da wie eine Karsterscheinung. In manchen Restaurants wird es unter *servizio* (Bedienung) draufgeschlagen. Manchmal wird es Reisegesellschaften erlassen und nur von Einzelpersonen verlangt. In der Quittung für die Steuererklärung wird das *coperto* normalerweise aufgeführt, vorausgesetzt natürlich, sie wird überhaupt ausgestellt, was nicht immer der Fall ist. Das ist auch so eine Sache, die Ihnen als Fremdem nicht einleuchten mag: warum der Wirt, wenn er Ihre Rechnung nur auf einen Zettel kritzelt, dabei auch noch eine Miene aufsetzt, als würde er Ihnen damit einen Gefallen erweisen. Dabei kommen Sie ihm doch entgegen, indem Sie es ihm ermöglichen, den Betrag schwarz einzustecken und vierzig Prozent Steuern zu sparen.

Sprechen Sie ihn doch das nächste Mal darauf an. Wie ein gekränkter Künstler wird er Sie anschauen: Nein, so was! Nach all den Tafelfreuden, die Sie bei ihm genießen durften, halten Sie sich jetzt mit solchen Nichtigkeiten auf? »Nun gut, ich will Ihnen einen *Limoncello* anbieten...« Ach ja, das sollten Sie noch wissen. Ein *Limoncello* gehört immer dazu. Als Friedenspfeife nach Streitigkeiten – bei denen sich immer der Wirt durchsetzt.

Häufig sind auch die sanitären Bereiche der Restaurants ein geheimnisvolles Terrain. Die erste Schwierigkeit besteht schon darin, sie überhaupt zu finden. Der Pfeil mit dem Schriftzug »Toilette« bildet den Auftakt zu einer wahren Schnitzeljagd. Das dringend gesuchte Ziel liegt irgendwo zwischen Türen, an denen *Privato* steht, dem Notausgang und dem Eingang zur Küche.

Eine Mailänder Vorliebe ist die Wendeltreppe, die in den Keller hinunterführt. Sich zwischen Mineralwasserkisten und ausrangierten Spülmaschinen hindurchzwängend, gelangt man schließlich zum Bad.

Jetzt gilt es den Lichtschalter zu finden, denn Tageslicht hat dieses Kabuff noch nie gesehen. Eigentlich müsste er sich gut sichtbar auf der rechten Seite befinden. Das wäre praktisch, aber zu einfach. Der Schalter ist getarnt. Weißer Schalter auf weißer Wand, verschmuddelter Schalter auf schmutzig-weißer Wand. Hier und dort funktioniert er auch mittels einer Lichtschranke, so dass wir von Neon-Salven begrüßt werden wie Filmstars im Blitzlichtgewitter oder wie ein auf frischer Tat ertappter Dieb.

Auch noch zur WC-Spülung ein Wort. Mindestens achtzehn unterschiedliche, immer gut getarnte Mechanismen habe ich gezählt (seitlicher Hebel, vertikaler Hebel, Druckknopf in der Wand, Pedal, Kette für den Spülkasten an der Decke und so weiter und so fort). Seit einiger Zeit ist nun eine Halbkugel aus schwarzem Gummi in Mode, die mit dem Fuß zu betätigen ist. Nur selten funktioniert sie beim ersten Versuch. Da muss man öfter pumpen, als gelte es, eine Luftmatratze aufzublasen. Vernehmen Sie rhythmisches Keuchen hinter einer verschlossenen Tür, so bleiben Sie ganz ruhig. Hier geht es nicht um Sex, sondern um das Bemühen, einen wichtigen Vorgang erfolgreich abzuschließen.

Das letzte Hindernis: das Waschbecken. Machen Sie sich darauf gefasst, es gibt immer nur entweder heißes oder kaltes Wasser. Auch hier sind Hebel zu betätigen, Hähne zu drehen, Pedale zu treten, Lichtschranken zu aktivieren. Bei den gemeinsten Modellen muss man einen Knopf gedrückt halten, damit der Strahl nicht sofort wieder versiegt, was drei Hände verlangt, eine muskulöse Nase oder ein atemberaubend flinkes Vorgehen (Knopf drücken, Hände unter den Wasserstrahl, einseifen, waschen, abspülen, das alles in vier Sekunden). Nun nur noch abtrocknen: Leider ist der Vorrat an Papierhandtüchern erschöpft, das aufgerollte Stoffhandtuch schnellt nach dem Rausziehen nicht mehr zurück, und der lauwarme Luftstrom aus dem Gerät eignet sich nur zum Trocknen der Handrückenbehaarung – zu sonst nichts.

So, das war's. Dann also gute Reise in die Abgründe der Gastronomie. Und kommen Sie bald wieder – wenn Sie das dann noch können.

Im Modegeschäft,
dem Feld verlorener Schlachten

Ausländer, die sich zu Italien äußern, verlieren leicht das rechte Maß. Da pendelt man zwischen Begeisterung und Verzweiflung und überspringt dabei die wohltuende Zwischenstation des Staunens. So schrieb der Kritikerpapst Samuel Johnson im 18. Jahrhundert: »Ein Mensch, der niemals Italien bereiste, wird sich seiner Unterlegenheit stets bewusst sein!« Schmeichelhaft für uns, aber offen gesagt auch übertrieben (schlimmstenfalls wird der Betreffende Pesaro nicht auf der Landkarte finden). Interessanter, wenn auch ein wenig *pulp*, die Worte des Dichters Robert Browning: *»Open my heart and you will see / Graved inside of it,* ›Italy‹« (»Öffne mein Herz, und eingraviert darin findest du den Namen ›Italy‹«). Genauer betrachtet, schon ein prophetischer Hinweis auf ein erfolgreiches Markenzeichen.

Schauen Sie sich mal diese Bekleidungsgeschäfte hier an: Mit dem *Made in Italy* scheint man ganz gut über die Runden zu kommen. Aber wir Italiener sind schon ein seltsames Völkchen. Ausgerechnet einige italienische Hersteller drängen neuerdings in den Brüsseler EU-Gremien darauf, ein *Made in the EU* einzuführen und dafür die nationalen Herkunftsbezeichnungen zu opfern. Was wird wohl ein Kunde in Tokio sagen, der ein Armanijackett erstehen will und das Schildchen *Made in the EU* im Kragen findet? Er wird den Kopf schütteln (oder die in Japan entsprechende Geste zeigen) und einen Seufzer folgen lassen. Wie wird die betuchte Amerikanerin reagieren, wenn sie feststellt, dass die Prada- und die Vuitton-Tasche, die sie interessieren, am selben Ort hergestellt wurden? Sie wird befremdet die Stirn runzeln. Nur in China wird man sich freuen: Dann benötigt man nur noch ein einziges Etikett für das einträgliche Geschäft der Fälschung italienischer, französischer oder englischer Markenprodukte.

Warum kann ein *Made in the EU* nicht funktionieren? Weil eine Marke gleichzeitig Echtheit garantiert und die Fantasie anregt, Qualität garantiert und Flair verströmt. Die ins Auge gefasste Neuerung aber bietet nichts davon: Sie garantiert nichts, weil ein Whiskey auch in Florenz hergestellt sein und ein Gürtel aus Edinburgh stammen könnte (der Kunde mag es aber lieber umgekehrt), und verströmt kein Flair, weil »EU«, anders als »USA« etwa, zur Zeit noch nicht mehr als eine amtliche Bezeichnung ist. Bruce Springsteen singt *»Born in the USA«*, und die Amerikaner werden schwach. Sänge Paul McCartney *»Born in the EU«*, wäre das nicht dasselbe, obwohl Freehold, New Jersey, auch nicht faszinierender als Liverpool, England, ist.

Man wird vielleicht einwenden, dass wir gemeinsam stärker sind! Unsere Pässe und Währungen haben wir bereits angeglichen, warum also nicht die Herkunftsbezeichnungen. Die Antwort ist einfach: Weil uns in der mexikanischen (mauretanischen, malaysischen, moldawischen) Bank oder Grenzstation der Euro und der amarantrote Pass mehr Sicherheit bieten als die nationalen Entsprechungen (genauso wäre es übrigens mit einer gemeinsamen Armee, und es ist unverständlich, warum man hier auf der Stelle tritt). Im Handel aber liegt die Stärke Europas in der Vielfalt: Ein Audi erinnert an Deutschland, ein Chablis schmeckt nach Frankreich, und diese Ledertaschen dort duften nach Italien, auch wenn manch einer darauf brennt, sie in Hongkong herzustellen.

Um es gleich vorwegzunehmen, hier wird Ihnen niemand nachlaufen, Sie umgarnen, Ihnen um den Bart gehen. All die bewussten Schmeicheleien, die in vielen anderen Bereichen des italienischen Alltags so eine große Rolle spielen, bekommt man in den eleganten Geschäften Mailands kurioserweise nicht zu hören. Die Verkäufer und Verkäuferinnen in der Mailänder Innenstadt scheinen mit den Hotelportiers, die Sie gestern, am ersten Tag, kennengelernt haben, wenig gemein zu haben. Und das werden Sie bedauern.

Beachten Sie die Klinikatmosphäre, die hier viele Geschäfte verbreiten. Blinkender Edelstahl, blitzblanke Tresen, weißes Licht, wie Operationsbesteck angeordnete Kleidungsstücke. Viel leere Fläche, milchig weiße Decken, die Ware an stählernen Kleiderhaken. Grüppchen kleiner, ganz in Schwarz gekleideter Verkäuferinnen, die japanischer aussehen als die Japanerinnen, die sie hoffen, bedienen zu können. Eine befremdliche Inszenierung, die sich wohl nicht mehr lange halten wird.

In Italien versucht man eigentlich immer, originell zu bleiben, auch wenn man allen Schnörkel beiseite lässt und beschließt, sich aufs Wesentliche zu beschränken. Der Fiat Cinquecento und die Olivetti Lettera 22 stehen dafür, und ebenso manche Schuhe von Tod's und die ersten Kleider von Dolce & Gabbana. Diese Geschäfte hier sind aber so fantasielos wie die Kleider, die sie verkaufen. Sobald sich Mailand in die Rolle eines Ablegers von New York fügt, wird es überflüssig und beliebig.

Und wie sieht es mit den Preisen aus? Nun, hier geschah das Gleiche wie in der Gastronomie. Bei der Umstellung auf den Euro wurde mit Umrechnungskursen gearbeitet, die man nur als fantastisch bis skandalös bezeichnen kann. Vielleicht ein Weg, sich von der Warenflut aus dem Osten abzugrenzen, der aber sicher nicht verkaufsfördernd wirkt.

Daran ändern auch die Schilder mit der Aufschrift *Saldi* (»Ausverkauf«) nichts. Denn der italienische Schlussverkauf ist eine abstrakte Sache. Es kann sich um einen tatsächlichen Preisnachlass handeln oder auch um eine reine Absichtserklärung. Rabatte werden selten automatisch, sondern meist *ad personam* gewährt, denn es gibt Kunden, die sich von Prozenten gekränkt fühlen. In den Provinzen des Reiches, das sollten Sie wissen, gilt der volle Preis vielfach noch als Statussymbol.

Für einen Besucher aus den USA ist Einkaufen eine sportliche Betätigung und ein Rabatt eine eindeutige, wissenschaftlich hinterfragbare Sache: Entweder es gibt ihn, oder es gibt ihn nicht. Wenn er hier nicht klar sieht, kauft er nichts. Halb so wild, denken die kleinen Krankenschwestern in Schwarz, es reicht doch, wenn die Russen hier einkaufen – sofern ihre Kreditkarten nicht abgelaufen sind.

Eine weitere Schwierigkeit: sich in dem Wust von Marken, Namen und Trends zurechtzufinden. Bei meiner letzten Zählung gab es in Mailand 206 Modedesigner, ein jeder beseelt von der »maßlosen Überheblichkeit, die andern zu übertreffen« (*inordinata praesumptio alios superandi*), wie Thomas von Aquin sagte, obwohl er zu seiner Zeit wohl nicht zur Aperitifzeit *die* Modestraße Via Montenapoleone entlang flanierte.

Aber man muss auch nachsichtig sein, denn die Modebranche – vor allem die Damenmode – ist immer noch ein bedeutender italienischer Industriezweig, in dem, neben den Schaumschlägern, auch viele tüchtige Handwerker und das ein oder andere Genie zu finden sind. Ein Überblick? Gut, versuchen wir es. Die italienischen Modeschöpfer lassen sich – wenn sie nicht gerade mit einer Fusion hier, einer Pleite dort, einem Segeltörn oder einer Reise nach China anderweitig beschäftigt sind – grob in drei Kategorien einteilen: den Straßentyp, den Rückspiegeltyp und den Avantgardisten.

Erstere lassen sich von Plätzen, Alleen und Gehsteigen inspirieren, vor allem nachts, am Stadtrand. Sie sind so etwas wie eine nächtliche Prêt-à-porter-Patrouille, der nichts entgeht. Der Begründer dieser Richtung war Gianni Versace, und nicht zufällig sieht dessen Schwester Donatella wie eine Freundin von Diabolik aus; es folgten Cavalli und Dolce & Gabbana. Röcke so knapp wie eine kurze Halskette, Dekolletés bis zum Knie, Kleider im Python- oder Leopardenlook: Lässt sich ein

Designer dieser Richtung im Zoo blicken, bricht unter Schlangen und Raubkatzen Panik aus. Würden seine Models aber zurechtgemacht auf die Straße gehen, landeten sie auf der Titelseite der *Vogue* oder in einer Arrestzelle der Sittenpolizei.

Die Rückspiegeltypen marschieren vorwärts und blicken dabei zurück. Schrankkoffer, Familienalbum, Film- oder Literaturklassiker – nichts ist zu alt, um nicht wieder in neuem Gewande herausgebracht zu werden. Rückspiegeldesigner mit Turbolader sind Prada und Gucci. Mit Diesel fährt Valentino, mit Dampfmaschine Ferragamo. Ein bipolarer Rückspiegeltyp – schaut gleichzeitig nach vorn und zurück und ist in beiden Profilen sonnengebräunt – ist Giorgio Armani.

Und was ist mit den Avantgardisten? Nun, da hätten wir Moschino, auch wenn Sie, um seine Kreationen tragen zu können, Popsänger aus Lagos oder ein kubanischer Spielhöllenbetreiber sein sollten. Ferner das von der ehemaligen Lehrerin Mariuccia Mandelli gegründete Modehaus Krizia. Und Ferre? Nun, seine Models sehen zwar aus, als seien sie gerade, von Übelkeit gequält, einem Raumschiff entstiegen, aber er ist immer für eine Überraschung gut.

Warum erzähle ich Ihnen das alles? Nun, so können Sie diese Modegeschäfte – Verzeihung, *show rooms* – aufsuchen, Ihre eigenen Betrachtungen zu den Kreationen anstellen und meine Einschätzungen überprüfen.

Zumindest das ist im Moment noch gratis.

Die Modebranche hält sich für besonders sinnlich, ist es aber weniger als andere Geschäftszweige. Kunden wollen in eine Lampe hineinsehen, einen Koffer befühlen, eine Erklärung hören, an einem Teppich riechen, eine Olive stibitzen und über den Geschmack diskutieren. Aus diesem Grund hat sich E-Commerce auch bis heute nicht bei uns durchsetzen können. All diese sinnlichen Eindrücke sind übers Internet nicht vermittelbar. Wir Italiener sind sensibel, neugierig und misstrauisch. Bereits eingeschweißte Produkte machen uns stutzig. Was verbirgt man uns da unter dem Cellophan?

Einkaufen muss eine physische Erfahrung sein – andernfalls macht es uns keinen Spaß. Vielleicht führe ich Sie mal in einen Käseladen, in dem die Waren wie Juwelen präsentiert werden (der Preis ist dementsprechend). Dann werden Sie begreifen, dass hierzulande die Kunden verführt werden möchten. Sie oder besser wir verlangen dort nur noch nach moralischen Rechtfertigungen angesichts unserer bereits beschlossenen Kapitulation. Wenn wir eintreten, ist uns diese Niederlage bereits ins Gesicht geschrieben. Wir lassen uns auf einen *Ricotta* ein, werden bei einem *Taleggio* schwach und geben vor einem *Crescenza* – um ein paar Käsesorten zu nennen – jeden Widerstand auf.

Schwächen einer überalterten Gesellschaft, sozialer Nachahmungstrieb, durch ein Image geweckte Wünsche, Bedürfnisse, die man uns eingeredet hat, Konkurrenzsituationen am Arbeitsplatz: All das treibt uns zum Kauf. Auch in den USA ist der Internethandel mehr als ein alternativer Vertriebsweg: Doch in den amerikanischen Mechanismen steckt etwas wissenschaftlich Berechnetes, was bei uns fehlt. In einer Shopping-Mall ist alles exakt kalkuliert, um die Kunden zum Bleiben zu bewegen, die Auslage der Waren auf Augenhöhe, die Musik, das Zusammenspiel der Farben, die unpersönliche, aber auch unermüdliche Freundlichkeit der Verkäufer. In Italien dagegen läuft die Verführung der Kunden eher instinktiv ab, sozusagen nach alter handwerklicher Tradition. Die Verkäufer haben gar nicht gelernt, wie man verkauft. Aber das war auch nicht nötig. Denn in ihnen wirken Generationen von Kaufleuten nach, die mit jedem Kniff vertraut waren. Heute Umgarnung, morgen kühle Distanz, bei einem Kunden Verführung, beim anderen Erklärung, vormittags Nüchternheit, abends Herzlichkeit.

Allerdings nicht in der Mailänder Innenstadt. Hier gelten andere Regeln.

Ein Schuhgeschäft im Viertel Brera. Eine Dame betritt den Laden, um sich ein Paar Schuhe zu kaufen. Die Verkäuferin tritt der Kundin nicht entgegen, sondern bleibt an die Kasse gelehnt stehen und mustert sie zunächst einmal. Erst dann grüßt sie. Leider handelt es sich dabei um ein seltsames, nicht eben freundlich klingendes Grunzen, sodass die Kundin denkt: Oh, das Fräulein muss wohl Probleme mit dem Magen haben.

Die Dame probiert einige Modelle. Beim vierten lässt die Verkäuferin bereits erste Anzeichen von Ungeduld erkennen. Ich halte sie auf, denkt die Kundin und bekommt ein schlechtes Gewissen. Nach fünfzehn Minuten Anprobieren ist sie eingeschüchtert, nach einer halben Stunde – müde Füße, leere Kartons verstreut auf dem Fußboden – senden die Augen der Verkäuferin Blitze aus. Die Kundin sucht nach einem Ausweg, doch es gibt keinen. Sobald sie ihre alten Schuhe wieder anzieht, kommt die Wahrheit ans Tageslicht: Sie wird nichts kaufen.

So beschließt die Dame, zur Lüge zu greifen. Kaum vernehmbar murmelt sie: »Ich komme später noch mal wieder. Ich muss vorher noch mal mit meinem Mann sprechen.« Die Verkäuferin fixiert sie gnadenlos. Seit Jahren schon bekommt sie das täglich zu hören – »Ich schau noch mal vorbei« –, aber nie ist jemand wiedergekommen. »Ich muss vorher noch mit meinem Mann sprechen...« Dass ich nicht lache! Die sagt ihrem Mann doch nicht mal, wohin sie in Urlaub fährt!

Die junge Verkäuferin ist verärgert und zeigt das auch. Sie glaubt nicht, dass diese Dame tatsächlich nach Schuhen suchte; wahrscheinlich wollte sie sich nur die Zeit vertreiben. Verwirrt und beschämt bewegt sich die Kundin zur Tür. Einen Moment lang fürchtet sie gar, von hinten angegriffen zu werden. Endlich auf der Straße, denkt sie: Wäre das Fräulein ein wenig freundlicher gewesen, hätte ich mir wohl ein Paar Schuhe gekauft; diese Mokassins haben mir doch eigentlich ganz gut gefallen. Aber um noch mal zurückzugehen, fehlt ihr der Mut.

Die Verkäuferin hat wieder ihren Platz an der Kasse eingenommen und beschäftigt sich wieder mit ihren Fingernägeln. Plötzlich lächelt sie. »Sag mal«, wendet sie sich an die Kollegin neben ihr, »du hast doch die Kundin eben gesehen. Die konnte einem doch leidtun. Also für mich ist das so eine, die führt vielleicht einen ganzen Betrieb, aber hier ist sie zu feige, mir ins Gesicht zu sagen: ›Hören Sie, ich hab jetzt einige Paare durchprobiert, aber nichts Passendes gefunden. Tut mir leid.‹ Natürlich hätte ich das verstanden!«

Überlegen wir nun einmal, wie diese Geschichte in Amerika ablaufen würde. Ein Schuhgeschäft, eine x-beliebige Shopping-Mall in einer x-beliebigen amerikanischen Großstadt. Dieselbe Mailänder Signora tritt ein, auf der Suche nach neuen Schuhen. Mit einem strahlenden Lächeln kommt ihr die Verkäuferin entgegen und begrüßt sie: »*Hi! How are you today?*« Sie ist so nett, dass die Mailänderin denkt, sie müssten sich schon von irgendwoher kennen.

Die Verkäuferin bittet die Kundin, Platz zu nehmen, spricht derweilen übers Wetter, scherzt. Die Kundin probiert zwanzig Paar Schuhe durch, und dann noch einmal zehn. Und die Verkäuferin lässt sich nicht aus der Ruhe bringen, schleppt immer wieder neue Modelle herbei, bemüht sich, weiterzulächeln. Nach einer halben Stunde kommt die Kundin zu dem Schluss, dass nichts für sie dabei ist. Ein wenig verlegen, macht sie Anstalten, die Suche aufzugeben. Die Verkäuferin scheint nicht verärgert und sagt nur bedauernd: »Zu schade, dass Sie nicht das Richtige gefunden haben, M'am. Aber machen Sie sich nichts draus, und beehren Sie uns bald wieder.« Dann bringt sie die Kundin zur Tür und verabschiedet sie mit einem herzlichen »*Have a nice day!*«

Die Mailänderin ist verwirrt: Einen Moment überlegt sie, dass sie gerne so eine Tochter hätte. »Vielleicht hätte ich doch zugreifen sollen. Diese Mokassins haben mir doch eigentlich ganz gut gefallen.« Zehn Minuten später tritt sie wieder durch die Tür. Die Verkäuferin strebt ihr entgegen: »*Welcome back!*«, ruft sie. Bald darauf schon verlässt die Kundin mit einer Tüte mit neuen Schuhen darin das Geschäft. Jetzt erst weicht das Lächeln aus dem Gesicht der Verkäuferin, und sie wendet sich an ihre Kollegin. »Du, Tracy, hast du diese Nervensäge gesehen, diese Italienerin? Aber die verfluchten Schuhe habe ich ihr angedreht. Tja, ich bin eben gut!«

So, nun wissen Sie, was Sie zu erwarten haben. Schauen wir uns als Nächstes mal genauer an, wo man sich bei uns amüsiert, was in Italien eine ernste Sache ist.

Im Nachtlokal,
wo Füchse zu Pfauen werden

Anders als ein Computer hat mein Heimatland keine Reset-Taste. Dafür aber den Abend. Immer schon hat man in Italien den Sonnenuntergang und die Dunkelheit dazu genutzt, neu zu beginnen, noch mal durchzustarten, die Batterien aufzuladen, sich zu erholen von der anspruchsvollen Aufgabe, Italiener zu sein.

Terrassen im Sommer, offene Kamine im Winter, Pizzerias oder Diskotheken, Trattorias oder Bierlokale: Der italienische Abend ist Lohn für den Tag, täglicher Urlaub, eine Zeit der Entspannung und der Erholung. Eine Art legale Droge, die aber nicht zu alkoholisierter Dumpfheit führt, wie man sie aus anderen Ländern kennt. Wir wollen uns ja nicht betäuben, sondern weiter an unseren mentalen Bauplänen feilen. Dabei helfen uns der Himmel und das Wetter: Das italienische Klima macht duldsam. Mit schottischem Wetter hätten wir bei uns in Italien schon mehrere Revolutionen erlebt. Stattdessen gab es nur vereinzelte Proteste, viele Versprechungen und unzählige Debatten.

Erinnern Sie sich noch an die Gäste im Restaurant heute Mittag? Kein Mensch hob die Stimme, und genauso ist es hier. Das lärmendste Volk Europas stellt zu einer bestimmten Tageszeit den Ton leiser und gönnt sich eine Pause. Der muntere Radau eines deutschen Bierstüberls wäre in einem italienischen Lokal undenkbar. Solch ein Lärmpegel stört die Unterhaltung, und wir sind ein Volk, das reden will. Zudem hindert uns Trubel daran, das zu schätzen, was wir auf dem Teller und im Glas haben. Von einem bestimmten Alter an jedoch, so um die Fünfundzwanzig, werden wir zu aufmerksamen Prüfern – von Speisen, Getränken und Situationen.

In der Straße Bastioni di Porta Volta. Das Lokal ist lang und schmal und wirkt, als sei es mitten im Mailänder Verkehrschaos vor Anker gegangen. Früher einmal ein Treffpunkt für Straßenbahnfahrer, ist es seit rund zehn Jahren ein In-Lokal: runde Tischchen, Vorhänge, Sofas, antike Deckenlampen und vergoldete Bilderrahmen. Was sich erhalten hat aus alten Zeiten, ist der Rhythmus des Schichtdienstes: Um ein Uhr mittags rückt das Bürovolk an, mit wenig Geld und noch weniger Zeit, und um zwanzig Uhr fallen die Aperitifsüchtigen ein, die sich mit ein paar Snacks über das Problem »Abendessen« hinweghelfen. Erst danach erscheint das Volk der Nacht, einer Nacht, die ungewöhnlich ist und lehrreich, wie so vieles andere in Italien auch.

Lektion Nummer eins: In einem Lokal wie diesem hier trinkt man, um zu genießen, nicht, um sich zu betrinken. Wir Italiener sind gern fröhlich. Sich auf den Gehsteig zu erbrechen, gilt dabei allerdings nicht, wie häufig jenseits der Alpen, als Gütesiegel eines gelungenen Abends. In letzter Zeit hat sich vieles verändert, wir erleben einen rasanten Austausch von Schwächen zwischen den europäischen Ländern, und so hat man es sich in Südeuropa angewöhnt, schon früher am Tag mehr und billigere Sachen zu trinken, während man in Nordeuropa auch zu genießen lernt. Aber noch gibt es große Unterschiede: Wir in Italien bieten alle Voraussetzungen, um Kurse über den richtigen Umgang mit Alkohol in Theorie und Praxis abhalten zu können.

Bei uns schreibt kein Gesetz eine Altersgrenze für den Alkoholgenuss vor. Die Erziehung zu vernünftigem Trinkverhalten ist Sache der Familien, und hier gilt die Flasche nicht als transparentes Objekt der Begierde, sondern als angenehme Gewohnheit, die sich steuern lässt.

Nicht alle Ausländer verstehen das. Der italienische Geschäftsmann, der sich zum Lunch ein Glas Wein bestellt, erntet befremdete Blicke von seinem amerikanischen (deutschen, niederländischen, skandinavischen) Kollegen, der stocksteif vor seinem Mineralwasser sitzt. Doch wenn der Tag sich endlich neigt, ist es unser Landsmann, der den Gast ins Hotel zurückschleppt. Denn Letzterer hat seit Sonnenuntergang hemmungslos Gin & Tonic, Martini, Wein und Verdauungsschnaps in sich hineingeschüttet. Und fehlte es ihm nicht an Kraft und Koordinationsvermögen, würde er, endlich auf seinem Zimmer, auch noch die Minibar plündern.

Es ist schon kurios: Dieser Selbstkontrolle in Sachen Alkohol rühmen wir uns selten, wir zahlen es anderen Nationen, wenn sie sich wieder einmal zu Richtern italienischer Verhältnisse aufschwingen, nicht mit dezenten Hinweisen auf den dortigen krankhaften Alkoholmissbrauch heim. Aber das ist auch gut so. Jedes Land leistet sich seine Pausen vom zivilisierten Alltag, und da ist Verständnis gefragt, nicht Verurteilung.

Die Lektion Nummer zwei ist ökonomischer Art. Ein Cocktail – von undefinierbarer Farbe und exotischem Namen – kostet zehn Euro. Heute ist Samstag. Hat ein Paar zuvor im Restaurant gespeist, so bezahlte es für diesen Abend am Ende über hundert Euro. Ein Lehrer verdient so um die tausenddreihundert Euro im Monat, das heißt, Lehrer und Lehrerinnen werden Sie in diesem Lokal kaum entdecken. Die können sich das schlicht nicht leisten. Ein Großhändler steckt den gleichen Betrag an einem Tag oder in einer Woche ein (hängt von der Branche ab, seinem Umsatz und seiner Steuerehrlichkeit). Großhändler werden Sie hier also finden – als Papasöhnchen getarnt.

Wie ist es dazu gekommen? Das ist leicht erklärt, auch wenn es niemand zugeben will. Die Einführung des Euro hat ein wahres Erdbeben ausgelöst. Egal, was die offiziellen Statistiken besagen mögen, jedermann weiß, dass in Mailand aus zehntausend Lire zehn Euro wurden, obwohl es dem Umtauschkurs nach nur wenig mehr als fünf Euro hätten sein dürfen. Schlechte Planung durch die Regierung oder Unachtsamkeit der Leute? Das tut heute nichts mehr zur Sache. Fest steht: Durch dieses Erdbeben entstand ein tiefer Riss, der einen Teil der Mittelklasse verschluckt hat.

Gerettet hat sich, wer auf eigene Rechnung arbeitet und seine Preise anpassen konnte. Abgestürzt sind jene Italiener, die ein festes Gehalt beziehen, mit dem sie über die Runden kommen müssen. Zum ersten Mal überhaupt geht es heute der Generation der Dreißigjährigen schlechter als deren Eltern, und sollte es ihnen noch gut gehen, dann nur, weil sie all das nutzen können, was sich die Eltern aufgebaut haben (ein Eigenheim, eine Ferienwohnung am Meer etc.). Im Jahr 1970 benötigte ein italienischer Beamter im mittleren Dienst (in Italien *quadri*, »Gemälde«, genannt, auch wenn sie bis jetzt noch nicht an den Wänden hängen) sechs Monatsgehälter, um sich einen Mittelklassewagen kaufen zu können. Heute zwölf. Werfen Sie mal einen Blick auf die Autos, die draußen vor der Tür stehen. Sie kosten alle um die fünfzigtausend Euro. Will er sich so einen leisten, muss ein Angestellter vier Jahre arbeiten, in dieser Zeit unter einer Brücke nächtigen und alle Mahlzeiten überspringen.

Interessiert es Sie, welches Einkommen diese Autobesitzer in der Steuererklärung angeben? Zwischen zwanzigtausend und zweihunderttausend Euro: hängt von der Kundschaft ab, dem Geschäftsführer und dem eigenen Gewissen.

Sie fragen: Warum greift die Regierung da nicht ein und lässt das öffentliche KFZ-Register mit den entsprechenden Steuererklärungen abgleichen? Antwort: Weil sie nicht will. Kontrolleure und Kontrollierte haben einen Geheimpakt geschlossen: Ihr tut nichts, wir tun nichts. Italien bleibt, wie es ist, und alle gemeinsam können aufstöhnen: »Aber so kann es doch nicht weitergehen!« Vielleicht schon, in einer Juninacht wie dieser, die zwar in Mailand ein Vermögen kostet, aber auch wirklich nicht zu verachten ist.

Lektion Nummer drei spielt im zwischenmenschlichen Bereich: Gibt sich der italienische Mann im Restaurant gern als Fuchs, so wird er im Nachtlokal zum Pfau. Eine biologisch sonderbare Entwicklung, die aber anthropologisch erklärbar ist.

Beobachten Sie mal diesen Typ dort, wie selbstgefällig er sich bewegt, wie er sein Spiegelbild in der Glasscheibe bewundert und um eine Gruppe junger Mädchen herumtänzelt. Es gibt heute ein Verführungsritual, das Ausländer leicht für eine Fortentwicklung der Latin Lover-Techniken halten. Aber das ist falsch. Der Latin Lover – Schauspieler, Bademeister, Papasöhnchen – war von entwaffnender Selbstsicherheit. Intelligenz war meist nicht seine Stärke, doch das Fehlen von Zweifeln kam der Eigenliebe zugute. Der Verführer heute ist hingegen verunsichert. Ein hungriger Jäger ist er immer noch, doch er handelt weniger zielstrebig und zeigt einige rührende Schwächen. Sein rasierter Schädel kaschiert die ersten kahlen Stellen, sein Hawaiihemd verdeckt den Bauchansatz.

Dennoch ist und bleibt er eine interessante Spezies. Das Zusammenspiel von Stimme, Blicken, Gestik und Kleidung wirkt gefällig. Der italienische Charme lebt. Eine Verführungskraft, die nicht notwendig ins Bett führen muss. Sie funktioniert auch auf anderer Ebene, im normalen menschlichen Miteinander, das so an die Beziehung Modem-Server erinnert: Zwei Systeme treten in einen Dialog ein und verständigen sich über die Verknüpfungsmodalitäten.

Solch ein Einverständnis, für das man in Deutschland einen ganzen Abend benötigt und in Großbritannien schon zusammenleben muss, stellt sich in Italien fast unmittelbar her. Dem Hotelportier – Sie erinnern sich – reichte ein Blick, um mit Röntgenaugen abzuschätzen, mit wem er es zu tun hat. Und dem tätowierten Barmann dort reichen drei Sekunden. Sie bestellen sich etwas zu trinken, und während er den Rum über die Eiswürfel gießt, checkt er, mit wem er es zu tun hat: Ihre Kleidung und Ihre Blicke verraten Sie. Jedes noch so leichte Stocken beim Bestellen, das, was Sie bestellen und wie Sie es bestellen. Die Gesten, die Sie zeigen, und jene, die Sie vermeiden. Sie werden sagen: Aber ich hab doch nur was zu trinken bestellt. Na wenn schon. Das langt bei Weitem.

Und wo liegt das Problem? Nun, solch ein unmittelbares Einverständnis kann auch zu einer Art Komplizenschaft werden. Nehmen wir als Beispiel, da wir schon mal in Mailand sind, einen Mann aus dieser Stadt, Silvio Berlusconi, jenen Italiener, der lange im Ausland für den meisten Gesprächsstoff sorgte. Offenbar versteht er es, die Menschen in seinen Bann zu ziehen. Seine Verführungskraft, so heißt es, sei phänomenal. Das glaube ich auf der Stelle. Doch handelt es sich um eine pathologische Art, sympathisch zu erscheinen. Die Überzeugung, mit einem Lächeln und einigen unverbindlichen Worten alle für sich gewinnen zu können – den englischen Journalisten wie den deutschen Kanzler, den russischen Präsidenten genauso wie die italienischen Wähler –, ist gefährlich, und wir erleben, wohin sie uns geführt hat.

Was würde uns der Betreffende antworten, suchten wir ihn auf, um ihn mit dieser Einschätzung zu konfrontieren? Sicher nichts Unfreundliches. Nein, er würde gar nichts antworten, uns nur eine Hand auf die Schulter legen und uns mit bedauernder Miene anschauen, in der wir lesen: Wieso hat denn hier die Verbindung nicht geklappt? Welcher Code hat nicht gegriffen, und warum?

Sonntag
DRITTER TAG

Weiterhin in Mailand

Die Hausgemeinschaft –
ein mehrstöckiger Wohnort für vielfältige Neurosen

Mailand ist eine Stadt, die ausgiebig genutzt wird, aber nicht zum Betrachten einlädt. Schauen Sie sich mal um: Kuben und Kanten, Balkone und Satellitenantennen, Glas und Dächer, Säulen und Fassaden, zunächst durch Gewohnheit, dann auch von den Behörden genehmigte Schwarzbauten. Auch das ist Italien, ein Wald kunterbunter Überschneidungen, im milden Licht der Sonntagmorgensonne.

Der Architekt Renzo Piano erzählt, dass er seine Jugend in Florenz verbrachte, die Stadt aber als »langweilig, weil zu perfekt« empfand. Mailand dagegen war für ihn die »unvollkommenste und damit aufregendste Stadt, die sich denken ließ«. Und so ist sie geblieben, immer noch aufregend und noch unvollkommener.

Ich will Ihnen nicht einreden, dass diese Gebäude in der Via Foppa schön seien. Aber um sie zu beurteilen, muss man die Hintergründe kennen. Sie stellen so etwas wie naive Trophäen jenes frühen Wohlstandes dar, der auf die Kriegskatastrophen folgte. An ihnen lässt sich etwas von Mailand erkennen, so wie Mailand die italienische Entwicklung insgesamt immer erklärt und vorwegnimmt. Risorgimento und Sozialismus, Faschis-

mus und Antifaschismus, Resistenza und Wirtschafts-
wunder, *Tangentopoli* und *Mani Pulite**, das System
Craxi** und die Lega Nord, die Trends im Fußball und
in der Mode, in Verlagswesen und Fernsehen, Werbung
und Elektronik: All das nahm hier seinen Ausgang. Ja,
hinter diesen hässlichen Rollläden dort sitzen die Leute,
die die Fäden in der Hand halten.

Wir wissen, dass Mailand nicht schön ist. Doch hinter
dem mürrischen Gesicht, das Sie hier sehen, ist die
Stadt kreativ, bunt und fleißig. Uns, die wir hier arbeiten, gefällt sie, so wie uns auch das unregelmäßige Gebiss eines Familienmitglieds gefallen würde: Weil es so
ist, wie es ist, und weil es eben so viel zu kauen hatte. Ich
erwarte nicht, dass Sie diese Empfindungen teilen. So
ein Gebiss ist nun mal eine persönliche Sache. Aber
sehen Sie sich die Stadt genau an, auch wenn die Mauern verdreckt und die Straßen verstopft sind. Es lohnt
sich.

Frühstück bei Freunden. Erwarten Sie kein Super-
penthouse. Sie kommen in eine normale Wohnung, in
Italien das verbreitetste und lehrreichste Zuhause. Jeder vierte Italiener wohnt in einem Wohn- oder Mietshaus, wie Sie es hier sehen, das wahrscheinlich in den
sechziger Jahren hochgezogen wurde. Auch heute noch

---

* Schmiergeldaffäre (Tangentopoli) und deren radikale Aufklärung
  (Mani Pulite, »Saubere Hände«) Anfang der Neunziger, d. Übers.
** Bettino Craxi, Parteichef der Sozialisten und Ministerpräsident
  ab 1984, stand für ein System medialer Korruption der Politik
  und politischer Korruption der Medien im Zusammenspiel mit
  S. Berlusconi, d. Übers.

sind in Italien die meisten neuen Unterkünfte, die bezogen werden, Wohnungen. Zum Vergleich, in Großbritannien etwa sind es nur fünfzehn Prozent. Wie um zu sagen: In London überwiegen die Dächer, in Mailand die Balkone.

Wer Italien begreifen will, muss wissen, was es mit dieser Wohnform auf sich hat, ist sie doch gewissermaßen das Gegenstück zur Piazza. Auf der Piazza widersetzen wir uns unserer Verfassung als Einzelwesen, wir suchen sie auf, um mit anderen zusammen zu sein. Im Wohnhaus ist es umgekehrt; unsere Wohnung dient uns als Vorwand, um uns unseren Pflichten als gesellschaftliche Wesen zu entziehen und niemanden sehen zu müssen. Hier ist die Nähe anderer eine potentielle Quelle des Ärgernisses – Lärm außerhalb der eigenen vier Wände, das Warten auf den besetzten Fahrstuhl, Tröpfeln auf dem Balkon, nächtliches Quietschen etc. Solch ein Wohnhaus ist eine Brutstätte von Zwangsvorstellungen, die ganz interessant sein können – wenn sie andere betreffen.

Das hatte Dino Buzzati bereits 1963 begriffen, als er den Asphalt-Roman *Un amore* veröffentlichte. Das Mailand, wie er es beschreibt, war magisch und bedrohlich, eine Art Hogwarts für Erwachsene, wo man auf alles gefasst sein musste (»Und ringsum lag die große Stadt, noch unbeweglich unter dem Regen, aber sie würde bald erwachen und zu atmen beginnen, zu kämpfen, sich zu winden, angstvoll auf und ab zu galoppieren, zu schaffen und zu zerstören, zu verdienen, zu besitzen und zu beherrschen, von einer Unzahl von Wünschen und einer geheimnisvollen Beharrlichkeit getrieben ...«)*. Aber immerhin hat man in der damaligen Zeit in den Wohnsilos noch miteinander gesprochen. Wie gute amerikanische Nachbarn tauschten die Mietsparteien Neuigkeiten und Zucker aus (der einzige Unterschied: dort der Gartenzaun, hier das Treppenhaus). Dann kam der Einschnitt. Das Mietshaus verlor seine Bindungskraft und wurde zu einem Ort, an dem nur noch gewohnt, verdächtigt und Klage geführt wird. Als Schauplatz fröhlichen Gemeinschaftslebens sieht man es nur noch in Fernsehserien – reine Nostalgie. Wird in den USA ein Phänomen im Fernsehen thematisiert, ist es eine Bestandsaufnahme, in Italien ist es ein Abgesang, eine Beerdigung.

Die Wohnung – durchschnittliche Wohnfläche: hundert Quadratmeter – ist unsere Zuflucht, unser Bau. Eichhörnchen suchen sich ein gemütliches Loch, schaffen Vorräte heran und fallen in den Winterschlaf. Und bei uns ist es ähnlich. Wir verschanzen uns hinter einbruchsicheren Wohnungstüren, hocken da, umgeben von persönlichen Dingen, und bekommen nur noch am Rande mit, was die Welt draußen macht. Zur Abwechslung zanken wir uns hin und wieder mit anderen Eichhörnchen.

Um die kleinliche Verbohrtheit zu verstehen, von der manch ein Streitfall unter Nachbarn geprägt ist, sollte man die juristische Definition eines *condominio*, einer »Hausgemeinschaft« also, kennen: »Bei einem *condominio* handelt es sich um eine spezielle Rechtsform des Zusammenlebens verschiedener Parteien, die durch die

---

* übersetzt von Ingrid Parigi

gemeinsame Nutzung von Gebäudeteilen gekennzeichnet ist.« Da ein Ausstieg nicht vorgesehen ist, haben wir es hier, wie es weiter heißt, mit einer »Zwangsgemeinschaft« zu tun. Der Begriff sagt alles. Und natürlich ist es dieser Zwang, der das Zusammenleben schwierig macht. In den USA streiten Nachbarn vielleicht wegen eines zu selten gemähten Rasens, in Deutschland wegen Geruchsbelästigung, in England um eine Hecke, in der Schweiz, weil ein Hund ständig bellt. In Italien nutzen die Hausparteien das ganze Arsenal solcher Vorwände.

Da geht es um die Aufteilung von Gemeinschaftskosten, die nicht schlüssig erscheint, um Schäden, die nach Vorsatz aussehen, um fremde Gesichter, die zu Verdächtigungen Anlass geben, oder auch um quer geparkte Autos, die besonders die zuletzt Heimkommenden ärgern, um Antennen und Satellitenschüsseln, die das Haus verschandeln, um Abfall dort, wo er nicht hingehört, um nächtliches Türenschlagen.

Eine solche Hausgemeinschaft bringt spezielle Typen hervor: etwa den »schlitzohrigen Mitbewohner«, der gern bei Versammlungen fehlt, um die Beschlussfähigkeit zu verhindern. Oder den »Advokaten«, der sehr selten wirklich Anwalt ist, aber für Paragrafen schwärmt und zu jeder Versammlung mit der Hausordnung unter dem Arm erscheint. Dann den »Kurzsichtigen«, der etwa durchgebrannte Glühbirnen nur direkt vor seiner Wohnungstür bemerkt. Häufig erlebt man auch den »Volkstribun«, dessen Leidenschaft darin besteht, Flügel A gegen Flügel B aufzubringen, indem er zum Beispiel eigentümliche Gewohnheitsrechte geltend macht,

die interessanterweise von manchen auch noch aner-
kannt werden.

Dann hätten wir die »streitsüchtige Nachbarin«, die
die Hausordnung auswendig gelernt hat und kreischend
verlangt: »Mein Beitrag muss ins Protokoll.« Sie ver-
klagt gern die ganze Versammlung. Kommt es tatsächlich zum Prozess, brummt ihr der Richter meistens auch
noch die Gerichtskosten auf, so dass sie mächtig drauf-
zahlt. Aber das ist ihr egal, denn so ein Streit ist ihr
Lebenselixier. Ich habe von einem Fall gehört, in dem
die gesamte Hausgemeinschaft mit dem Nachbarn vom
obersten Stockwerk über Kreuz liegt. Dieser hat sich,
um die hohen Gaskosten zu umgehen, einen offenen
Kamin mauern und dazu einen Lastenaufzug einbauen
lassen, in dem er das Holz hinaufschafft, das er sich
abends in seiner Garage mit der Motorsäge zurechtsägt.
Ja, das hört sich wie die Einleitung eines Gruselscho-
ckers an, und ich bin gespannt, wie die Sache ausgeht.

So ein Wohnhaus ist ein Ort kontinuierlicher, obligato-
rischer Solidarität, doch wir Italiener mögen Solidarität
nur, wenn sie sporadisch und freiwillig ist. In den Miets-
häusern werden daher sogar ältere Menschen kampfes-
lustig. Dann verläuft die Front schon mal zwischen den
Generationen, Jung gegen Alt, wobei Letztere nicht selten die besser gewappneten Krieger sind. Da sie nicht
zur Arbeit müssen, haben sie Zeit, das Terrain ausgiebig
zu erkunden und den ganzen Tag hinter der Tür Wache
zu stehen. Kommt es zur Schlacht, kämpfen sie voller
Elan und Ausdauer. Die betagte Signora aus dem Erd-
geschoss beanstandet zum Beispiel die Kosten für den

Kammerjäger und den Austausch des Klingelknopfs der Gegensprechanlage. Das greise Ehepaar im vierten Stock boykottiert hingegen die »Reinigung der Küchenabflussrohre mittels Sondeneinsatz«. Das sind doch Aufgaben, die dem Leben noch einen Sinn geben.

Manche Rentner kennen keine Feier- oder Urlaubstage und scheinen Tag und Nacht zu verwechseln. Ihre mehrfach gesicherten Wohnungstüren öffnen sich immer dann mit gespenstischen Geräuschen, wenn andere schlafen wollen. Ihre verhätschelten Hunde kläffen, im vollen Bewusstsein ihrer privilegierten Stellung, besonders dann, wenn es die anderen stört, und hinterlassen ihren Dreck dort, wo er für den größten Ärger sorgt. Kinder, in Italien heilig und unberührbar, werden zum Anlass ständiger Reibereien, ihr Spielen wird von den Alten als Provokation empfunden, ihr fröhliches Toben als Lärmbelästigung.

Und schließlich wäre da noch der Aufzug, der Schauplatz unserer Sprachlosigkeit. Erzwungene Nähe behagt uns nicht. Wir scheuen die Gespräche übers Wetter, verziehen das Gesicht, wenn uns Essensgerüche, die Rückstände übermäßigen Tabakkonsums oder der Parfümduft der Signora, die vor uns den Fahrstuhl benutzte, in die Nase steigen, stören uns an eingeritzten Kritzeleien neben dem Knopf für den vierten Stock, fürchten den Spiegel, der uns morgens mustert und abends beurteilt. In einem beliebigen Fahrstuhl missfällt uns eine solche Distanzlosigkeit weniger. Es ist das heimische Auf und Ab, das uns unruhig macht. Aber es lässt sich nicht vermeiden. Eine Alternative wäre Treppensteigen. Aber das kommt nicht in Frage.

Im Wohn-/Esszimmer,
dem Operationszentrum häuslicher Gegenspionage

Vor fünfzig Jahren versuchte T. S. Eliot sich darüber klar zu werden, welche Dinge die englische Kultur ausmachen – ein typisches Interesse für einen Mann, der kein Engländer war, sondern britischer Staatsbürger wurde –, und brachte folgende Liste zu Papier: »Derby Day, Henley Regatta, Cowes Week, Twelfth of August, das Cupfinal, Hunderennen, Billardtische, Darts, Wensleydale-Käse, gekochter und zerteilter Kohlkopf, Rüben mit Essig, die gotischen Kirchen aus dem 19. Jahrhundert und die Musik Elgars.«

Vor drei Jahren haben zwei amerikanische Komiker, Rob Cohen und David Wollock »101 gute Gründe, die USA zu lieben« aufgelistet. Das geht los mit Freiheit, Verfassung, Apfelkuchen und zieht sich über Times Square, Route 66, Sam-Adams-Bier, Las Vegas, Brustvergrößerungen bis hin zur Popsängerin Madonna und funktionierenden Lichtschaltern.

Ließe sich auch für Italien ein solcher Katalog zusammenstellen? Es wäre wohl besser, es zu lassen, aber allein das ist schon ein Grund, es zu versuchen. Für mich gehörte dazu: das Barock, Beziehungen, Titel, Handys, abstrakte Namen, Mopeds, Parkplätze, Schuhe, der über den Schultern getragene Pullover, der Espresso und das *soggiorno*, unser Wohnzimmer. Ja, das *soggiorno* würde ich sogar an erster Stelle nennen, handelt es sich dabei doch um das politische und geographische Zentrum des italienischen Heimes, die eigentliche Kommandozentrale für die Entwicklung unseres Landes. Was in Italien passiert, wird im Wohnzimmer entschieden, in den Ministerien und Verwaltungsräten werden dann nur noch die Details ausgearbeitet.

Zweiundzwanzig Millionen Familien, zweiundzwanzig Millionen Wohnzimmer. Der ein oder andere nennt dieses *soggiorno* auch noch *tinello* (»Esszimmer«), eine aus der Mode gekommene Bezeichnung, die deswegen eine Betrachtung wert ist. *Tinello* ist die Verkleinerungsform von *tino* (Bottich) und bezeichnete früher einmal einen Behälter, der bei der Weinlese für den Traubentransport benutzt wurde, später dann den Raum, in dem die Dienerschaft zusammen aß. Heute, da die Weinlese von Maschinen erledigt wird und Hausangestellte ihren eigenen Haushalt führen, steht *tinello* für den an die Küche angrenzenden Raum. Ein kleines Esszimmer also, das zu schlicht ist, um *sala* (»Saal«) genannt, und zu praktisch, um nur für Mahlzeiten genutzt zu werden.

In den letzten Jahren hat das kombinierte Ess-Wohnzimmer den Salon der Betuchten (der nie genutzt wurde) und die Küche der weniger Betuchten, die für sehr vieles genutzt wurde, abgelöst. Nun findet man hier Fernseher, Sofa, mindestens zwei Sessel, Bildbände, Kissen, Stereoanlagen, Haustiere sowie allerhand Geläster. Dieser neu kreierte Raum, meilenweit entfernt vom viktorianischen *drawing room*, in dem die Dame des Hauses ihre Gäste empfing, ist nicht mehr allein das Revier der weiblichen Familienmitglieder. Auch für italienische Männer wird es immer selbstverständlicher, sich bei Fragen zu Wort zu melden, die früher den Frauen des Hauses vorbehalten waren – die Anordnung der Möbel, das Aussuchen der Vorhänge und der Sofabespannung –, wobei sie stets sehr entschieden ihre Meinungen vertreten, auch wenn diese nicht unbedingt von gutem Geschmack zeugen.

Auch aus diesem Grund ist das Ess-Wohnzimmer ein Ort, den man sich genauer ansehen sollte. Es ist der Tagungsraum der italienischen Familie, so wie die Küche die Kommandozentrale der russischen oder amerikanischen. Ein Ort, an dem über alles und ständig diskutiert wird: über Geburten und Hochzeiten, Schule und Ferien, Ausgaben und Wünsche. Die Kindererziehung beginnt – wenn überhaupt – an einem großen gedeckten Tisch. Trennt sich ein Ehepaar – und das ist nicht mehr selten, insbesondere in Norditalien –, wird hier um die Modalitäten gestritten, sich ausgesprochen, versucht, doch noch zu retten, was sich retten lässt.

Denken Sie mal an italienische Familien, die Sie aus Filmen oder persönlich kennen. Ist Ihnen aufgefallen, wie viel sie reden? Zu viel, wird manch einer vielleicht sagen. Einverstanden, aber zumindest reden sie. In der englischsprachigen Welt wird in vielen Familien nur noch über Post-it-Zettelchen am Kühlschrank kommuniziert. Alle führen ihr separates Leben und essen, wann sie gerade Zeit finden zwischen dem Sporttraining, einem Kurs oder einer Schulveranstaltung. In Italien ist das anders: Hier wird am Esstisch überlegt und diskutiert, wird gelernt, seinen Standpunkt zu vertreten (oder zu ändern).

Der Londoner *Guardian* schreibt: »Für die von Unabhängigkeit träumenden englischen Jugendlichen ist es eine erschreckende Vorstellung, regelmäßige Mahlzeiten mit den Eltern einzunehmen oder eine Minute länger als unbedingt notwendig unter dem häuslichen Dach zu verbringen. In italienischen Familien ist das anders, dort setzt man sich einmal am Tag zusammen oder zumindest mehrmals in der Woche. Die Kinder lernen, mit Messer und Gabel umzugehen, sich anständig zu benehmen und sprachlich auszudrücken. Folglich sind sie, im Allgemeinen, nett, wohlerzogen und redegewandt.«

Viele Italiener werden jetzt sagen: »Das ist wieder mal typisch. Ständig werden wir im Ausland kritisiert, wegen unserer Politik, der Korruption oder des Fernsehens; nur für unser Familienleben findet man lobende Worte.« Nur? Mit anderen auszukommen, sich höflich zu benehmen und flüssig unterhalten zu können, sind existentielle Fähigkeiten. Das sollten wir uns klarmachen und uns damit brüsten. Schließlich haben wir nicht auf allen Gebieten Grund dazu.

So ist die italienische Familie also Beratungsstelle und Talmudschule. Aber das ist noch längst nicht alles.

Die italienische Familie ist eine Bank: Das Darlehen für die ersten eigenen vier Wände kommt meistens von den Eltern, ohne Formalitäten, ohne Zinsen und häufig sogar ohne Tilgungsverpflichtungen. Anschlusskredite (für Urlaub, Auto, wichtige Anschaffungen) sind nicht selten. Das schafft ungute Abhängigkeiten? Nicht unbedingt. Kommt ganz auf den Darlehensnehmer und die Klugheit der Gläubiger an. Sicher ist es aber eine gute Alternative zur allzu frühen Verschuldung vieler junger Amerikaner.

Die italienische Familie ist eine Versicherung, ohne Police, ohne Beiträge und kleingedruckte Fallstricke. Denn im Notfall sind Eltern und Verwandte immer zur Stelle. Üblicherweise werden dabei wenige Fragen gestellt. Wenn doch, hilft alles nichts, man muss Rede und Antwort stehen. Denn es gilt die eherne Regel: Versicherungswechsel ausgeschlossen.

Die italienische Familie ist ein Arbeitsamt: Jeder dritte Italiener gibt an, über Familienmitglieder oder Verwandte eine Beschäftigung gefunden zu haben. Die Hälfte aller Ingenieure, vierzig Prozent der Zahnärzte und fünfundzwanzig Prozent der Notare haben ihr Büro von einem Elternteil übernommen. Sicher nicht die optimale Voraussetzung für Wettbewerb und soziale Mobilität. Aber zumindest können auf diese Weise Familientraditionen begründet und die Kosten für Messingschilder und Visitenkarten gering gehalten werden.

Die italienische Familie ist ein Markt, auf dem nichts verkauft, viel verschenkt und alles getauscht wird. Der Neffe bietet sich als Fahrer an, und Onkel und Tante lassen ihn dafür sein Handy aufladen. Der Sohn repariert die Sprechanlage und kann seinen Wagen gratis in der Garage der Eltern abstellen. Der Nachbar geht mit dem Hund der Tochter spazieren, und deren Vater, ein Krankenpfleger, schaut bei ihm vorbei, wenn es eine Spritze zu setzen gibt. Austausch von Produkten und Dienstleistungen, Verteilung der Gemüseernte, kreatives Recycling von Kleidern, Geräten und Möbeln – all das leistet die Familie in Italien. Die klassische italienische Solidarität, jene Solidarität, in der man sich aufgehoben fühlt, aber die einem die Luft zum Atmen nehmen kann (hängt von der Situation und der Stimmung ab), hat sich verfeinert und im familiären Umfeld ihr Verteilungszentrum gefunden.

Die italienische Familie war einmal ein Hospiz, denn ein Platz für die Alten fand sich im bäuerlichen Italien immer. Heute sind Quadratmeter und Geduld knapper bemessen. Nicht jedermann verfügt über Platz und Nerven, mit einem alten Vater oder der Mutter zusammenzuleben. Aber ein Altersheim ist für viele nur die allerletzte Lösung. Wenn möglich, sucht man eine Unterkunft in der Nähe. Das hat den Immobilienmarkt mächtig belebt – acht von zehn Italienern leben in den eigenen vier Wänden, Rekord in Europa – und für eine Reihe von Nebeneffekten gesorgt. Die Großmutter in der Wohnung gegenüber wird im Bedarfsfall zu Köchin oder Babysitter, gießt die Blumen und füttert den Hund. Mit ihrer Rente kann sie sich an der Haushaltskasse beteiligen. Das Moped des sechzehnjährigen Enkels wird auf diese Weise finanziert und sogar der fünfundzwanzigjährige Enkelsohn unterstützt, der noch über kein festes Einkommen verfügt. Sie meinen, das sei ja so etwas wie Arbeitslosengeld, nur unter anderer Bezeichnung? Ganz recht. Aber hier geht es durch die Hände der Großmutter, die so das Gefühl hat, immer noch gebraucht zu werden.

Sie staunen? Warten Sie, es kommt noch besser. Eine Familie ist eine Krankenstation, in die sich von der Grippe erwischte italienische Männer wie verwundete Tiere in ihre Höhle zurückziehen. Eine Familie ist ein Hotel mit 24-Stunden-Service, Fernseher auf dem Zimmer und einer gut funktionierenden Wäscherei. Die italienische Familie war einmal ein Restaurant, in dem keiner vorbestellen musste, und ist heute ein Schnellimbiss, wo sich immer noch irgendetwas Essbares findet (1950 brachte eine Hausfrau noch sieben Stunden täglich in der Küche zu, heute sind es vierzig Minuten). Unsere Familien sind eine Pension während der Studienzeit (durchschnittliches Examensalter: achtundzwanzig) und eine Zwischenunterkunft nach einer gescheiterten und vor der nächsten Beziehung.

Nicht zuletzt ist die italienische Familie auch ein Informationszentrum. Viele Mütter verfügen über einen Festnetzanschluss, über Fotohandy, Fax, E-Mail, Aussichtsterrasse, Informanten, ein gutes Gehör und ein brillantes Gespür. Damit sind sie jederzeit in der Lage, Kinder und Enkelkinder zu lokalisieren. Eine Spionageabwehr hätten wir in Italien gar nicht nötig: Zehn solcher Frauen, und die Lage ist unter Kontrolle.

Unverwüstliche Großeltern und besitzergreifende Eltern sorgen für die typischen *mammoni*, die italienischen Muttersöhnchen, die Angst haben, sich den Härten des Lebens zu stellen. Das gehört zum festen Bild ausländischer Italienreisender, zusammen mit der allgegenwärtigen Feuchtigkeit Venedigs und der Neigung des Turms in Pisa.

Mammoni ist ein Wort, das Ihnen als Ausländer wahrscheinlich besonders gut gefällt. All diese M's, dieser runde Wohlklang, in dem von Neid durchsetzter Tadel mitschwingt. Sie wollen wissen, ob es diese *mammoni* tatsächlich gibt? Gewiss, es gibt sie, viele sogar, aber sie sind interessanter, als man gemeinhin glauben würde.

Es stimmt schon: Die Hälfte aller italienischen Erwachsenen lebt mit volljährigen Kindern zusammen. Ebenso in Spanien, während in anderen europäischen Ländern die Zahlen niedriger liegen: 34 Prozent in Frankreich, 28 Prozent in Österreich, 26 Prozent in Großbritannien, 19 Prozent in Norwegen. In den USA sind es sogar noch weniger, nämlich 17 Prozent.

Erste Betrachtung: Kein Wunder, dass in Italien und Spanien die Geburtenraten so niedrig sind, fällt es doch schwer, für Nachwuchs zu sorgen, während der Rest der Familie, nur durch eine Wand getrennt, die Samstagabendshow im Fernsehen verfolgt. Auch in Mailand und Madrid verträgt dieses Vorhaben nicht allzu viel Ablenkung.

Die italienischen »Muttersöhnchen« führen andere Rechtfertigungen an. Das Fehlen bezahlbarer Mietwohnungen, die Schwierigkeit, einen Job zu finden, die Kosten für eine Familiengründung. Hinzufügen würde ich noch das Festhalten an einem angenehm verantwortungslosen Lebensstil – ein im Fernsehen salonfähig gemachter, in der Werbung gepriesener und von der Gesellschaft tolerierter Lebensstil –, der in den letzten Jahren einen neuen Typ »Muttersöhnchen« hervorgebracht hat.

Dieser »*Neo-Mammone*« des 21. Jahrhunderts ist ein

durch elterliche Einwirkung veränderter Organismus. Das hartnäckige Festhalten an der Jugend seitens Papa und Mama erspart es ihm, Verantwortung zu übernehmen. Er ist über dreißig und benimmt sich wie ein Nachkomme von Fellinis *»Vitelloni«* (»Die Müßiggänger«), nur mit mehr Geld und weniger Fantasie ausgestattet. Er kann herzlich sein, aber auch arrogant werden, sobald ihm widersprochen wird. Er steht zu seinem Narzissmus, aber nur, weil ihm das Wort gefällt. Ein ewiger Jugendlicher, dessen Leben bestimmt wird von Plänen für Reisen in exotische Paradiese und von der Begeisterung für ausgefallene Sportarten. Sein Selbstbild hat etwas Grandioses. Seine Hymne ist das schöne Lied von Vasco Rossi, *Vita spericolata* (»Waghalsiges Leben«): »Und dann sitzt du wie ein Star und trinkst deinen Whiskey in der Roxy Bar…« Und es ist ziemlich unerheblich, dass sich diese Roxy Bar in einem Einkaufszentrum befindet und man im Morgengrauen – nach der waghalsigen Nacht auf der Überholspur – ins elterliche Heim zurückkehrt, auf Zehenspitzen, damit Papa und Mama nicht aufwachen.

Zum Glück sind nicht alle Jugendlichen aus diesem Holz geschnitzt. Sonst müsste Italien Konkurs anmelden. Die meisten jungen Italiener haben sich von den Eltern frei gemacht. Sie respektieren sie, fürchten und zähmen sie, gerade so, wie es die Umstände verlangen.

Die angelsächsische Alternative – *bye-bye* im College-Alter und dann, es sei denn, man scheitert im neuen Umfeld, nur noch Besuche an den üblichen Feiertagen – kann italienische Zwanzig- oder Dreißigjährige nicht überzeugen und ist zudem auch wenig praktikabel angesichts der schon erwähnten angespannten Lage sowohl auf dem Immobilien- als auch dem Arbeitsmarkt.

Der in solchen Fällen mögliche Kompromiss ist praktisch und poetisch zugleich. Viele Jugendliche schaffen sich eine Melting-Pot-Autarkie in Apartments, in denen etwa ein Doktorand aus Mailand mit zwei Studentinnen aus Bari und einem Handelsvertreter aus Rom zusammenlebt, der wiederum an einen Fliesenleger aus Brescia untervermietet. Dies sind Wohngemeinschaften ohne ideologischen Anspruch, in denen der Frühjahrsputz im Oktober stattfindet, Tiefgefrorenes die Küche beherrscht, Pasta mit Thunfisch nach zwölf verschiedenen Rezepten zubereitet wird und auch alle Jahrestage (mit kleinem Umtrunk) gefeiert werden, weil die Lokale in der Stadt zu teuer sind.

Das ist die Iglo-Generation, deren Vertreter angeben, »die Zelte abgebrochen zu haben« – ein Ausdruck, der von einem heilsamen mentalen Nomadentum zeugt –, aber der Familie doch nicht den Rücken kehren, kennen sie doch Macht und Vorteile des heimischen Wohn-/Esszimmers, das sie geformt hat. Die mit Schmutzwäsche gefüllten Taschen, die bei Besuchsantritt leicht schuldbewusst im Flur abgestellt und dann vor der Abfahrt liebevoll zurückgegeben werden, beweisen das. Die Mütter – Angehörige einer Tupperware-Generation? – bereiten vorgekochte Speisen zu: »Nur noch aufwärmen«, erklären sie mit einem professionellen Lächeln. Die Väter beteiligen sich an der Miete. Großeltern, Onkel und Tanten bieten die Wiederaufladung des Handys an unter der Bedingung, dass der Nachwuchs hin und wieder mal von sich hören lässt.

Wenn alles gut geht, schaffen es diese jungen Italiener irgendwann in die nächste Runde, mit gefährdetem Job, bescheidenem Einkommen, aufreibendem gesellschaftlichem Leben, der ersten eigenen Wohnung und heldenhaften Einrichtungsversuchen. In welchem Stil? Immer derselbe, aus der Not geborene Minimalismus mit skandinavischen Einschlägen. Das ist die Ikea-Generation, alle mit den gleichen Regalwänden, der gleichen Couch, dem gleichen Bett und den gleichen Duschvorhängen. Auch ein Grund, weshalb sich die jungen Leute, wenn sie sich gegenseitig besuchen, sofort wie zu Hause fühlen. Was so weit gehen kann, dass sie gleich ganz bleiben.

Und so entsteht wieder eine neue Variante der italienischen Familie, die noch gar nicht untersucht worden ist.

Schlafzimmer, Bad
und die Probleme einer beengten Privatsphäre

Würden wir Italien von oben aufnehmen und dann, ähnlich wie zu Beginn von *American Beauty*, mit der Kamera immer näher darauf zufahren, sähen wir zunächst ein von Meer umgebenes Land, dann eine Stadt, ein Stadtviertel, ein Wohnhaus, eine Wohnung, ein Wohnzimmer und schließlich ein Schlafzimmer mit zwei Menschen darin – allein, getrennt oder in unterschiedlichen Kombinationen vereint. An dieser Einstellung könnten die Zuschauer, von denen die beiden nichts wissen, jene Merkmale ablesen, die typisch sind für die Privatsphäre in unserem Land. Nämlich Selbstgefälligkeit, Enge und Erschöpfung.

Die »erstaunliche Vielfalt notwendiger kleiner Dinge«, mit der sich Robinson Crusoe tröstete, findet man auch in einem italienischen Schlafzimmer, dieselbe Verschmelzung gefundener und herbeigeschaffter Objekte, denselben Anspruch, autark zu sein. Auf Robinsons Insel ein Seil, ein Segeltuch, ein Messer, im italienischen Schlafzimmer ein Fernseher mit Videorecorder, Wecker, Handys im Ladestatus, Uhren, Computer, Mini-Stereoanlagen. Was sich in den Tiefen des Kleiderschranks verbirgt, ermöglicht es uns jeden Morgen, uns nach dem Bild zu formen, das wir von uns selbst haben. Der Wandspiegel verrät, wie der Tag gelaufen ist.

Eine Wohnung, schrieb Julien Green in den sechziger Jahren, sei wie ein Wald mit verschiedenen Lichtungen, mit ruhigen Zimmern, aber auch »Horrorgebieten« und »Gruselkreuzwegen«. Seit damals hat sich wenig geändert. Die sorgfältig gestalteten »Horrorgebiete«, die gemeinschaftlich genutzt werden, sind geblieben, und in den weiterhin ruhigen Zimmern häufen sich die verschiedensten Gerätschaften. Hektische Umbaumaßnahmen ließen Türme entstehen, in denen es mit der Verständigung hapert, denn das Schlafzimmer liegt nun im ersten Stock, das Badezimmer im zweiten und das Wohnzimmer im dritten. Im vierten Stock ein weiteres Bad und im fünften ein Raum, in dem der Hausherr einem geräuschvollen Hobby, wie Rockmusik oder Politik, nachgehen kann.

Durch die Auflösung des Flures konnte das Kinderzimmer verbreitert werden, das sich mittlerweile zu einer Art Technologiezentrum entwickelt hat, in dem sich die kleinsten Italiener darüber hinwegtrösten, dass sie keinen leeren Räume mehr haben, die sich fantasievoll füllen ließen. Computer, Playstation und andere elektronische Gerätschaften okkupieren Tische und Konsolen. Es gilt, jeden noch so kleinen Winkel im Haus zu nutzen. Und sei es auch nur als Müllhalde.

Ich bin nicht der Einzige, der sich für die Überreste des Abendlandes interessiert. Das tun auch Möwen, Straßenkehrer, Don DeLillo und Paul McCartney (»Kauf, kauf, steht auf dem Schild im Schaufenster / Warum,

warum?/Antwortet das Gerümpel, das im Garten herumliegt« – *Junk*). Dieses Von-allem-zu-Viel ist natürlich kein rein italienisches Phänomen, sondern eine chronische Erkrankung aller satten Gesellschaften. Doch wie üblich setzen wir, fantasievoll, wie wir sind, noch eins drauf.

In früheren Zeiten verfügten die Häuser in Italien noch über Keller und Speicher, heute bestenfalls über eine kleine Garage, in der aber schon der Wagen steht. Hier und da findet man vielleicht ein durch Gitter und Vorhängeschlösser gesichertes Abstellräumchen im Souterrain. Aber die geräumigen Speicher wurden zu Mansarden ausgebaut, mit hässlichen Fensterfronten, die vielleicht den Bauvorschriften entsprechen, auf alle Fälle aber die Dachlandschaft verschandeln.

Aussortierte Gegenstände stapeln sich nun also – in Erwartung, verschenkt zu werden, des Sperrmülls oder wieder in Mode zu kommen – in allen Winkeln und Ecken der Wohnung, sozusagen als Ohrenschmalz der heimischen vier Wände: Es ist nicht sehr elegant, darüber zu reden, aber es gibt ihn nun mal. Alles existiert zweimal, dreimal, viermal (gekauft 1988, 1994, 1996 und 2001), aber was fängt man mit vier Föns an, wenn man nicht zufällig an einer Studie über die »Häusliche Trocknung unterschiedlicher Haartypen« arbeitet?

Aber sagen Sie das mal so manch einer Familie. Man wird Ihnen kein Gehör schenken. Die Sammlung von Gebrauchsgegenständen aus jüngster Vergangenheit ist zum Volkssport geworden. Die Domizile der Italiener belegen, dass es in unserem Land Millionen konservativ eingestellter Bewohner gibt. Vielleicht werden manche

Politiker aus den gleichen Gründen, die uns zum Aufbewahren alter Plüschtiere aus unserer Kindheit veranlassen, immer wieder ins Parlament gewählt. Mögen sie noch so zerzaust und ramponiert sein, wir möchten einfach nicht auf sie verzichten.

Ein »sich ausbreitender Speicher« ist weniger ein realer als ein mentaler Ort. Verrostete Werkzeuge, ungehörte Musikkassetten, nicht genutzte Töpfe und Tassen, ausgetretene Schuhe, die Gebrauchsanweisungen längst nicht mehr funktionierender Geräte, all das wird deponiert, wo sich gerade Platz findet. Die eingepackte Weihnachtskrippe, Bücher aus der Mittelstufe, Schachteln und Kartons in allen Farben und Formen, Kunstfaserdecken, antike Akkuladegeräte, Kabelknäuel, Plattenspieler, Briefumschläge, antiquierte Rezeptbücher – der neue Speicher des italienischen Heimes kann überall sein.

Verschiedene Kulturen, speziell die amerikanische, kennen den Umzug als kathartischen Moment. Wer in den USA in ein neues Zuhause einzieht, nutzt die Gelegenheit, zunächst einmal kräftig zu entsorgen. In Italien wird lange nicht so viel umgezogen – nur 20 Prozent aller Italiener haben in den letzten zehn Jahren ein neues Zuhause bezogen, halb so viel wie im europäischen Durchschnitt –, und alles wird aufbewahrt. Wir leben in unserem eigenen Museum, und eines Tages werden wir noch Eintritt verlangen.

Dennoch scheinen unsere Häuser und Wohnungen, so voll sie auch sein mögen, in den Augen vieler Fremder wenig Überraschendes zu bieten. Am allerwenigsten die Schlafzimmer, in nordeuropäischen Ländern so etwas wie die anarchische Redoute eines wohlgeordneten Umfelds. Bei uns dagegen sind Schlafzimmer die aufgeräumte Zuflucht in einem ansonsten chaotischen Land. Sie sehen so aus, als würden wir alle auf eine Inspektion warten, die niemals kommen wird. Eine Amerikanerin, die ihr Schlafzimmer betritt, wirft gleich mal ihre Tasche aufs Bett, eine Italienerin scheut davor zurück, so als fürchte sie eine mysteriöse Verunreinigung. Eher wird man ein Kind im italienischen Ehebett finden als ein Frühstückstablett. Den Eltern ist es lieber so, aber nur, wenn der Nachwuchs nicht krümelt. Zum ordentlichen Bild trägt auch das Parkett bei. Einst dem städtischen Wohnzimmer vorbehalten, macht es heute auch vor ländlichen Schlafzimmern nicht halt. Der vor allem in Großbritannien beliebte Teppichboden wird nicht so gern gesehen, weil er als potentieller Staubfänger gilt. Linoleumböden, in den fünfziger Jahren eine Verheißung von Modernität, bedecken jetzt nur noch die innersten Bereiche unserer Erinnerung. Auf den streng glänzenden Kachelfußböden in vielen Esszimmern liegen heute noch selten Teppiche, die das Gefühl von Kälte abmildern, für Augen und Fußsohlen, zwei Bereiche, die für das Befinden der Nation besonders wichtig sind.

Dann hätten wir noch das Bad. Es ist eleganter als ein französisches, gemütlicher als ein amerikanisches, geräumiger als ein englisches, fantasievoller als ein deutsches, und wird häufiger besucht als ein holländisches (in Amsterdam wäscht man sich die Hände in der Küche, in Mailand läuft man ins Bad, so als sei das Wasser nur dort sauber genug). Im Badezimmer suchen wir die Absolution für unsere Sünden, denn anders ist die lange Verweildauer an diesem Ort in vielen Fällen nicht zu erklären. Manche widmen sich dort ausgefeilten Waschungen, doch die Mehrheit praktiziert Meditationsriten, umgeben von profanen Paramenten: farblich aufeinander abgestimmten Handtüchern, Parfümfläschchen, Illustrierten und zahlreichen identisch aussehenden Spraydosen (so dass man Gefahr läuft, sich die Haare mit Rasierschaum zu waschen und vor der Rasur zum Deo zu greifen).

Über die Badezimmereinrichtung wird in hitzigen familiären Debatten entschieden. Bei den zu installierenden Elementen herrscht heutzutage ein nationales Einverständnis – Waschbecken in überraschenden Formen, sinnliche Kloschüssel, Badewanne mit Dusche, selbstverständlich ein Bidet –, aber beim Thema Fliesen entzweien sich die Familien. Alle wissen, hier sind Fehler nicht mehr auszubügeln, und eine misslungene Wandverkleidung wird sie über Jahre hinweg scheel anschauen und ständig an jene leichtsinnig getroffene Entscheidung damals erinnern.

Die Hersteller wissen das und nutzen es schamlos aus. Ihre Kataloge lesen sich wie esoterische Texte (Goa-Blau, Schatten-Grün, Mesopotamisches Rot), und ihre Verkaufsräume sind als Orte des Verlierens gestaltet. Das heißt, Mama verliert hier viel Zeit und Vater die Geduld. Bis man schließlich zu einem Waffenstillstand findet, in Form einer azurblauen Fliese, zehn mal zehn Zentimeter, doppelt ermäßigt. Denn die hat sich schlecht verkauft, und um sie loszuwerden, ist der Händler bereit, sie zum halben Preis abzugeben.

Nun möchten Sie wahrscheinlich erfahren, was ein Italiener und eine Italienerin im Schlafzimmer treiben, wenn sie alleine und nicht miteinander verwandt sind. Vor der Schlafzimmerschwelle mögen Historiker zurückschrecken, andere aber nicht. In Romanen, Illustrierten, Film, Fernsehen und Nachbarschaft hat man sich lange damit beschäftigt, was hinter der Tür vorgeht, und weiß (fast) alles darüber.

Im Bett schlafen italienische Paare, schauen fern, telefonieren, streiten, lesen, schlafen miteinander. Ungefähr in dieser Reihenfolge, auch wenn manch einer behauptet, das Lesen käme heutzutage nach dem Sex. Aber nicht etwa, weil Ersteres so hoch im Kurs stände, sondern weil Letzteres eher dürftig ausfalle, wenn die Begeisterung der ersten Zeit füreinander erst einmal verflogen sei.

Sie möchten wissen, ob uns das Thema unangenehm ist? Nicht mehr. Es tut mir leid, hier die Fantasie unserer Gäste zertrümmern zu müssen, doch die einst schamhafte Nation hat die Fahnen gewechselt (oder besser, Slip und BH). Die in lange schwarze Gewänder gehüllten jungen Sizilianerinnen gibt es nur noch in Werbespots. Heranwachsende in Mailand haben den Bauchnabel entdeckt, Liebesbeziehungen und die verlegenen Reaktionen der Eltern darauf, und es ist schwer zu sagen, woran sie mehr Spaß haben. Die Älteren waren zunächst erschrocken und haben sich dann angepasst. Die Mütter berichten Freundinnen und in Illustrierten von ihren Bettproblemen. Die Väter schweigen und leben ihre Fantasien im Internet aus.

In Sachen Sex ist Italien längst wie andere Länder

Europas und weist kaum noch Ähnlichkeit mit den USA auf. In der amerikanischen Gesellschaft ist ja Sinnlichkeit fast unbekannt; dort wird Keuschheit proklamiert und Pornografie im großen Stil vermarktet, während das so weite Land dazwischen brachliegt. Die Frauen in den Washingtoner Büros tragen Panzer in Kostümform und schützen sich mit flammenden Blicken. Im Büro in Mailand wird über Sex nicht anders als über Geschäftliches gesprochen. Einer stellt etwas auf, eine Bilanz oder eine Behauptung, ein anderer bestätigt, eine dritte zieht die Sache in Zweifel.

In mancher Hinsicht ist unser Verhalten auf diesem Gebiet immer noch nicht normal, obwohl – oder gerade weil – wir uns besonders zwanglos geben wollen. Da geht man einfach zu weit, ohne dass jemand den Mut fände, dem Einhalt zu gebieten. Im Fernsehen zum Beispiel werden junge Frauen gerne wie Hennen beim Geflügelhändler vorgeführt, und in der Werbung bietet man sie wie Wellensittiche im Käfig an. Und das soll dann – so kann man lesen und hören – Italien besonders aufregend machen. Ich befürchte hingegen, dass es zu schweren Problemen führt. Viele Männer, so belegen Statistiken und berichten mir Freundinnen, wirken heute schon verunsichert und mitgenommen.

Wer weiß, vielleicht werden wir eines Tages noch neidisch auf die USA blicken, wo man schockiert auf einen nackten Busen beim Superbowl oder die gespreizten Beine Sharon Stones reagiert. Das bedeutet aber immerhin, dass man sich dort noch erregen kann und im Schlafzimmer nicht gelangweilt mit seinen *Gadgets* herumspielt.

Montag
VIERTER TAG

In Richtung Toskana

Im Zug, wo viele reden,
wenige zuhören und alle verstehen

Die Bahnhöfe unseres Landes bieten Gelegenheit, ein interessantes Stück Italien zu entdecken. Wie in Schichten gelagert findet man dort Gewohnheiten, Erinnerungen, die anderswo verblasst sind, von der italienischen Eisenbahn aber unberührt belassen wurden. Der Service hat darunter gelitten, der Atmosphäre aber kam es zugute.

Sie haben etwas Antiquiertes, die Uniformen der italienischen Eisenbahner, ihre gelockerten Krawatten, die melancholisch wirkenden Angestellten, wie sie sich jenseits der Trennscheiben ihres Schalters wie in einem Aquarium bewegen. Etwas Rührendes haben sie, die Souvenirs, die hier im Mailänder Hauptbahnhof, der *Stazione Centrale di Milano*, zum Verkauf angeboten werden: Gondeln und Muscheln, Heilige und Madonnen, Kathedralen und Glücksbringer. Hier zeigt sich ein Italien, das selbst uns Italiener sprachlos macht, auf Ausländer aber wohl beruhigend wirkt, bestätigt es doch das Bild, das sie vor ihrem geistigen Auge sehen: einen neorealistischen Film, der mühevolle Aktualisierungen unnötig erscheinen lässt.

Die Mailänder *Stazione Centrale!* Als denkwürdiges Bauwerk gilt dieser Bahnhof (nicht ganz zu Unrecht:

wer ihn einmal gesehen hat, wird ihn nicht mehr so leicht vergessen). Auch mir missfällt er nicht. Er weicht ab vom Gewohnten, bildet eine imperiale Atempause in einem vom Handel geprägten Stadtbild. Und das bekommt ihm ganz gut.

Wenn ich Zeit habe, bleibe ich stehen, schaue auf (lasse aber die Hände nicht von den Koffern) und betrachte ihn. Bei solch einer Gelegenheit habe ich den »Club Eurostar« entdeckt. Offiziell eine Einrichtung der italienischen Eisenbahn, *Ferrovie dello Stato*, die ihren Mitgliedern gewisse Erleichterungen, Vorzugsbehandlungen, Rabatte und einen Wartesaal bietet, im Grunde aber ein Museum der jüngsten Vergangenheit.

Ein außergewöhnlicher Ort. Nur auf den Bahnhöfen der Transsibirischen Eisenbahn habe ich Ähnliches gesehen: ein riesengroßer Saal mit einer Gewölbedecke, Sofas in grellen Farben, einige Grünpflanzen, trist und mickrig. Auf der linken Seite eine kleine, verlassene Bar; das Personal hat andernorts zu tun, und der Espresso läuft allein, melancholisch, aus der Maschine. Im Hintergrund nimmt ein Gemälde die halbe Wand ein. Einer unserer früheren Staatspräsidenten lächelt uns mit der Pfeife im Mund zwischen zwei Banknoten entgegen, aber man weiß nicht, wieso.

Club Eurostar! Hinter dem englischen Namen verbergen sich die Relikte einer Kultur, die manch einer schon für erloschen hielt, jene der parastaatlichen Epoche, also der Blütezeit der großen halbstaatlichen Unternehmen. Die USA haben sich in den siebziger Jahren neues Make-up aufgelegt, Japan, Großbritannien und Frankreich in den Achtzigern, Deutschland in den

Neunzigern nach der Wiedervereinigung. Das öffentliche Italien ist noch nicht so weit. Wie eine schöne Frau, die nur über bescheidene Mittel verfügt, hat es einen neuen Mantel übergezogen, das Kleid darunter jedoch angelassen. Sieht gar nicht mal so schlecht aus, wirkt nur leicht melancholisch und ist ein wenig peinlich, wenn Gäste eintreffen.

Ich reise gern im Zug. Wie beim Radiohören oder dem Lehrberuf kann man daneben noch etwas anderes tun. Ich lese, blättere, schreibe, ertrage die Mitreisenden, die, in ihre Handys brüllend, ihre privatesten Angelegenheiten dem ganzen Abteil anvertrauen, das aber gar nicht daran interessiert ist. Vor einigen Tagen erhielt ich zwischen Rom und Bologna eine Lehrstunde in Sachen italienischer Justiz. Ein Herr mit einem Kinnbart rief mindestens zwanzig Freunde an und erklärte ihnen, wie es ihm gelungen war, irgendeinen Prozess im Sande verlaufen zu lassen. Jedem Gesprächspartner lieferte er neue Details über Anwälte, Richter, Paragrafen und Verhandlungsstrategien. In Florenz hatte ich bereits beschlossen, dass man ihn hätte verurteilen sollen.

Ja, ich mag Zugfahren. Bereits die Abfahrt gefällt mir. Diese schillernde Menschenmenge, die Koffer und Kinder hinter sich herschleift, unter der Gepäcklast flucht, rauchend am Gleis steht. Wie in einem alten Film winkt jemand mit Tränen in den Augen aus dem Zugfenster. Vielleicht ein Statist, den die italienische Eisenbahn engagiert hat, um bei den vielen Verspätungen wenigstens für ein wenig Atmosphäre zu sorgen.

Auch das Rattern gefällt mir. Während man im Transportwesen sonst eher auf Schalldämmung setzt, entwickeln Züge immer noch einen zufriedenstellenden Lärm. In einem Hotelzimmer stört das Rauschen des Straßenverkehrs, nervt das Quietschen des Fahrstuhls und das Summen der Klimaanlage. Zugrattern aber wirkt entspannend. Und keiner rattert so schön wie ein *Accelerato*, ein Eilzug also, der – was Sie nicht wissen können – seinem Namen zum Trotz der langsamste Zug überhaupt ist. Nichts tröstet mehr als die Stimme, die, nach sechsstündiger Fahrt, das pünktliche oder gar zu frühe Eintreffen am Zielbahnhof verkündet. Aber das ist schon mehr als eine Ankündigung, nämlich eine akustische Erscheinung, weswegen sie auch nicht häufiger als einmal im Jahr zu erleben ist.

Italienische Züge sind Schauplätze von Gruppenbeichten und kollektiven Absolutionen, ideal für ein Land, das als sehr katholisch gilt. Hören Sie mal, was die Leute reden, schauen Sie sich an, wie sie gestikulieren. Ja, es ist eine Art Theater. Sie meinen, dass diese beiden Orte – Beichtstuhl und Bühne – unvereinbar sind? Anderswo vielleicht. Aber hier befinden wir uns in Italien.

Wir sind ein Land, in dem jeder mit jedem redet. Die Piazza Süditaliens hat sich auch in der Moderne unverändert erhalten, dabei aber umgekehrt mit ihrer Kultur die italienische Moderne stark beeinflusst. Versuchen Sie doch mal, den Gesprächen hier im Zug nach Neapel (über Bologna, Florenz, Rom) zu folgen. Öffentliche Darbietungen sind das, sehr virtuos, voller Rituale, unerwarteter Vertraulichkeiten und überraschender Hemmungen. »Unversehens gleitet man in Italien in einen vertraulichen Ton und unterhält sich über persönliche Dinge«, schrieb Stendhal, und der war nie im Eurostar gereist.

Schauen Sie sich mal die drei Männer dort an. Es scheinen Kollegen zu sein, die von einem gemeinsamen Termin heimfahren. Sie reden nicht, sondern verkünden. Sie erzählen nicht, sondern geben kleine Kommuniqués heraus, die die Presseabteilung verfasst hat und die alle drei im Kopf mit sich herumtragen. Sie diskutieren, wie Sie hören, verraten verblüffende Details. Ein Thema nach dem anderen kommt zur Sprache, wobei die Stimmen und Argumente munter durcheinandergehen. Ja, so ein Zugabteil ist der Vorläufer der Fernsehtalkshow, liefert Studio, Kulisse, Teilnehmer und – an jedem Bahnhof – die Chance zum Abgang.

Heute sitzen im Waggon zwei Unternehmensberater, ein Landeskonservator, ein Ex-Hippiemädchen und heutige Personalchefin in einem Nahrungsmittelkonzern, ein Discjockey, ein Kleinunternehmer, ein Golfspieler, ein Journalist und ein (im Ruhestand befindlicher) Geschäftsführer einer Holdinggesellschaft, der über seinen früheren Chef herzieht. Der hübschen Apothekerin, die ein Buch über den Irak liest, hat man irrtümlicherweise denselben Platz zugeteilt, den auch eine attraktive Blondine reserviert hatte. Die anwesenden Männer machen das Ereignis zum Fest und laden beide zum Bleiben ein.

Hören Sie mal, wie da geredet wird, wie verschnörkelt man sich ausdrückt – ein weiterer Beleg für die Bedeutung der Ästhetik im italienischen Alltag. Wissen Sie, warum man sich im italienischen Parlament nicht

»einverstanden erklärt«, sondern eine »substanzielle Übereinstimmung der Sichtweisen« feststellt? Oder warum man es im Wetterbericht nicht einfach regnen lässt, sondern »Niederschläge infolge zunehmender Bewölkung« vorhersieht? Nun, das hat eine Reihe von Gründen. Solch eine vertrackte Ausdrucksweise ist eine Art Schutz (ich bin missverstanden worden), eine Zierde (ich bin gebildet), Kosmetik (ich verschönere die Realität) und ein Mitgliedsausweis (ich gehöre der Kaste der Ärzte an, der Meteorologen oder Anwälte, und, tut mir leid, so reden wir nun mal).

Schauen Sie sich jetzt noch einmal die drei Kollegen dort drüben an. Die Aufmerksamkeit, mit der sie den Äußerungen der anderen lauschen, täuscht. Beachten Sie ihre verkniffenen Lippen und ihre flinken Blicke. Ja, das Schweigen ist kein Zuhören, sondern ein Warten, selbst wieder das Wort zu ergreifen. Susan Sontag schrieb einmal, in skandinavischen Ländern sei bei Unterhaltungen stets eine Anspannung spürbar, die sich im Verlauf des Gesprächs bei den Gesprächspartnern aufbaut. »Man hat immer Angst, dass das Benzin ausgeht, weil Zurückhaltung geboten und Schweigen verlockend ist.« Nun, das zumindest braucht man bei uns nicht zu fürchten, und dieser Zug ist der beste Beweis dafür.

Im Ausland hört man immer wieder, es sei unnötig, Italienisch zu lernen, denn um die Italiener zu verstehen, reiche es ja aus, ihre Hände zu beobachten, während sie reden. Das stimmt natürlich nicht, und doch steckt etwas Wahres darin. Ja, wir verfügen über ein ansehnliches Repertoire ausdrucksstarker Gesten. Anthropologen haben sich damit beschäftigt, Fotografen, Karikaturisten und Linguisten. Es gibt ein *Supplemento del Dizionario Italiano*, einen Zusatzband zum Italienischen Wörterbuch, herausgegeben von Bruno Munari, der nur aus Fotos kommunizierender Hände (hau ab!, komm zurück!, einen Moment!, was ist?) besteht.

Angesichts unseres Gestenreichtums fühlen sich viele Ausländer ähnlich hilflos wie viele Italiener beim Lernen englischer *phrasal verbs*. Dabei haben wir mittlerweile ganz gut Englisch gelernt, doch dieser Wust an *in, on, off* und *out* macht uns einfach Schwierigkeiten. Dabei bräuchten wir uns nur klarzumachen, dass es gar nicht notwendig ist, Hunderte solcher Kombinationen auswendig zu lernen. Man muss nur das System verstehen. Nehmen wir etwa den Satz: »Italy used to breeze through any crisis«, den man auf Italienisch mit »*Una volta l'Italia attraversava le crisi disinvoltamente*« (»Früher einmal stand man in Italien alle Krisen lässig durch«) übersetzen würde. Warum fühlt sich ein Italiener bei diesem englischen Satz verschaukelt? Weil der Gedanke, den wir mit dem Adverb *disinvoltamente* (lässig) ausdrücken, im Englischen im Verb steckt (to breeze), und die Aussage, die wir durch das Verb ausdrücken (*attraversare*, durchmachen, durchstehen), im englischen Satz in der Präposition *through* enthalten ist. Man muss also nur begreifen, dass jede Präposition auch eine oder mehrere Tätigkeiten ausdrückt (*about*, sich drehen um; *away*, sich entfernen; *back* zurückkehren etc.).

Möchte man nun die Gesten von Italienern entschlüsseln, sollte man die gleiche Technik anwenden. Es ist gar nicht nötig, sie zu katalogisieren, wie es Andrea de Jorio 1832 getan hat (*La mimica degli antichi investigata nel gestire napoletano*, »Die Mimik unserer Vorfahren, untersucht anhand in Neapel gebräuchlicher Gesten«, 380 Textseiten, 19 Illustrationen). Man muss nur wissen, welcher sprachlich durch ein Verb ausgedrückte Gedanke in einer Geste steckt.

Achten Sie mal auf die Hände des diskutierenden Paares dort. Nach außen weisende Gesten: hau ab!, verschwinde!, komm her!. Nach oben weisende Gesten: Achtung, Erfolg, Fatalismus. Nach unten gerichtete Gesten: Enttäuschung, Probleme, Verurteilung. Kreisende Gesten: sich um etwas drehen (im direkten oder metaphorischen Sinne). Zum Kopf weisende Gesten: Verständnis, Intuition, Wahnsinn. Gesten, die auf Ohren, Augen, Nase, Mund oder Magen gerichtet sind: hör zu!, sieh her!, riech mal!, iss! Zusammengelegte Finger: Zusammenfassung, Komplexität, Verwunderung. Geballte Fäuste: Wut, Verärgerung. Geöffnete Handflächen: Entgegenkommen, Nachgeben. Und so weiter.

Wie, Sie verstehen immer noch nicht, was die beiden sagen? Dann passen Sie mal auf! Er ballt die Fäuste, ist also sauer. Sie zeigt die geöffneten Handflächen: Er soll sich nicht aufregen. Er reibt Daumen und Zeigefinger aneinander: Es geht um »Geld«. Sie legt die Zeigefinger beider Hände aneinander: »Zwei verstehen sich«. Die Sache ist also ganz einfach. Die beiden diskutieren über einen Korruptionsverdacht in irgendeinem öffentlichen Bereich. Aber Sie haben Recht, nach einer Lektion konnten Sie das nicht verstehen. Dazu braucht man ein Examen, oder zehn Jahre in Italien.

Sie fragen mich, ob wir lachen können. O ja, vielleicht sogar zu gut. Giacomo Leopardi – ein italienischer Dichter, der die Italiener auch dann noch liebte, als ihm klar war, mit wem er es da zu tun hatte – meinte, dass wir über alles lachen können, weil wir nichts wirklich achten.

Da ist etwas Wahres dran. Es gibt da eine skeptische Seite in unserem Charakter, die an Zynismus grenzt. Eine Fähigkeit zur illusionslosen Beobachtung, die sich durch die Literatur zieht, durch Film, Theater und den Alltag der Menschen. Auf den Dörfern tragen die Leute noch heute Spitznamen (meist unbarmherzige und immer treffende), und viele italienische Familiennamen – Bassi (kleinwüchsig), Guerci (schielend), Malatesta (unförmiger Schädel) oder Zappalaglio (Knoblauchbauer) – verraten heute noch einen bitteren Realitätssinn. Unser Lachen kommt aus dem Bauch. Das der Briten aus dem Kopf. Das der Amerikaner vom Herzen und entweicht durch den Mund. Das der Deutschen aus dem Magen, und dort bleibt es auch.

Das Lachen ist also nicht unser Problem. Eher das Lächeln, nicht zuletzt, weil es häufig nicht erwidert wird. Im öffentlichen Leben gibt es eine Reihe von Persönlichkeiten, die Humor besitzen, doch man hat fast den Eindruck, sie schämten sich dafür. Ironie – es sei denn, sie würde durch Woody Allen geadelt oder durch Sprachen aufgewertet, die man nicht versteht – wird bei uns häufig als Zeichen fehlenden Engagements gewertet und stillschweigend missbilligt. Witzige Leute werden so mit der Zeit unausweichlich immer gehässiger. Lächeln wird zum Gelächter, dann zum Hohnlachen.

Das Abgleiten der Ironie in Sarkasmus und des Sarkasmus' in Schmähung hätte eine gesonderte Betrachtung verdient. Aber dazu haben wir keine Zeit, und so will ich Ihnen hier nur einen Verdacht mitteilen, mit dem ich nicht alleine dastehe. Manche italienischen Phänomene sind derart grotesk, dass eine Satire unmöglich, ja sinnlos wäre. Man denkt sich eine paradoxe Geschichte aus, und am Tag drauf hat irgendjemand etwas noch Paradoxeres angestellt. So macht es eben keinen Spaß.

Im Museum:
schöne Mädchen an den Wänden

Unsere Museen in Italien sind zu groß. Allein mit den Objekten, die in den Uffizien eingelagert sind, könnte man über drei Jahre Ausstellungen in den USA bestücken. Ein Beleg für die Schattenseiten des Glücks. Ist der Tisch zu reich gedeckt, verliert man leicht den Appetit. Sie, als Gast, kommen mit zehn Gemälden im Kopf nach Italien (das Profil eines Herzogs, das keineswegs verlegene Lächeln einer entkleideten Edeldame), besuchen das entsprechende Museum und erfreuen sich an den Kunstwerken. Für uns Italiener ist das anders: Die Herzöge haben wir alle schon gesehen, und jenes Edelfräulein kommt uns wie eine Dame aus unserem Bekanntenkreis vor.

Im Italienischen gibt es einen Ausdruck, der diese Einstellung widerspiegelt, *roba da museo*, Museumskram. Museumskram, sagte der mit Umberto Eco befreundete Maler und Schriftsteller Emilio Tadini, kann ein Gemälde sein, ein Ding, ein Programm, eine Idee, ein Vorschlag, »jedenfalls etwas, das abseits unseres Lebens liegt, verschüttet in der Vergangenheit, etwas, das uns absolut nichts mehr angeht.« Woher diese Ablehnung? Vielleicht ist es Unbehagen. Unsere Vorfahren waren ja solche Meister, dass wir es lieber nicht auf einen Vergleich ankommen lassen. Oder aber wir sind, wie angedeutet, einfach satt. Wir treiben ja schon im Wasserbad schönster Kunstwerke und halten es für überflüssig, uns eine Eintrittskarte fürs Museum zu kaufen, um noch näher mit ihnen in Berührung zu kommen.

In ihrer Freizeit spielt die italienische Jugend Fußball im Schatten jahrhundertealter Kirchen und Paläste. Für uns ist das ganz normal. In den USA würden die Eltern die Kamera zücken, um die Szene festzuhalten (oder alles abreißen lassen, um einen Parkplatz anzulegen). Kein Land der Erde besitzt so viele Kunstschätze wie Italien. Nach uns kommt Spanien, bringt es aber noch nicht einmal auf den Reichtum allein der Toskana. Aber auch diese Tatsache kann uns, von Ausnahmen abgesehen, heute nicht mehr begeistern. Es sei denn, es ließe sich etwas verdienen oder das italienische Image in der Welt aufpolieren.

In solch einem Fall, mit einem finanziellen Interesse oder Stolz als Beweggrund, spenden viele Beifall. Das italienische Genie als Exportartikel haben wir zu schätzen gelernt, vor allem dann, wenn es als Event gefeiert wird, als ein Ereignis, das Schlagzeilen macht und mit dem wir uns brüsten können.

Ich erinnere mich noch an die langen Schlangen, die sich die Spiralen des Guggenheim-Museums in Manhattan anlässlich der Ausstellung *The Italian Metamorphosis* hinaufwanden. Darunter auch Italiener, die geduldig anstanden, um Dinge zu bewundern, die wie sie den Ozean überquert hatten: Kleider von Valentino, Plakate von Rossellini-Filmen, Schreibmaschinen von Sottsass, Stühle von Gio Ponti oder die berüchtigten

Büchsen Piero Manzonis*. Das berühmte amerikanische Museum und italienische Geniestreiche lockten sie, auch mich, gleichermaßen an. Wir waren die Hauptdarsteller, und das, geben wir es ruhig zu, missfiel uns durchaus nicht.

Hier in den Uffizien aber, dem ältesten Museum des modernen Europas, werden uns sogar die außerordentlichsten Kunstwerke schon leicht langweilig. Es sei denn, wir müssten sie gegen die klischeehafte Wahrnehmung durch Fremde wie Sie in Schutz nehmen. Dann erst sind auch wir – nicht alle und auch nicht immer – wieder fähig, solche Meisterwerke mit anderen Augen zu betrachten.

Nehmen wir etwa Botticelli. Man hat ihn zu einem Kitschmaler werden lassen, und dagegen müssen wir uns wehren. Denn Botticelli war eine komplexe Persönlichkeit, die ein faszinierendes Werk hinterlassen hat.

Zunächst einmal hieß er gar nicht Botticelli, sondern Filipepi. Im Jahr 1445 als Sohn eines florentinischen Gerbers geboren, ging der junge Sandro bei einem Goldschmied in die Lehre, dessen Namen er später annahm. Schon früh trieb er sich in den Werkstätten Filippo Lippis oder Verrocchios herum und lernte dort zu malen. Er las Dante und stand in Kontakt zu dem sieben Jahre jüngeren Leonardo da Vinci.

Er war ein echter Italiener, gewitzt, nicht ganz einfach, protegiert (sein Vertrauter und Förderer war Lorenzo di Pierfrancesco de' Medici, ein Vetter des be-

---

* Piero Manzoni, ital. Künstler, der 1961 neunzig mit eigenen Exkrementen gefüllte Büchsen verkaufte.

rühmten Lorenzo, »il Magnifico« genannt), fühlte sich wohl im Kreis seiner Freunde, galt aber als exzentrisch. Das Geld, das er verdiente, und er verdiente gut, gab er mit beiden Händen aus. Der Ehe stand er ablehnend gegenüber, und, der Malertradition entsprechend, auch den Frauen. Ja, man sollte es nicht für möglich halten, wenn man sich sein Werk betrachtet.

Schauen Sie sich mal sein Gemälde »Der Frühling« an, das er im Alter von dreiunddreißig Jahren malte. Eine auf den ersten Blick einfache Szene, die Allegorie eines klassischen Mythos', wie es der Zeit entsprach, doch die Protagonistin hat etwas Mysteriöses, Verzauberndes, und in dem Bild wurden fünfhundert verschiedene Pflanzenarten entdeckt. Bewundern Sie seine »Madonna del Magnificat« aus dem Jahr 1485, eine echte Frau, schön und ungeschminkt, zwischen dekorativen Engeln. Oder die »Verleumdung des Apelles«, 1495 entstanden: Die dort dargestellte »nackte Wahrheit« sieht aus wie eine Schauspielerin, die schlagartig alt wirkt, ähnlich wie das politische und wirtschaftliche System der Stadt Florenz nach der Entdeckung Amerikas.

Sie werden sagen, es handele sich um eine normale künstlerische Entwicklung. Nein, antworte ich, es sind gute Antennen. Botticellis Werdegang ist beispielhaft für alle Italiener, er repräsentiert das ewige Italien, ein Land der Intuitionen und der fortwährenden Verwandlungen. Ein Land, in dem die Köpfe der Menschen niemals ruhen. Nicht immer kommen dabei Meisterwerke heraus, gelegentlich auch Katastrophen. Aber immerhin kommen wir selbst für den Schaden auf.

Wir sind da. Dort hängt sie, »Die Geburt der Venus«, mit der jungen Göttin in der Muschel. Ein derart berühmtes Gemälde, dass man sich vielleicht daran sattgesehen hat, so wie an Leonardos »Mona Lisa«. Und doch ist es schön, wunderbar. Das gekräuselte Meer, die Bäume in der Bucht, die ovalen Gesichter, die sinnlichen Blicke und die im Wind flatternden Haare. In dieser Lebensphase ging es Botticelli darum, Platon mit Christus zu versöhnen, indem er die Schönheit darstellte, die die Verbindung von Geist und Materie hervorzubringen vermag. Und das ist ihm gelungen. Doch wer sich das Gemälde nur flüchtig ansieht, erkennt nicht mehr als ein Symbol des immer gleichen Italiens, mit Blumen, Meer und einem jungen Mädchen, das in einer Muschel heransurft – ein ideales Bild für eine Seifenkonfektion.

Es handelt sich also um eine Falle. Und seit fünfhundert Jahren tappen Sie, die Ausländer, immer wieder hinein. Und wir beobachten es mit Vergnügen.

Schauen Sie sich mal diese Porträts genauer an. Das sind keine Marsmenschen, sondern Italiener. Ihre Gesichter wirken so vertraut, dass man, wie gesagt, leicht glaubt, sie persönlich zu kennen. Achten Sie später mal darauf. Ganz ähnliche Gesichtszüge begegnen Ihnen auf den Straßen und in den Cafés der Stadt. Wenn Sie in Florenz an der Piazza della Repubblica im legendären Café Giubbe Rosse sitzen – es wurde ursprünglich von bayrischen Brüdern, Baumeistern, gegründet und wird jetzt nach den roten Jacken seiner flinken Kellner benannt –, dann werden Sie sagen: »Diese Frau dort, wo habe ich die schon mal gesehen?« Antwort: an einer Wand in den Uffizien, auch wenn sie dort nicht in ein Handy brüllte.

Die Erbanlagen Italiens sind künstlerisch dokumentiert. Heute Abend werden Ihnen zwanzigjährige, aus dem Umland zugezogene Männer über den Weg laufen, die Giorgiones »Edelmann in Rüstung« verblüffend ähnlich sehen. Denken Sie sich die Rüstung weg, vergessen Sie den Edelmann, und Sie finden ihn am Steuer eines schwarzen Golfs wieder, mit treuherzigem Gesichtsausdruck und kräftiger Nase, damit beschäftigt, den Abend zu planen.

Auch Raphaels Madonnen – die in unzähligen Reproduktionen, an den Kopfenden unserer Betten hängend, seit Jahrhunderten über uns wachen – sind eindeutig Italienerinnen. Unterwegs in Italien werden Ihnen Mädchen aus dem Veneto begegnen, die an Bellinis Magdalenas erinnern, Sizilianerinnen mit dem gerührten Lächeln der »Madonna Annunziata« von Antonello da Messina, Mailänderinnen, die Sie misstrauisch wie Leonardo da Vincis »Belle Ferronnière« anblicken. Schön sind sie alle, aber nicht zu auffällig, einfach nur auffallend sanft.

Ähnlich ist es mit den Landschaften im Hintergrund. Auch in ihnen erkennen wir, ohne es zu wissen und ohne es zu wollen, Italien wieder. Dem zeitlichen Abstand, notwendigen Veränderungen und vermeidbaren brutalen Eingriffen ins Landschaftsbild zum Trotz, finden wir hier etwas Vertrautes, das uns seltsam berührt und nicht missfällt. Ob wir ihn nun pflegen oder verschandeln – das ist unser Hintergrund.

Schauen Sie sich zum Beispiel einmal die »Allegoria sacra« von Giovanni Bellini, Giambellino genannt, an, der so detailgenau wie nur wenige andere Maler das Italien seiner Zeit festgehalten hat. Die Landschaft hinter den Figuren erinnert an die Flussenge der Etsch bei Rivoli Veronese, nicht weit vom Gardasee, früher eine Art Vorhalle Italiens, auf die wir immer noch stolz sein können. Dort empfing man die Fremden, die von den Alpenpässen herabgekommen waren, und zeigte ihnen in einer Art Luftspiegelung die mediterrane Welt, die sie weiter südlich erwartete. Heutzutage nehmen Touristen immer noch diesen Weg, aber wer macht schon halt, um sich die Etsch zu betrachten? Zum Windsurfen ist sie ja nicht geeignet.

Schauen Sie sich mal die ausgedorrte Landschaft hinter den Porträts des Herzogs Federico da Montefeltro und seiner Gattin Battista Sforza genauer an, sowie den allegorischen Triumphzug des Herzogpaares auf der Rückseite des Gemäldes. Piero della Francesca hat den Herzog so gemalt, als sähe er ihn von einer Wolke aus. Heute kommen nur noch wenige Reisende durch jene Gegend zwischen der Romagna und den Marken. Die nahen Adriastrände sind ein beliebteres Ziel. Doch wir erkennen sie wieder, diese kargen Hügel mit den wenigen Bäumen. So als seien sie fest verankert, irgendwo in unserem Bewusstsein, als Bilder einer verlorenen Vergangenheit, nach der wir uns manchmal vielleicht zurücksehnen. In Farbe, von Meisterhand gemalt. Wer sonst auf der Welt kann sich schon dergleichen rühmen?

Signorina Seminuda oder
Glotze auf Italienisch

Vom italienischen Fernsehen haben Sie sicher schon gehört. Nun schauen Sie mal rein. Draußen regnet es ohnehin, und Florenz ist überflutet von Heerscharen von Japanern in den immer gleichen Regenmänteln. Genau betrachtet, kann auch das Fernsehen ein Museum sein: ausgestellt, direkt neben der Minibar, eine mobile Ansammlung gebräunter Gesichter, gefärbter Haarschöpfe und penetranten Lächelns.

Italienisches Fernsehen ist exotisch wie ein Flughafen, chaotisch wie unser Straßenverkehr, einschläfernd wie ein Hotel, befremdlich wie ein Geschäft in der Mailänder Innenstadt, wandelbar wie ein Restaurant, geschwätzig wie ein Zugreisender, trügerisch wie unsere Landschaften, lehrreich wie unsere Piazzas und allgegenwärtig wie die Kirchen in unserem Land. Doch während die Kirchen immer leerer werden, schart das Fernsehen immer mehr Gläubige um sich. Vor fünfzig Jahren sprach man vom »Fernsehen fürs Volk«, heute sind wir ein »Fernsehvolk«.

1954 startete die staatliche RAI ihr erstes Programm, ganz gesittet und mit pädagogischem Auftrag. Da ging es nicht darum, wie wir sind, sondern wie wir sein sollten. Das italienische Fernsehen, wie wir es heute kennen, ist jüngeren Datums und rund dreißig Jahre alt. Es ist ein Kind der in den siebziger Jahren aufgekommenen privaten Fernsehsender, die beispielhaft für jenen undisziplinierten Fortschritt waren, der unserer Mentalität so gut entspricht. Der erste Privatsender hieß *Telebiella*. Ich selbst erinnere mich gut an den Mailänder Sender *TeleAltoMilanese*, der eine Parade fader Schönheiten bot, mit großzügigen Dekolletees und geizigem Einsatz des Konjunktivs. Die forschen Moderatoren gehörten einer neuen Spezies an und sahen immer so aus, als könnten sie jeden Moment aus dem Bildschirm hervortreten und um ein Taschentuch bitten, um sich den Schweiß abzutrocknen.

Erst in den achtziger Jahren hat Silvio Berlusconi, mit Unterstützung der Sozialisten, damals die modernsten und unvoreingenommensten Vertreter unserer Parteienlandschaft, dieses leicht pathetische, also typisch italienische Abenteuer zu einem Industriezweig nach amerikanischem Vorbild geformt. Dazu musste er keinen Geschmack und kein Publikum neu erfinden: Den Geschmack erahnte er, das Publikum zog er sich heran. Wusste er damals bereits, dass diese Fernsehzuschauer einmal den harten Kern seiner Wählerschaft bilden würden, der umso wertvoller war, als er ihn der Linken entriss? Das glaube ich nicht. Um im Jahr 1980, als sein *Canale 5* entstand, bereits *Tangentopoli* vorherzusehen, den Sturz seiner Förderer und den eigenen Einzug in die Schlacht, mit der Artillerie seiner Fernsehsender im Rücken, hätte er ein Zauberer sein müssen. Aber ein Zauberer ist er eben nicht. Er ist ein Geschäftsmann, der Träume verkauft und es geschickt versteht, die Realität zur Show zu machen. Ohne es zu kennen, hat er sich am Amerika des Malers Norman Rockwell orientiert – festlich gedeckte Tische, fröhliche Senioren, vollbusige Mädchen –, hat es importiert, angepasst, entkleidet und beschleunigt. Und wir sind drauf hereingefallen.

Das Aushängeschild unseres Fernsehens heute ist die *Signorina Seminuda*, das halbnackte Fräulein. Fehlte nur noch, dass man nach ihrem Bild Münzen prägt und Briefmarken bedruckt. Ihr Gesicht kann sich ändern, doch vom Hals an abwärts ist stets alles gleich. Mittlerweile taucht sie in allen Programmen auf, wackelt mit den Hüften und darf hin und wieder sogar mal einen Satz sagen, am liebsten dann, wenn sie nichts zu sagen hat.

Es war schon ein Geniestreich zu erkennen, dass diese Sirene nach Hausmacherart dem weiblichen Idealbild der halben Nation entspricht. Lächeln Sie ruhig über den Politiker Berlusconi. Aber unterschätzen Sie nicht den Werbestrategen, der schon weiß, was sich die Kunden wünschen, noch bevor sie es verlangen. Berlusconi hatte begriffen, dass Millionen von Landsleuten davon träumten, in Gedanken zu sündigen, zu bereuen und gleich wieder zu sündigen. Mit jeder Geste verkündete er: Seht mal her, Leute, ich habe da genau das Richtige für euch.

Die Rede ist hier nicht von einem besonders lasterhaften Land, sondern von einer Nation, die geradewegs aus ihrer chronischen Verklemmung in einen Zustand ständiger Erregung überwechselte. Einem Italien, in dem die Bilder leichtbekleideter Mädchen aus den Autowerkstätten, wo sie noch hinpassten, verschwunden sind, um dann, via Bildschirm, in den Wohnstuben der Leute zu landen.

Schauen Sie sich heute Abend in der Werbung mal an, wie viele Produkte über sexuelle Anspielungen und Bilder lanciert werden: Mineralwasser, Diebstahlsicherung, Aperitifs, Staubsauger, Autos, Bier, Kekse, Bananen, Salben, Kaffees, Handys, Mopeds, Gürtel, Pralinen, Klimaanlagen, Uhren, Küchen, Zahncremes, Deodorants, Reinigungsmittel, Spülmittel, Sofas, Aftershaves... Die Reihe ließe sich noch seitenlang fortsetzen.

Der Rundfunk hat sich dem angepasst. Gut gemacht, kann diese Berieselung ganz auf Bilder verzichten. Da macht zum Beispiel eine Software für Unternehmen mit Gestöhne und Doppeldeutigkeit auf sich aufmerksam, so als ginge es hier um die Anbahnung eines Geschlechtsverkehrs (»Bring auch deine Freundinnen mit, für die hab ich auch was!«). Eine Versicherung fordert die Hörer dazu auf, eine Hotline anzurufen, und gibt zu verstehen, dass es üblich ist, sich mit »Ciao, Baby« an die Damen zu wenden. Versuchen Sie mal in den USA, eine Angestellte mit »Ciao, baby« anzusprechen. Da gäbe es nur zwei Alternativen: Ohrfeige oder Anzeige.

Warum wird überall in der Werbung Sex eingesetzt? Ganz einfach, weil sich Sex verkauft. Ein Dekolletee, das bis zum Minirock hinunterreicht, reizt und lockt, nicht nur in Italien. Aber würde sich in einem anderen westlichen Land ein Softwareproduzent mit Kasernenhofwitzen (in den Kasernen selbst spricht man von

»Werbe-Witzen«) präsentieren, dächte der potentielle Kunde sofort: Das ist kein seriöses Produkt, da lasse ich lieber die Finger davon. In Italien ist das anders. Diese Software wird bekannt, wiedererkannt und gekauft. Und voller Anerkennung versucht die Konkurrenz, dem nachzueifern.

Sie fragen sich vielleicht, warum sich die italienischen Frauen nicht dagegen wehren? Antwort: Aus Gewohnheit, Resignation und Naivität. Vor dreißig Jahren reagierten Feministinnen schon empört, wenn man sie nur an ihre Weiblichkeit erinnerte. Heute schauen sich Frauen die Sendungen an, in denen ihre Geschlechtsgenossinnen als spärlich bekleidete Püppchen auftreten, und beneiden sie darum. Und dann wundern sie sich über anzügliche Blicke und Sprüche am Arbeitsplatz, über die Tatsache, dass das Durchschnittseinkommen von Frauen fünfunddreißig Prozent unter dem der Männer liegt, oder über das männliche Monopol auf Machtpositionen (bei uns ist der Prozentsatz von Frauen im Parlament ebenso hoch wie in Marokko, das heißt, Platz neunundsiebzig in der Welt).

Und diese Verwunderung ist schon verwunderlich.

Bei uns in Italien ist der Aberglaube weit verbreitet und tritt in den verschiedensten Gewändern auf. Das beginnt mit Horoskopen und der Leidenschaft fürs Glücksspiel (jährlich geben wir pro Kopf zweihundertvierzig Euro dafür aus und stehen damit nur den Amerikanern nach), setzt sich fort mit den täglichen Vermeidungsstrategien (Salz, Katze, Treppe, den vielen »Ich-glaub-ja-nicht-dran-aber-man-weiß-ja-nie«) und der Feigheit von Leuten, die nicht protestieren, wenn sie »das bringt Unglück« zu hören bekommen, wie es jeder vernünftige Mensch tun sollte. Der Aberglaube überfordert oft auch unsere Religion, die manche Gläubige als Amulettrausch ausüben. Und endet schließlich bei der Heerschar von Fernsehmagiern, die niemand zur Rechenschaft zieht, weil man in ihnen ehrliche Handwerker eines speziellen Gewerbes sieht: dem des Betrugs.

Ein besorgniserregendes Phänomen, weil wir drauf und dran sind, ein großes Plus zu verspielen: Bislang hat Italien noch keine Unterschicht hervorgebracht, die vom gesellschaftlichen Leben vollkommen abgeschnitten ist und sich nur vom schlechtesten Fernsehen nährt. Wir haben keinen festen Bevölkerungsanteil, der nie zur Wahl geht, sich gehen lässt und nicht versucht, sein Schicksal zu ändern. Es gibt keinen *white trash* wie in den USA, noch ist »weißer Abfall« bei uns nur ein Begriff aus dem Bereich der Mülltrennung.

Auch die schwächsten Klassen – was Bildung, Chancen, Einkommen angeht – haben bei uns immer Würde gezeigt. Im Nachkriegsneapel oder in der Landwirtschaft Venetiens in den fünfziger Jahren; zur Zeit des Fabrikbooms in der Lombardei oder während der Einwanderungswelle im Piemont. Als ich kürzlich zu Hause meine Bücherregale neu sortierte (eine Beschäftigung, die nie ohne schmutzige Hände und ein schlechtes Gewissen abgeht), stieß ich auf ein Gedicht von Pier Paolo Pasolini mit dem Titel *Il canto popolar*, »Der Gesang des Volkes«. Es lautet:

Plötzlich schreitet das Jahr neunzehnhundert-
zweiundfünfzig über Italien:
nur das Volk fühlt es richtig, das nie
der Zeit enthoben war, nicht geblendet wird
von der Moderne, obgleich es doch selbst
am modernsten bleibt, das Volk, verstreut
in Vorstadt und Viertel, mit stets
nachwachsender Jugend – neu zum alten Lied –
*arglos wiederholend, was war.**

Doch dann geschah etwas, was Pasolini nicht vorhersehen konnte. Das Fernsehen kam auf und veränderte
vieles, die Verhältnisse am Arbeitsplatz, den Markt, die
Parteien. Die alten Kommunisten, auch wenn sie gro-
teske politische Modelle propagierten, hatten immerhin noch ihren Stolz. Die heutige Linke schwärmt von
einer untergegangenen Welt, verteidigt Privilegien,
sorgt sich um ihre Geschäfte und streitet darum, wer
die Truppen anführen darf, denkt aber nicht daran, sich
mal umzudrehen, um zu sehen, ob ihr überhaupt noch
jemand folgt.

Doch ein Vakuum gibt es nicht lange, nicht in der
Politik, nicht in Italien. Wer es dann bei den Wahlen
lange Zeit füllte, ist bekannt. Doch noch nicht einmal
Berlusconi – lange Zeit ein Vorbild für »das Volk, verstreut in Vorstadt und Viertel, mit stets nachwachsender Jugend« – kann heute jenen Teil der Italiener
zurückhalten, der mehr und mehr in die Arme der Fern-
sehwahrsager sinkt. Und sein Nachfolger im Amt des

---

* übers. von Toni und Sabine Kienlechner

Ministerpräsidenten, Romano Prodi, verfügt im Senat nur über eine knappe Mehrheit und muss in seinem Mitte-Links-Bündnis viele unterschiedliche Wünsche erfüllen. Er gilt als gemäßigt, ruhig, fast schwerfällig, und trocken – ein Wunder, dass er die Wahlen für sich entscheiden und den überfälligen Wechsel herbeiführen konnte.

Der Eindruck drängt sich auf, dass dieser Teil Italiens keine Orientierung mehr hat und auch kein Bedürfnis mehr danach verspürt. Keine Überzeugungen mehr hat, und auch keine sucht. Keine Träume, die weiter reichen als bis zum Fußballspiel am Sonntagnachmittag. Man hat das Gefühl, dass da ganze Teile der Gesellschaft in Lethargie versinken und sich mit Trostpflästerchen zufriedengeben: mit Magiern (mehr als zwanzigtausend sind es), Telefon-Hotlines (eintausenddreihundert an der Zahl) und einem Fernsehen, das sie mit gespieltem Leid und künstlicher Begeisterung füttert.

Schade. Denn trotz aller Schwächen und Nachlässigkeiten haben wir bis jetzt noch vieles vermeiden können, was andere Gesellschaften spaltet. Wir kennen keine epidemische Ausbreitung von Alkoholismus oder von Schwangerschaften minderjähriger Mädchen; keine Trennung von Sport für Arme und Sport für Reiche, von Schulen für Arbeiter und Schulen für Bürgerkinder. Noch sind wir eine zwar undisziplinierte, aber homogene Nation. Auch dank des Fernsehens, das nun das einzureißen droht, was es einst aufzubauen mithalf.

»Interessenkonflikt« ist zum unerträglichen Begriff geworden, und das ist bereits ein Erfolg für diejenigen, die kein Interesse haben, diesen Konflikt zu lösen. Möchten Sie einen italienischen Freund vergrätzen oder eine Gesprächsrunde abrupt verstummen lassen, sagen Sie einfach: »Noch mal zu dem Interessenkonflikt ...« Ergreift Ihr Gegenüber nicht auf der Stelle die Flucht, wird er nur noch ein mitleidiges Lächeln für Sie übrighaben. Auch die Blumen in den Vasen werden, da italienisch, entnervt die Köpfe hängen lassen.

Während man im Ausland erregt über Berlusconis »Interessenkonflikt« diskutierte und sich viele mahnende Stimmen erhoben, winkte man bei uns müde ab. Nur wenige Italiener protestierten, als die Regierung Berlusconi im Parlament ein Gesetz zur Neuordnung von Rundfunk und Fernsehen verabschieden ließ, das die Unternehmen des Ministerpräsidenten klar begünstigte. »He, Moment mal, da liegt doch ein Interessenkonflikt vor!« Hat Berlusconi also Recht, wenn er verbreitet, durch seine Wahl sei diese Frage bereits entschieden worden? Die Italiener hätten ja gewusst, wer er ist und was er besitzt, aber offen gezeigt, dass es ihnen egal ist.

Nein. Aus zwei Gründen. Erstens hatten die Wähler ein politisches Programm gewählt, in dem versprochen wurde, das Problem binnen hundert Tagen zu lösen. Danach vergingen mehr als vier Jahre. Zweitens: Man wird diesen Interessenkonflikt nicht aus der Welt schaffen, solange ihn die Leute nicht als Problem ansehen. Nur werden sie Berlusconis Meinungsmonopol so lange nicht als Problem ansehen, wie die Achtuhrnachrichten des Fernsehens es nicht zum Thema machen, das Fernsehen wohlgemerkt, das im Zentrum dieses Interessenkonfliktes steht. »Catch 22«, sagen die Amerikaner in solchen Fällen in Anspielung auf den Roman von Joseph Heller, in dem es heißt: »Wer verrückt war, musste nicht in den Krieg, wer aber beantragte, freigestellt zu werden, konnte nicht verrückt sein.« Da beißt sich die Katze in den Schwanz. Aber versuchen Sie mal, das einem Italiener klarzumachen. Ein schwieriges Unterfangen.

Doch gibt es eine Entschuldigung für unser Verhalten. Vielleicht auch zwei. Nein, drei sogar.

Die erste ist historisch. Über Jahrzehnte war es zum schlechten Brauch geworden, dass alle größeren Parteien einen Fernsehsender beherrschten, in dem sie ihre Sicht der Dinge kundtun konnten. Und so gelang es den Politikern, egal welcher Couleur, eine bestimmte Vorstellung fest im Volk zu verankern. Nämlich: Was in unserem Interesse liegt, muss auch im Interesse des Landes liegen, weil wir ja als dessen Vertreter gewählt wurden. Ein falscher Syllogismus und ein Riesenschwindel: In Wahrheit wollen sie sich abends nur in den Nachrichten sehen.

Die zweite Entschuldigung ist gesellschaftlicher Art. In Italien wimmelt es von Interessenkonflikten. Banken, die Sparern nur die eigenen Finanzprodukte anbieten, Journalisten, die Presseabteilungen leiten, Architekten, die Stadtplanungsreferate besetzen, verbeamtete Lehrer, die an Privatschulen Nachhilfeunterricht geben – überall kann es zu solchen Konflikten kommen. Der Interessenkonflikt unseres Ministerpräsidenten, sagt sich so mancher Wähler der Mitte-Rechts-Parteien, ist zwar spektakulär, aber bestimmt nicht einzigartig. Das ist richtig. Aber eigentlich sollte ein Regierungschef den Leuten doch ein Beispiel geben und ihnen kein Alibi liefern.

Und schließlich ließ uns Italiener auch aus einem historischen Grund Berlusconis Fernsehvorherrschaft ziemlich kalt. Die einzigen politischen Institutionen, die auf italienischem Boden wuchsen, sind die Stadtregierungen *Comune* und *Signoria*. Alle anderen, von denen manche funktionierten, andere eher nicht, haben wir importiert, vor allem auch die parlamentarische Demokratie. Entsprechend skeptisch ist unsere Einstellung. Laut Giuseppe Prezzolini (1882 – 1982), einem Gelehrten und Biografen, der sich mit den Italienern auskannte, dachten die Menschen zur Zeit Niccolò Machiavellis: »Es ist doch ganz natürlich, dass ein Herrscher die eigenen Interessen verfolgt!« Seit dem frühen 16. Jahrhundert hat sich wenig geändert. Nicht wenige denken immer noch so und verhalten sich dementsprechend. Gemäß dem Grundsatz: Es bringt mehr, seinem Herrn zu schmeicheln und ihn, wenn möglich, auszunutzen, als zu verlangen, dass er ehrlich sein möge.

Dienstag
FÜNFTER TAG

In der Toskana

Säuregelbe Landhäuser

Die toskanische Landschaft ist schön, aber auch rau. Sie gestattet keine Vertraulichkeiten, das heißt, Aquarelle so viel man will, aber nur selten Frühstück im Gras. Blauer Himmel und ockerfarbene Erde, mütterliche Eichen und Zypressen als Wachposten, Süßes und Bitteres zugleich, überall. Schauen Sie sich die Hügel an, diese drallen Rundungen. Sie haben etwas Altvertrautes, bilden sie doch die italienischen Formen par excellence nach: alte Vesparoller und junge Brüste, das Brot auf dem Tisch und der Lancia Appia (der 1953 – 1959 in Serie hergestellte Personenwagen). Aber achten Sie auch mal darauf, wie ausgetrocknet die Böden sind und wie abweisend kalt die Marmorfliesen in den Höfen. Selbst die Namen der Menschen hier klingen rau, und ihre Sprache, ein auffallend gutes Italienisch, trocken. Das Toskanische spricht die Dinge aus und gärt von aufgestauter Wut. Polemische Diskussionen sind hier ein Sport, die Teilnehmer Profis. Mischen Sie sich also lieber nicht ein.

Mit ihrer gebrochenen Sanftheit steht die Toskana für das italienische Missverständnis. Aber das Schwierige wollen Sie als Italienreisender ja nicht sehen. Der amerikanische Protagonist von *Der Garten Eden* erklärt auf einer Reise durch die Provence: »Ab sofort werden wir allem Pittoresken den Rücken kehren.« Ein guter Vorsatz, den Hemingway da formulierte, aber die Besucher, die in die Toskana strömen, scheinen ihn nicht zu kennen.

Sehen Sie mal den Namen dort: *Bellosguardo*, schöner Ausblick, ein philosophisches und zugleich geschäftliches Programm. Schroffe (Ab-)brüche und der Blick in die Weite, dunkle Erde und Swimmingpools, die einzigen Blautöne neben dem Himmel. Wie sollte Ihnen dieses Italien nicht gefallen? Es lädt förmlich dazu ein, beschrieben zu werden, dieses Land der Pergolen und Lavendelbüsche, des guten Olivenöls und der köstlichen Weine, ein Land wacher Augen und Sinne. Eine Landschaft zum Anschauen, doch nicht zum Berühren. Aber auch keine anspruchsvolle Landschaft wie die sizilianische mit ihrer kriminellen Geschichte oder die steinige sardische, die voller Geheimnisse steckt. Auch mit der Poebene ist sie nicht vergleichbar, die menschenleer ist, aber geschäftig. Die Toskana hingegen bietet eine antike, literarische Kulisse, die leider stets Gefahr läuft, zur Krippe zu werden, mit den Toskanern als Krippenfiguren, dargestellt in ihren alltäglichen Verrichtungen, und den Touristen als Heilige Drei Könige, die Gold, Weihrauch und Myrrhe bringen (vor allem Gold, aber auch Cash und Kreditkarten werden akzeptiert).

Ach nein, schämen Sie sich doch nicht für Ihre bukolische Begeisterung. Jeder sitzt diesem Trugbild auf. Auch Italiener aus dem übrigen Italien fielen in den letzten Jahren in Scharen in die Toskana ein. Journalisten mit Anhang machen heute den Mähmaschinen das

Terrain streitig. Product-Manager, als Vorhut unterwegs, stehen nachts am Fenster ihrer Landhäuser und lassen sich nur noch von den Stechmücken vertreiben. Das ist die unerträgliche Leichtigkeit eines erträglichen Tourismus: Die toskanische Landschaft erträgt ihn, die Geldbörse etwas weniger. Bleibt abzuwarten, was unsere heranwachsenden Söhne und Töchter davon halten, frühmorgens vom Hahn geweckt zu werden, eine Stunde nach Heimkehr aus der Disko.

Gewiss, in puncto Naivität und Begeisterung lassen Sie, die Ausländer, sich von niemandem übertreffen. Aus Washington habe ich sechs Tassen der Kaffeekette Starbucks nach Hause gebracht. Das Service heißt »Postcards from Italy«, Ansichtskarten aus Italien. Jede Tasse ziert ein Aquarell – Zypressen, Hügel, Villen und pastellfarbene Fassaden – und dazu ein paar Zeilen wie diese hier:

Dearest friends,
Everyday the signora hangs our laundry to dry...
the sweet smell of the clean sheets intoxicates our souls – and
makes us ask...
Why do we ever want to return...?
Kisses to you all.

Liebste Freunde,
jeden Morgen hängt die Signora unsere Bettwäsche zum Trocknen auf...
der Duft der sauberen Bettlaken berauscht unsere Seelen – und lässt uns fragen...
wieso wollen wir überhaupt zurück...?
Küsse an alle...

Sogar die australische Intellektuelle Germaine Greer, Autorin von *Der weibliche Eunuch* und einst eine eingefleischte Feministin, schwärmt, wenn sie ihren Toskanaaufenthalt beschreibt, im Ton der Starbucks-Tassen. Sie erzählt von den »samtenen Nächten im Glühwürmchengewimmel, den gleißend hellen Tagen in Weizenfeldern, eingebettet zwischen schattigen Weinreben und dem silbernen Glitzern der Olivenhaine, den Nachtigallen, die nachts von Baum zu Baum flatterten und den Turteltauben, die gurrend auf den Dachziegeln saßen.« An ihrem Ankunftstag, so erinnert sie sich, »trat ich auf die Terrasse in einen perlmuttfarbenen Morgen hinaus und träumte, mich, trunken vom Tau, in den Feldern zu verlieren.«

Wer weiß, vielleicht war Germaine Greer im Chianti. Wenn ja, sei ihr verziehen.

Haben Sie mal auf die Mauern geachtet? Ziegelsteine. Überall. Ziegelsteine, so weit das Auge reicht. Alle ähnlich in Form und Farbe. Ziegelsteine an Kirchen, an Häusern und Restaurants. Ziegel über den Eingängen. Moment mal. Stand die Toskana nicht für eine Symphonie verschiedenster Verputzfarben, aus Materialien der Umgebung gewonnen, so dass die Gebäude die Farben der Landschaft widerspiegeln? Warum also diese Entblätterung? Ich weiß es nicht, habe aber einen Verdacht. Sie, die Ausländer, lieben Italien in Cottafarben. Den Farben ihrer winterlichen Italienträume. Sind wir Italiener deshalb gezwungen, sie Ihnen zu bieten? Vielleicht nicht. Wir tun's aber trotzdem.

Unser Wunsch zu gefallen sorgt für adrette Bausünden. Pienza und Montepulciano, Cortona und Casale Marittimo, San Gimignano und Casole d'Elsa: Überall in der Toskana wurden die schönsten Orte emsig entkleidet. In Umbrien versucht man neuerdings Schritt zu halten (Spoleto, Città della Pieve, sogar Assisi). Das Resultat ist eine eigenartige Perfektion, ein ländlicher und doch nicht ländlicher Stil, der an die Neo-Tudor-Richtung in Großbritannien erinnert (dort Holzbalken, bei uns Ziegelsteine). Doch in England ist es wenigstens ein Revival, bei uns nur eine Fälschung.

Diese Praxis, Mauern freizulegen, ist nicht neu. Sie geht auf das 19. Jahrhundert und den Mythos des Historismus zurück. Zuvor jedoch wurden alle Sehenswürdigkeiten verputzt und bemalt, sogar Natursteine und Marmor getönt. Auch romanische Kirchen waren mit einem dünnen Verputz verkleidet und dann bemalt worden, damit sie aussahen wie aus Backsteinen gebaut. Denn unsere Altvorderen sahen nicht gern, was uns heute so anspricht, nämlich die verschiedenen Farben und Verarbeitungsformen der sichtbaren Baumaterialien.

Wozu also den schützenden Verputz von den Mauern schlagen? Das ist doch so, als würden wir im Winter in Badekleidung herumlaufen. Wenn Sie also das nächste Mal den typischen Ziegelsteinbogen sehen, der eine verputzte Fassade abschließt wie ein Korken eine Weinflasche, wissen Sie, dass hier ein freundlicher Abdecker am Werk war. Wenn Sie an Ihrem gemieteten Bauernhaus Wände aus gelben Backsteinchen erblicken (es erinnert an die in Watford beliebte Bauweise; Engländer werden sich wie zu Hause fühlen), so grüßen sie den Abdeckerlehrling. Wenn Sie eine halbnackte Kirche besichtigen, dann denken Sie daran: Der Architekt, der sie so zugerichtet hat, verhält sich wie ein italienischer Koch, der in New York Fettuccine Alfredo auf die Speisekarte setzt. In Italien bestellt sie kein Mensch. Doch die Amerikaner sind ganz wild darauf, und wehe, man verweigert sie ihnen.

Wie lässt sich dieses Phänomen erklären? Da gibt es psychologische Gründe (Neugier etwa: Schauen wir mal, was darunter liegt), psychoanalytische (der Verputz als Kleid des begehrten Menschen) oder auch wirtschaftliche (freischlagen heißt arbeiten, und arbeiten heißt Geld verdienen). Aber ich bleibe dabei: Allzu häufig finden wir uns damit ab, dass das Bild Italiens den Vorstellungen unserer Gäste angepasst wird. Auf diese Weise offerieren wir eine überdimensionale mentale Toskana, die von Tarvisio in Friaul bis Trapani auf Sizilien reicht. Mittlerweile sind wir die weltweit größten Produzenten sinnlicher Eindrücke. Vielleicht sollten wir sie patentieren lassen und auf den Markt bringen, um auf diese Weise unsere negative Handelsbilanz auszugleichen.

Hier in der Toskana legt man frei, im übrigen Italien aber igelt man sich ein, und das ist noch schlimmer. Die Landschaft ist wie ein großes Gehege: überflüssige Gittertore, abweisende Mauern, sinnlose Zäune, düstere Lorbeerbarrikaden, lange Wände, die einem Gemälde Mario Sironis zu entstammen scheinen.

In Italien wurde die Landschaft rücksichtslos »kultiviert«, wie euphemistisch jene sagen, die nicht von »verschandelt« sprechen wollen. Wir haben die italienischen Landschaften, die rau sind und widerspenstig, zu zähmen versucht. Und dabei bestand der erste Schritt üblicherweise darin, sich ein Stück davon abzutrennen.

Hier und dort wirken die Konstruktionen, die dazu ersonnen wurden, rührend naiv, wie etwa jene, die verlassene Felder umgürten. Und doch geben sie Zeugnis von einer misstrauischen Nation. Nicht selten auch von Arroganz. Überall in Italien findet man Einfriedungen von himmelschreiender Hässlichkeit – doch der Himmel ist leider gnädig und mischt sich nicht ein. Ja, er scheint gar eine Schwäche für Vermessungstechniker und Architekten zu haben. Mit dem Wunsch nach Ungestörtheit hat das nichts zu tun. Schuld an den gar zu vielen Schandflecken ist der schlechte Geschmack der Grundstücksbesitzer.

Ich kenne sie gut, die »Pächter, die die einschläfernd langen Reihen bepflanzter Räume in der Poebene« (Guido Piovene) bewohnen. Ich weiß, sie können tolerant sein, weitsichtig, sogar poetisch – allerdings nicht, wenn es um ihre Grundstücksgrenzen geht. Dann kommt der Mensch mit den starren Ansichten zum Vorschein, der von Hektarzahlen träumt, in Zaunpfählen denkt und sich um zwei Meter erbittert streitet. Jener archaische Mensch, der eine Mauer errichtet, einen Damm überwacht und den Baum des Nachbarn fällt, weil der, wie er sagt, seiner Kultur das Licht nimmt. Von außen erwartet er sich Herausforderungen und nimmt hier auch Niederlagen hin, doch in seinem Reich – von Pappelreihen oder Gräben umschlossen – muss Ordnung herrschen.

In anderen Fällen ist das Problem eher Desinteresse. Dem Kleinunternehmer im Veneto ist es egal, ob seine Lagerhalle zwischen den Feldern schön ist. Praktisch muss sie sein, und gut gesichert. Metallene Tore, grau gestrichen, mit blühenden Gärten dahinter, sprechen vom optimistischen Eifer der Grundstücksbesitzer und ihrem fragwürdigen Geschmack. Die Gegend um Treviso, dort im Veneto, ist ein zweites Tucson, eine Arizona-Region im italienischen Stil. Nachts, von oben, ein Lichtermeer. Tagsüber, etwas tiefer, ein Gewimmel von Leuten, die schwere Landmaschinen über schmale Feldwege steuern.

Manchmal vor allem in Süditalien, belegen Einfriedungen auch die Furcht vor Neid. Hinter trostlosen Mauern verbergen sich bezaubernde Anwesen, auf die der Blick durch zufällig offen stehende Tore fällt. Es ist bizarr. Dieselben Leute, die nicht zögern, ihre Luxuskarossen möglichst sichtbar zu parken, vermeiden es, ein schönes Haus zu zeigen. Die Umfassungsmauer ist die Verneinung einer Frage, bevor sie gestellt wurde: Nein, ich bin nicht reich, und wenn es so wäre, ginge es keinen etwas an.

Was treibt uns wohl dazu, uns einzuzäunen? Ist uns die Welt zu kompliziert und die Eingrenzung der Versuch, sie besser zu verstehen? Uns reicht es offenbar nicht, so wie den Engländern, unsere Nachbarn im Schutz von Hecken zu verachten. Am liebsten wäre uns ein Burggraben, wie ihn unsere Vorfahren hatten. Und weil wir den nicht bekommen können, stellen wir Gitter auf, bauen Gatter, zäunen ein: Achtung, draußen sind Leute, die wollen dir was! Metallspitzen, Stacheldraht und einzementierte Glasscherben erinnern an die Spuren der Goten in der Geschichte der Italiener. Man kann sie besuchen, aber auf eigene Gefahr.

Ein Gespenst geht um in Italien: das textmarkerfarbene Landhaus. Säuregelb, rückstrahlerorange, chirurgengrün, zahnpastablau, psychedelischrot. Dies sind die synthetischen Farben, die seit einiger Zeit unsere Landschaft bekleckern.

Man biegt um eine Ecke, steht vor einer grellfarbenen Außenmauer und denkt: Der Hausbesitzer hat sich wohl bei der Farbwahl vertan! Nun, ja und nein. Die Farbe wurde ausgesucht und bezahlt, und solche Spezialfarben auf Titan- oder Nickelbasis kosten dreimal so viel wie normale Wandfarbe. Allerdings fiel die Entscheidung anhand eines Musters von 4 x 4 Zentimetern, das die Hausbesitzerin dazu veranlasste, »wie hübsch!« zu piepsen. Doch über die gesamte Fassade verteilt, wirkt das Zahnpastablau befremdlich, das psychedelische Karminrot – die Popversion der alten Bahnwärterhäuschen – sorgt für Schwindelgefühle, und das Rückstrahlerorange eignet sich nur für die Visionen ukrainischer Minister oder die Halluzinationen holländischer Fußballfans.

Doch es ist zu spät, der Hausbesitzer muss sich mit der Farbwahl abfinden. Täglich sieht er nun, abends von der Arbeit kommend, schon von Weitem seine Textmarkerimmobilie am Ende der Straße aus der Häuserzeile hervorstechen. Im Winter ist es erträglicher, da deckt die frühe Dunkelheit den Fehler in der Farbwahl gnädig zu (Finsternis ist ja oft ein Freund der Stadtplaner). Doch jetzt, da die Sommersonne unbarmherzig auf die Fassade knallt, ist es schwer zu ertragen. Die Schwalben suchen sich andere Unterschlupfmöglichkeiten, und der Briefträger stellt nur mit Sonnenbrille zu, der Hausbesitzer aber kann seinem Pophaus nicht entfliehen und muss täglich für seinen Fehler büßen.

Nach den verschiedenen Phasen – der überhasteten Verstädterung in den fünfziger Jahren, dem naiven Enthusiasmus der Sechziger, der Zeit der wilden Panikmache in den Siebzigern, den Dekaden des lässigen Optimismus in den Achtzigern und der sanften Betroffenheit in den Neunzigern – haben wir es heute zu einer bewussteren Haltung gebracht: Italien ist unser Land, es lohnt sich, darauf zu achten, dass es ihm gut geht. Zwar sind die Geburtswehen der Moderne noch nicht ganz überwunden – es gibt immer noch Privatleute, die die Umwelt verschandeln, und Regierungen, die sie gewähren lassen –, doch endlich passiert etwas.

Wir haben heute Nationalparks, geschützte Gebiete, Umweltgruppen, die für den Erhalt eines Flusses oder einer Bucht kämpfen. Es ist meistens persönliche Betroffenheit, die den Anstoß zum Engagement gibt, aber daraus könnte ein allgemeines Verantwortungsgefühl entstehen. Könnte, wohlgemerkt, sicher ist es nicht. In der Art und Weise, wie das Thema Umweltschutz behandelt wird – von den Behörden, in den Schulen, im Fernsehen –, erkennt man immer noch eine Menge Opportunismus, große Worte und die typischen spektakulären Widersprüche. Etwa, dass wir in Italien noch nicht einmal halb so viel Sonnenenergie produzieren wie die

Länder Nordeuropas. Und Sonne satt haben wir, sie nicht.

Die italienische Landschaft wird heute nicht mehr durch Ignoranz und Hunger, der von Armut herrührt, bedroht. Sondern durch Habgier, der Verbündeten des schlechten Geschmacks. Beide haben dazugelernt und geben sich heute populär und demokratisch. Und die Regierungen haben, wie erwähnt, immer wieder eigentlich fällige Strafgelder nicht einkassiert – mit katastrophalen Folgen. Gar zu viele Kommunen, besonders wenn der Bauherr oder Unternehmer ein Freund des Bürgermeisters, wenn nicht gar mit ihm identisch ist, rechtfertigen Umweltsünden mit der Schaffung von Arbeitsplätzen. Und es ist schwierig festzustellen, ob sie nur kurzsichtig oder gerissen sind.

Ein Phänomen, das vor allem in Süditalien auftritt. Doch keine Gegend des Stiefels ist frei von dieser ärgerlichen, tief verwurzelten Verschlagenheit. Haben Sie schon mal von Bertaldo gehört? Eine literarische Figur aus dem 16. Jahrhundert, die Erfahrung statt Bildung vorzuweisen hat und lieber improvisiert, statt genau zu planen. Er ist das Urbild des Italieners, der für sich immer das Beste aus den Verhältnissen herauszuholen versteht, das Sinnbild unbestrafter schlitzohriger Regelverletzung, und er lebt noch mitten unter uns. Manchmal lässt er sich Assessor nennen oder Direktor von wer weiß schon was; fast immer trägt er ein elegantes Jackett und fährt einen teuren Wagen. Sein Wohnort, sein Job, seine Partei können sich ändern – seine Gewohnheiten nicht. Eine ebenso faszinierende wie tragische Persönlichkeit, wie so viele traditionelle Bühnenfiguren Italiens auch.

Die italienische Piazza —
ein gesellschaftliches Antidepressivum

Die italienische Piazza ist ökumenisch. Sie ist vielseitiger als ein Schweizer Messer. Das heißt, sie bietet für alle etwas, für Jung und Alt, Frauen und Männer, Arm und Reich, Italiener und Ausländer. Wollen Sie dahinterkommen, wie das Leben auf einer Piazza funktioniert, sollten Sie zunächst einmal klein anfangen. Mit anderen Worten, bevor Sie den weltberühmten Campo in Siena bewundern, werfen Sie mal einen Blick auf die Piazza hier vor Ort. In Monte Pitoro, Gemeinde Massarosa, Provinz Lucca. Unter uns, gar nicht weit, aber nicht zu sehen, liegt das Tyrrhenische Meer. Über uns ein weiteres Dorf, das am Hang klebt wie eine Schnecke an einem Stab, Montigiano.

Dieser zentrale Platz von Monte Pitoro ist eigentlich keine richtige Piazza, sondern eher eine Durchgangsstation, eine Passhöhe, das Ziel der Bergwertung in einem Radrennen (das in der Tat einmal jährlich hier vorbeiführt). Ein hohes gelbes Gebäude kauert sich fast verschämt an einer Seite des Platzes zusammen. Dort, wo die Straße sich weitet, findet man eine Bar (Bar Guidi), den Sitz der früheren Kommunistischen Partei sowie zwei miteinander konkurrierende Lebensmittelgeschäfte (das eine Teil der Bar Guidi, das andere im Besitz von

Mariaangela und Corrado, mit einem gelben Schild über dem Eingang). Und mitten zwischen den weißen Stühlen und gelben Sonnenschirmen parkende Autos.

Für Umberto Eco ist die italienische Bar ein Terrain, das allen und niemandem gehört und das gleichermaßen der Freizeitgestaltung wie beruflichen Aktivitäten dient. Eine treffende Definition, und es wäre interessant zu erfahren, ob Signor Guidi sie teilt. So eine italienische Bar ist ein Ort, an dem man sich lange aufhält, wie in einem Club in England, oder auch nur mal schnell vorbeischaut, wie auf einem chinesischen Markt. Hier schließt man bei einem Espresso ein Geschäft, plant den Abend, vereinbart den Beginn einer Zusammenarbeit oder beendet eine Beziehung. Häufig im Stehen: Emotionen in der Vertikalen schrecken uns nicht.

In der Bar Guidi verkauft man Zigaretten und Cremes, Einwegrasierer und Spiralen gegen Stechmücken. Hier findet man eine Lottoannahmestelle und eine Ecke für Video-Poker, wo es früher mal nach filterlosen *Nazionali* und kleinen Enttäuschungen roch. Nachdem nun per Gesetz die Raucher aus den Bars verbannt wurden, sind nur die Enttäuschungen geblieben. Der Tresen ist aus glänzendem Aluminium, und auf dem weißen Gefrierschrank mit den Sanson-Eis-Konfektionen stapeln sich die Tageszeitungen (die sich am wärmsten anfühlt, ist die aktuellste, da sie am weitesten vom Kühlsystem entfernt liegt). Die Waffeln befinden sich in einer kleinen Plastikvitrine, die angehoben wird, um den Schrankinhalt zu inspizieren.

Eine solche Bar ist ein guter Ausgangspunkt, um die Bedeutung einer italienischen Piazza zu verstehen. Und nur wer diese Bedeutung verstanden hat, kann begreifen, was in den Köpfen der Italiener vor sich geht.

Una famiglia vera e propria non ce l'ho
e la casa mia è piazza Grande,
a chi mi crede prendo amore e amore do, quanto ne ho. *

So beschreibt Lucio Dalla die Piazza Maggiore in Bologna, ein Liebesnest, das die Ordnungskräfte der Stadt in Verlegenheit bringen könnte. In einem anderen Lied, *Le rondini* (Die Schwalben), gesteht er:

Vorrei entrare dentro i fili di una radio
e volare sopra i tetti della città
incontrare le espressioni dialettali
mecolarmi con l'odere del caffè
fermarmi sul naso dei vecchi
mentre leggono i giornali... **

Ich weiß nicht, ob die Nase eines toskanischen Alten das Gewicht eines Bologneser Liedermachers aushält,

---

* Eine richtige Familie habe ich nicht,
   und mein Zuhause ist die Piazza Grande,
   wer mir glaubt, dessen Liebe nehme ich an,
   und Liebe gebe ich, so viel ich kann.
** Ich möchte eintauchen in die Wellen der Radios,
   schweben über den Dächern der Stadt,
   Worte im Dialekt aufschnappen,
   mich mit dem Kaffeeduft vermengen,
   und auf den Nasen der Alten niederlassen,
   die Zeitung lesen...

so klein gewachsen er auch sein mag. Sicher weiß ich aber, dass italienische Liedermacher seit vielen Jahren schon die besten Soziologen des Landes sind. Der Ligurer Ivano Fossati hat die Küsten besungen, der Piemonteser Paolo Conte Tanzsäle, der Lombarde Roberto Vecchioni Parkplätze, der Emilianer Francesco Guccini das Elternhaus, ein anderer Emilianer, Luciano Ligabue nämlich, Landstraßen, der Römer Francesco De Gregori Fußballplätze, Lucio Battisti aus dem Latium die Vorstädte, der Sarde Piero Marras *Carabinieri*-Kasernen, der Sizilianer Franco Battiato Häuser am Meeresstrand, der Toskaner Renzo Zenobi die Hügel, die Sie hier ringsum sehen.

Lucio Dalla, der halboffizielle Experte für die italienische Piazza, erklärt uns auf seine Weise, dass wir ohne dieses Herz unserer Städte gar nicht leben könnten. Ein Herz, das sich vielleicht aus einem Kirchplatz entwickelt hat, aus dem Vorplatz eines Palastes, einer Straßenkreuzung, einer Freifläche für den Markt, als Folge eines Abrisses. Italienische Piazzas haben sich eben so ergeben; wo sie geplant wurden, ist nichts Bemerkenswertes dabei herausgekommen. Die besten Piazzas sind die, die auf vielfältigste Weise genutzt werden: als Beratungsstelle und Kinderhort, Oase und Werkstatt, Treffpunkt und Anlaufstelle, Laufsteg und Sportplatz, Sammelpunkt und Zuflucht, politische Bühne und Salon. Will man das alles verstehen, muss man sich dort aufhalten. Und Eile ist unangebracht. Denn so eine Piazza kann viel erzählen, man muss ihr nur Zeit geben, dann redet sie.

In Italien haben wir die bürgerliche und die kirchliche Piazza, die sich über ein Jahrtausend misstrauisch gegenüberstanden. Kirche und Rathaus, in vielen Städten Italiens schauen sie sich gegenseitig an wie Gegner, die einander sehr genau kennen und wissen, dass es ratsam ist, den anderen nicht aus den Augen zu lassen. Manchmal liegen sie am selben Platz, andre Male an miteinander verbundenen oder benachbarten Plätzen. In unseren Tagen kommen Kirchturm und Kommune ganz gut miteinander aus, vielleicht weil ihnen klar geworden ist, dass der Gegner woanders steht.

Dann haben wir die kommerzielle Piazza, die sich erstaunlich gut gehalten hat. Nur die Namen verraten ihr Alter (in Italien wimmelt es von Plätzen, die Piazza dell'Erba – Kräuterplatz – heißen, obwohl dort schon lange keine Kräuter mehr verkauft werden). Kiosk, Konditor, Friseur, Bank, Parfümerie, Buchgeschäft, Tabakladen, Bar: Die überdimensional großen Einkaufszentren in aller Welt haben die kommerzielle Piazza Italiens kopiert. Um das zu schaffen, was wir in einer Stunde auf einer Piazza erledigen – eine Zeitung holen, einen Kaffee trinken, ein neues Hemd kaufen, einen Kuchen bestellen, einem hübschen Mädchen nachschauen, sich die Haare schneiden lassen und darauf warten, dass die Schatten länger werden –, braucht ein Amerikaner jedoch einen halben Tag und legt dafür dreißig Meilen im Auto zurück.

Wissen Sie, warum der Internethandel in Italien nicht richtig in Gang kommt? Aus Misstrauen gegenüber der Postzustellung und der Online-Abbuchung? Auch das. Vor allem aber, weil uns das Einkaufen über den Computer des Vergnügens beraubt, die Ware zur Hand zu nehmen, anzuschauen, zu befühlen. Etwas Ähnliches geschieht in der katholischen Messe, wo auch die Sinne angesprochen werden, um den Geist zu unterstützen. Genau, das ist es: E-Commerce ist eine protestantische Idee, vernünftig, aber unbefriedigend.

Dann hätten wir noch die politische Piazza, jene Plätze, wo Komödien aufgeführt wurden und sich Dramen abspielten (Aufstieg und Niedergang des Kriegsherrn Mussolini vollzogen sich zwischen der römischen Piazza Venezia und der Mailänder Piazzale Loreto); Schauplätze weniger interessanter und vieler überflüssiger Wahlveranstaltungen, Orte bedeutender Trauerfeiern, Plätze, auf denen Bomben Menschen in den Tod rissen (Mailand, Brescia). Überall in Italien sind Piazzas nach Garibaldi, Cavour und Mazzini benannt, obwohl Garibaldi, Cavour und Mazzini sie nie betreten haben. Zuhauf findet man Plätze des 24. Aprils, des 20. Septembers und des 4. Novembers: Aber fragen Sie mal die Jugendlichen auf ihren Mopeds, ob sie wissen, was an diesen Tagen geschah.

Dann hätten wir die ökonomische Piazza, die eher provisorisch und weniger touristisch ist, funktional und geschäftig, interessant und nie abweisend. Hier wimmelt es von Ankünften und Abfahrten (Linien- und Reisebusse, Kuriere, Umzüge, Demonstrationen); gebucht für ein Konzert; abgesperrt durch Gitter und Geländer; besetzt von Marktständen; belagert von Schülern und kleinen Maklern. Solch eine Piazza ist oft nicht schön, aber nützlich, und wenn man sie uns nehmen will, regt sich Widerstand.

Oder die theatralische Piazza, auf der die Rollen ständig wechseln und die Menschen mal Zuschauer, mal Schauspieler sind. Ein Platz in Italien, der besonders auffällig als Bühne fungiert, ist die Piazzetta auf Capri. Hier sitzen die Leute in vier Lokalen im Freien (Gran Caffè, Al Piccolo Bar, Bar Tiberio und Caffè Caso) und betrachten das Schauspiel des Hin- und Herschlenderns. Wenn ein Schauspieler müde wird und sich hinsetzt, steht sogleich ein anderer auf und nimmt seinen Platz ein.

Es gibt eine sexuelle Piazza, wo man auf der Lauer liegt und sich verabredet. Dies ist aber nicht mehr jene Art Piazza, die Ruth Orrin 1951 fotografisch verewigte: eine Parade draller Busen und Hinterteile, von lüsternen Männerblicken begafft. Zwar schauen Männer auf der italienischen Piazza immer noch Frauen nach, doch merklich scheuer nun, denn heutzutage schauen die Frauen auch zurück.

Etwas anderes ist die Piazza, wo Menschen sich begegnen und wiedersehen. Sie gehen nicht bewusst dorthin, sondern mehr wie von der Schwerkraft angezogen: Seitenstraßen und Arkaden fallen zu einem Brunnen oder Denkmal hin ab und ziehen die Menschen mit. Solche Plätze werden von Einheimischen geschätzt, die an ihren Gewohnheiten hängen, und von Touristen gesucht, die eines Bezugspunkts bedürfen. Beobachten Sie mal, wo die Leute auf einem italienischen Platz sitzen: auf Bänken und Treppenstufen, Fahrrädern und Mopeds, Mäuerchen und Geländer, Stoßstangen und Caféstühlen. Das sind die Ränge, von denen aus man das Leben beobachtet, und jede Generation, auch wenn sie sich einst vorgenommen hatte, es sein zu lassen, verlängert ihr Abonnement.

Schließlich haben wir noch die therapeutische Piazza. Dies ist die Piazza der Ruhe, des Beobachtens, der Schönheit, jene Piazza, »die das Herz anspricht durch ihre Poesie, weniger durch ihre Geschichte«, wie Carlo Bo schrieb. Eine Piazza, an die sich erinnert, wer geht, und die jene empfängt, die wiederkommen. Es ist die Piazza des wiedererlangten inneren Gleichgewichts. Der französische Dichter Paul Éluard saß an einem Abend im ersten Juni nach dem Ersten Weltkrieg in einem Café neben der Kirche San Petronio und betrachtete verzaubert die Piazza Maggiore. Er schrieb: »Jetzt fühle ich mich im Frieden.« Bologna – und damit Italien – hatten ihm den Frieden geschenkt. Wenn das Lucio Dalla wüsste.

Diesen Platz kennen Sie. Genauer, Sie erkennen ihn wieder. Es ist der zentrale Platz von Siena, der Campo. Sehen Sie mal, wie schön die Leere sein kann, wie eine Pause in der Melodie der Fassaden. Schauen Sie, wie er geformt ist, wie eine Muschel. Es ist der Bauchnabel Italiens, natürlich und leicht unregelmäßig.

Der Campo wurde nicht am Reißbrett entworfen, sondern folgt der Linie der umstehenden Häuser an der altehrwürdigen Via Franchigena. Noch nicht einmal die nach unten weisende Wölbung ist der Fantasie der Baumeister entsprungen, sondern entspricht der natürlichen Neigung des halbrunden Ausgangs des Montone-Tals. Aus der Not eine Tugend machen und aus der Tugend ein Meisterwerk: Der ewige Traum der Italiener wird manchmal Wirklichkeit.

Auf diesem Platz findet alljährlich der *Palio* statt, das berühmte, auch in einem Kinofilm von John Appel verewigte Pferderennen. Die Pferde auf dem Campo bieten einen spektakulären Anblick, aber noch lehrreicher ist es, wenn hier Italiener flanieren. Wie sie sich bewegen, wie sie einander begrüßen und sich verabschieden! Man spürt eine Natürlichkeit, die berührt und zum Nacheifern anspornt. Die Leute kommen, um zu sehen und gesehen zu werden, und verschenken daher freigebig die Blicke, die sie auch selbst erwarten.

Leider ist unklar, wie lange sie noch andauern wird, diese tägliche Verabreichung eines gesellschaftlichen Antidepressivums. Die Piazzas und historischen Stadtkerne in Italien – vierzehntausend an der Zahl – werden bereits von der Moderne belagert; eigentlich keine schlimme Sache, könnte in diesem Falle aber schlimme Konsequenzen haben.

Die Symptome sind bekannt. Bäcker, Gemüsehändler und Tante-Emma-Läden verschwinden, Banken, Juwelierläden und Bekleidungsgeschäfte nehmen ihren Platz ein. Und mit den Läden des täglichen Bedarfs bleiben auch die Anwohner aus. Mit den Anwohnern aber verflüchtigt sich ebenfalls diese besondere Atmosphäre der historischen Stadtkerne, die etwas von einem Innenhof hat und von einer Hundehütte. Schließen abends die Büros, bleiben, wie in der amerikanischen *downtown*, nur leere Straßen und heruntergelassene Rollgitter zurück. Eine besorgniserregende Entwicklung, denn wir halten ja daran fest, dass, auch noch nach Sonnenuntergang, die Innenstadt von Siena immer noch attraktiver ist als die von Salt Lake City.

Was können Sie sonst noch auf einer Piazza lernen? Vielleicht, dass sich die Italiener verändern. Und wer das leugnet, hat ein Interesse daran, dass alles so bleibt, wie es ist. Dabei handelt es sich selten um dramatische Veränderungen. Wir sind eher wie Uhrzeiger, die verharren, wenn man draufblickt, wenn man sie hingegen nur hin und wieder anschaut, merkt man, dass sie sich bewegt haben.

So haben wir zum Beispiel inzwischen ein Gesetz, das das Rauchen in öffentlichen Bereichen untersagt. Bevor es in Kraft trat, gab es heftigen Widerstand von Leuten, die wieder mal nur an ihre eigenen Interessen dachten, sich aber, um die Sache nicht beim Namen zu nennen, sogar auf die Menschenrechte beriefen. Doch, man sollte es nicht glauben, es ging alles anstandslos über die Bühne. Es gab keine Pleiten von Barbesitzern, keine schweren Entzugskrisen, keine drastischen Bußgelder, keine Schlägereien und – man höre und staune – nur wenige Schlitzohren, die sich irgendwie an dem Verbot vorbeizumogeln versuchten.

Das können Sie sich gleich hier in Siena, aber auch in Mailand, Bologna oder Neapel bestätigen lassen. Wirte und Restaurantbetreiber werden Ihnen sagen, dass man in ihren Lokalen jetzt besser Luft bekommt und abends nicht mit rauchverpesteten Klamotten nach Hause geht. Ganz selten, so werden sie erzählen, mussten sie mal einschreiten. Und dann reichte es zu sagen: »He, das geht hier nicht mehr!« Und der Raucher entschuldigte sich und ging raus, um vor der Tür zu qualmen.

Ja, das ist keine Beschreibung des sagenhaften Königreichs Shangri-La, sondern tatsächlich so gelaufen, und so läuft es auch weiterhin – in der Republik Italien. Sind wir plötzlich ein diszipliniertes Volk geworden? Nein, wir sind nur nicht dumm. Ist ein Gesetz vernünftig, und dieses Gesetz war vernünftig, so können wir, allen Anarchos, Streithammeln und Egomanen zum Trotz, es auch akzeptieren. Und wird über Bußgelder und sozialen Druck dafür gesorgt, dass man es einhält, respektieren wir es sogar.

Das Wort von den »unregierbaren Italienern« führen am liebsten jene im Munde, die uns gar nicht regieren wollen. Die Mär von der Nation, die unaufholbar zurückliege, ist bequem, denn so erspart man sich die Mühe, zur Aufholjagd zu blasen. Und die Rede von »unvermeidlichen Gesetzesverstößen« führt in die Irre. Als die Polizei dazu überging, zu kontrollieren und Bußgelder zu verhängen, haben die römischen Jugendlichen auf ihren Mofas und Motorrollern tatsächlich angefangen, die vorgeschriebenen Helme aufzusetzen. In Neapel hingegen fahren die Teenager weiter ohne. Nicht weil sie Neapolitaner wären, sondern weil sie niemand dazu anhält, das Gebot zu beachten.

Ähnlich ist es beim Thema Sicherheitsgurte: In Modena werden sie angelegt, in Modica nicht. Heißt das, dass die Emilianer anständigere Bürger sind als die Sizilianer? Gibt es so etwas wie einen an den Breitengrad gekoppelten Gemeinsinn? Nein. Soziales Verhalten wird immer durch das Umfeld bestimmt. Das beweisen die Autofahrer aus der Schweiz, Österreich und Deutschland: Zu Hause halten sie sich an die Straßenverkehrsordnung; kaum haben sie jedoch unsere Autobahnen erreicht, drücken viele aufs Gas wie Bankräuber

auf der Flucht und scheren sich nicht um die vorgeschriebenen 130 km/h. Drehen sie hier plötzlich durch?
Nein. Sie registrieren lediglich, dass hier alle so fahren
und sie niemand daran hindert. Also passen sie sich an
dieses neue Umfeld an. Chamäleons, Seezungen und
Heranwachsende haben es schon immer so gemacht.

Auch dieser Platz hier zeigt uns heute Abend, dass
sich Italien verändern kann, und zwar zum Besseren
hin – wenn es das nur will. Schauen Sie sich um. Die
jungen Motorradfahrer spazieren mit dem Sturzhelm
unter dem Arm über den Platz, in den Bars wird nicht
geraucht. In umliegenden Straßen legen die Autofahrer
die Sicherheitsgurte an. Hätte man das vor fünf Jahren
vorhersehen können? Wohl kaum. Anarchistische Fahr-
weise und die »Ihr-könnt-mich-Haltung« der Raucher
gehörten zum italienischen Lebensstil, waren Zeugnisse eines gemeinsamen nationalen Schicksals. Niemand hätte es für möglich gehalten, dass sich auf den
Straßen und in den Bars der gesunde Menschenverstand durchsetzen würde. Oder dass sich jemand dazu
bewegen ließe, den Wagen stehen zu lassen. Aber die
»Sonntage zu Fuß«, durch die Luftverschmutzung in
den Städten notwendig geworden, sind ein Erfolg. Denn
auch das müssen Sie wissen: Wir sind Weltmeister
darin, ein Problem in ein Fest zu verwandeln. Und da es
uns an Problemen nicht mangelt, sind uns Feste mindestens bis ins nächste Jahrhundert sicher.

Keine schlechten Aussichten, oder was meinen Sie?

Das italienische Fenster –
Tribüne und Theaterloge

Das italienische Fenster ist nur wenig erforscht. Gewiss, Architekten, Statiker, Bauzeichner, Schreiner, Anstreicher und Voyeure beschäftigen sich täglich mit Fenstern, doch niemand schenkt ihnen die Beachtung, die sie eigentlich verdient hätten. Dabei lässt sich an diesen Öffnungen zur Welt einiges festmachen: Originalität und schlechter Geschmack, Fantasie und Neugier, Konformismus und Antagonismus.

Unser Land ist schmal, und die Häuser stehen dicht an dicht. So kann es vorkommen, dass wir uns über das Thema Fenster so miteinander streiten wie Amerikaner über das Thema Rasen. 1998 organisierte das Canadian Centre for Architecture eine Ausstellung mit dem Titel *The American Lawn*, wobei ein ganzer Bereich den juristischen Streitfällen gewidmet war, die sich am amerikanischen Rasen entzündeten. In Italien hat die Unterscheidung zwischen »Lichtfenster«, »Blickfenster« und »Aussichtsfenster«, wie sie im Bürgerlichen Gesetzbuch vorgenommen wird, nicht minder abenteuerliche und heftige Nachbarschaftskonflikte ausgelöst.

Denn schließlich ist das Fenster nicht nur der Begrenzungsrahmen unserer Fantasien, sondern auch ein Zeugnis für die Veränderungen unseres Geschmacks und unserer Gewohnheiten. So wird zum Beispiel unser einstiges Rollladen-Italien mehr und mehr zu einem *Vasistas*-Land, ein epochaler Übergang, dessen sich nur wenige Leute bewusst sind.

So ein Rollladen (im Italienischen *tapparelle* von *tappare* – »fest verschließen«) sorgt ja im Inneren des Hauses für eine Grabesfinsternis, während er nach außen das Ende der Kommunikation signalisiert. Wäre Julias Kammer mit einem Rollladen ausgestattet gewesen, hätte Romeo sein Werben einstellen und Shakespeare sich einen anderen Stoff suchen müssen.

Der klassische Rollladen bestand aus Rollen, Kasten, Führungsschienen und dem Gurt, der mit der Zeit ausfranste, was bereits von künftigen Unannehmlichkeiten kündete. Bei manchen Modellen wurde er auch mittels einer herausklappbaren Kurbel betätigt, die, wenn man sie aus Versehen losließ, wie eine außer Kontrolle geratene Waffe hin und her wirbelte. So ein Rollladen gab charakteristische Geräusche von sich; morgens hob er sich kraftstrotzend und fiel abends, wie von einem lustlosen Henker betätigt, fallbeilartig hinunter. Verdrängt wurde er dann in unserer Zeit von perfekt schließenden Fensterrahmen und Doppelglasscheiben, die diese weitere Sicherung überflüssig machten. Seit rund fünfzehn Jahren werden praktisch keine Rollläden mehr eingebaut, es sei denn in Hotels oder Krankenhäusern, aber immer noch prägen sie die italienische Landschaft.

Das von den Rollläden zurückgelassene Terrain wurde dann von anderen Verdunkelungssystemen besetzt. Sehr beliebt sind zur Zeit wieder Klappläden, in Häusern in Meeresnähe häufig mit alpinen Stilelementen versehen, in den Bergen umgekehrt. Auch die typisch italienische *persiane* (lichtdurchlässige Fensterläden) sieht man wieder häufig, aus verschiedensten Materialien gefertigt, alle mit gewissen Nachteilen: aus Aluminium, das sich aufheizt; Edelstahl, der teuer ist; Plastik, das ausbleicht; zu kurz gelagertem Holz, das sich verzieht. In einigen Büros haben Glasfassaden ihren Einzug gehalten, hinter denen stumme Angestellte auf kleiner Flamme schmoren und sich fragen: Haben wir jetzt ein einziges großes Fenster oder überhaupt keines?

Der letzte Schrei ist aber, wie schon erwähnt, das *Vasistas*: Von Mietwohnungsbädern ausgehend, hat es jetzt auch noblere Villen erobert. Viele führen heute den Begriff im Munde, ohne seine Bedeutung zu kennen. Er leitet sich ab vom deutschen »Was ist das?«, eine scherzhaft gemeinte Bezeichnung für diesen Klappfenstertyp, der um 1918 bei uns aufkam. Ein Italiener soll es erfunden haben, was angesichts der Konstruktion durchaus plausibel ist. Ein Scharnier auf der Innenseite ermöglicht es nämlich, dieses Fenster gleichzeitig zu öffnen und geschlossen zu halten. Ein scheinbar widersprüchlicher Mechanismus, der uns Italienern unmöglich nicht gefallen konnte.

Trotz dieser und anderer neuerer Entwicklungen – erwähnt wurde hier schon die Mailänder Dachlandschaft, die sich teilweise wie ein Schweizer Käse ausnimmt, da es eine neue Verordnung den Hausbesitzern nun erlaubt, mit Dachverglasungen himmelwärts vorzustoßen – steckt das Fenster in einer Krise. Es ist heute nicht mehr das Auge im Antlitz einer Fassade: Architekten und Bauherrn begnügen sich damit, dass es seine

Funktion erfüllt (Lichteinfall, Belüftung, Blick). Künstlerische Fantasien gehören da der Vergangenheit an. Zweibögige gotische oder lanzettförmige Fensteröffnungen, palladianische Fenster oder ovale Barockfenster sind schlichten Quadraten und Rechtecken gewichen. Oder auch bogigen Glastüren, die größer sind als die Gärten, auf die sie hinausgehen, und, als Gegenprogramm, fensterlose Bäder – eine schlimme britische Sitte, die man auch bei uns hier und dort annahm, ohne sich über die Folgen Gedanken zu machen.

Glücklicherweise fällt bei uns der Blick durchs Fenster auf Italien, ein Privileg, das uns kein Architekt, und sei er noch so unfähig, nehmen kann. Es sei denn, er würde gleich das Panorama – die ganze Umgebung also – mit verschandeln. Der eine oder andere hat sich – ja, leider – diesbezüglich schon ans Werk gemacht, und das mit Erfolg.

Aber hier in Siena Gott sei Dank noch nicht.

Die Certosa di Pontignano ist ein ehemaliges Kartäuserkloster in der Nähe von Siena. Hierher reist man unter dem Vorwand, an einem Kongress teilzunehmen, doch die eigentliche Arbeit, die auch eine gewisse Technik und Konzentration verlangt, besteht darin, aus dem Fenster des Palio-Saals zu schauen. Der Blick bewegt sich wie in einem Gemälde, zwischen abgestuften Hintergründen, zwischen Bäumen, die die Distanzen miteinander in Einklang bringen, zwischen Grün, vermengt mit Rot und Himmelblau.

Ein Problem ist, dass diese immer noch intakte Schönheit ein sich abrackerndes Italien verbirgt. Die Felder, auf die Sie hier blicken, wurden nicht von einer Nymphe gekämmt, sondern von Traktoren gefräst, die in der Dunkelheit ihre Bahnen ziehen. Sie sind weder schön noch pittoresk, niemand malt oder fotografiert sie, erzählt von ihnen. Allerhöchstens beschwert man sich über sie, weil man sich im Schlaf gestört fühlt.

Ich sagte es Ihnen ja bereits bei Ihrer Ankunft am Flughafen: Ihr *Italien* oder *Italy* ist nicht unser *Italia*. Der eine oder andere Ausländer hat das schon früher begriffen. So schrieb der Philosoph und Machiavelli-Kenner E. R. P. Vincent schon im Jahr 1927: »*Italia* hat sich der Zukunft geöffnet. *Italy* hat keine Zukunft, wenig Gegenwart und ein Übermaß an Vergangenheit. In *Italia* gibt es kalte Jahreszeiten, Dürre, Staub und Unwetter. *Italy* besitzt ein ewig sanftes Klima. *Italia* ist ein eigenartiges, raues Land, dabei aber lebendig und vibrierend. *Italy* ist familiär, beschränkt und tot.«

Nun, achtzig Jahre sind seither vergangen, aber das Land ist nicht tot. Auch wenn es im letzten Jahrhundert einige Male schon drauf und dran war, den Geist aufzugeben: Es lebt. Ein Grund mehr, uns nicht unter wohlmeinenden Stereotypen begraben zu lassen. Wie sagte doch Byron zu seinem Freund Thomas Moore, der, auf den Canal Grande hinausblickend, die leuchtenden Wolken im Westen und jenen »charakteristischen rosafarbenen Schmelz« der italienischen Sonnenuntergänge bestaunte: »Komm schon, Tom, verflixt noch mal, sei nicht so poetisch!« *(»Come on, damn it, Tom, don't be poetical.«)* Das ist immer noch ein guter Rat, den aber nicht alle befolgen.

Der eher unbekannte E. R. P. Vincent jedoch hatte

ihn sich zu eigen gemacht, und sein Buch *The Italy of the Italians* beweist das. Auf seiner Reise den Stiefel hinunter scheint ihm die Gefahr des Pittoresken bewusst geworden zu sein. Auf dem Heimweg von Neapel Richtung Turin fragt er sich, im Zug am Fenster (abermals ein Fenster) stehend: »Can we forget our pretty Italy?«, können wir unser hübsches Italien vergessen?

An der Antwort hat sich nichts geändert: Ja, natürlich, aber es bedarf einer Kraftanstrengung. Italien ist attraktiv, aber befremdlich. Amerikaner und Engländer, Deutsche und Skandinavier betrachten es ebenso fasziniert wie misstrauisch, so als hätten sie es mit einem zu schön herausgeputzten Mädchen zu tun.

So ein Fenster ermöglicht es, Distanz zu wahren, und ist doch ein vortreffliches Observatorium. Kennen Sie vielleicht *Zimmer mit Aussicht*? Schon der Titel dieses Buches von E. M. Forster, das später von James Ivory verfilmt wurde, spielt darauf an, dass man Italien tatsächlich auf diese Weise kennenlernen kann (im Unterschied zu England, das sich häufig nach innen verkriecht, und Amerika, das im Freien lebt). Man darf sich dabei nur nicht so hypnotisieren lassen wie Germaine Greer, die auf die Terrasse hinaustrat »in einen perlmuttfarbenen Morgen« in Erwartung, sich »trunken von Tau in den Feldern zu verlieren«. Sie selbst sollten nur den Ausblick bestaunen – und das Fenster wieder schließen, wenn Sie sich sattgesehen haben.

Die italienischen Fenster sind so unschuldig und harmlos nicht. Werden sie dargestellt – in einem Gemälde, einem Film oder einem Lied –, dann immer mit einigem Hintersinn. Antonello da Messina zum Beispiel hat, als er im 15. Jahrhundert »San Gerolamo nello studio« malte, in sein Gemälde einen kleinen Ausschnitt Siziliens eingefügt, den man durchs Fenster sehen kann. Eine Frau mit Hund, zwei Edelleute, ein Paar, eine Wegkreuzung. Auch in der Renaissance ging Italien also spazieren; ein Künstler hat es beobachtet und verewigt.

Vierhundert Jahre später hat Giacomo Leopardi »An Silvia« und »Der Samstag auf dem Dorf« gedichtet. Er im Haus und draußen ein singendes Mädchen oder ein ganzes Dorf, das sich vergnügt. Singen und Pfeifen, Klänge und Rufe dringen durch sein Fenster, das so zu einer Art Notausgang zur Welt hinaus wird. Leopardi war sich dessen bewusst, andere denken nicht daran, doch die Begleitmelodien Italiens – eines Landes, in dem es selten zu heiß oder zu kalt ist – dringen durchs offene Fenster ein. Für Klimaanlagen sind wir üblicherweise nicht zu begeistern; sie sorgen für Erkältungen und zerstören die Fantasie.

In Italien ist ein Fenster fast nie ein leeres Auge, sondern sorgt für besondere Situationen. Der Roman »Das Fenster gegenüber« des türkischstämmigen Autors Ferzan Ozpetek erzählt von den Träumen zweier Nachbarn in Rom. Ein neapolitanischer Liedermacher, Edoardo Bennato, hat die Stücke *Affacciati affacciati* (»Zeig dich, zeig dich am Fenster«) und *Finestre* (»Fenster«) geschrieben (der erste Titel eine Aufforderung, der zweite eine soziologische Abhandlung). Ein polnischer Papst wählte ein Fenster in Rom als Rahmen für seinen Abschied von der Welt.

Besonders in der warmen Jahreszeit lieben es viele

Italiener, am Fenster zu stehen oder zu sitzen. Der Grund ist nicht Langeweile oder krankhafte Neugier. Am Fenster stehen ist eine Art soziale Kontrolle über ein Territorium – *neighborhood watch* nennt man das in den USA – und hat etwas Philosophisches. Die Engländer sitzen auf einem Zaun (*sit on a fence*), und die Chinesen, glaubt man einem verbreiteten Klischee, warten am Ufer des Flusses. Wir aber bleiben am Fenster stehen, unserer Tribüne. Von dort aus können wir viel lernen und ein Spektakel betrachten, das die Reality-Shows im Fernsehen vorweggenommen hat.

Verabredungen und Verlobungen, Kennenlernen und Auseinandergehen, Hochzeiten und Beerdigungen, Komödien und Tragödien, Erwartungen und Enttäuschungen, die Geheimnisse einer Landschaft und die tröstliche Wirkung sich wiederholenden Geschehens – all das kann man wie im Theater von einem italienischen Fenster aus erleben. Mit einem Unterschied: Hauptdarsteller wie Statisten geben alles, was sie haben, so als spielten sie (um) ihr Leben.

Mittwoch

SECHSTER TAG

In Rom

Von Handys, Banken und Warteschlangen

Von *prati* – Wiesen – ist in Prati nichts zu sehen. Das Viertel – schnurgerade Straßen und hohe Häuser zwischen Tiber und Vatikan – beansprucht auch wenig Platz in den Reiseführern und ist dennoch faszinierend, wie alles in Rom, wenn es die Stadt akzeptiert, auch mal normal zu sein. Vierunddreißig Jahrhunderte Stadtgeschichte könnten jeden belasten. Aber nicht dieses Mädchen dort, das sein Mofa aufbockt, den Helm abnimmt und im Rückspiegel kontrolliert, ob die Haare gelitten haben.

Mittwochmittag, die exakte Mitte der Arbeitswoche. Im Eingangsbereich dieser Bank informiert ein Flüssigkristallschirm über Investitionsmöglichkeiten, schüchtern, fast so, als wisse er, dass die Italiener im Allgemeinen und die Römer im Besonderen in letzter Zeit nur noch wenig Vertrauen in die Wirtschaft aufbringen. Allgegenwärtige Broschüren verkünden doppeldeutig: »Je mehr wir reden, desto günstiger für uns.« Für uns alle?, möchte man da fragen. Ein Fernsehschirm mit den Aktienbewegungen glitzert wie ein Aquarium ohne Fische. Der Fußboden ist aus grauem Linoleum, ein Material, das schmutzig aussieht, wenn es geputzt ist, aber den Vorteil hat, sauber auszusehen, wenn es dreckig ist. Es gibt bank-grün bezogene Drehstühle und Drucke an den Wänden. Drei melancholisch wirkende Dreißigjährige hinter ihren Schreibtischen unterhalten sich mit geschwätzigen Fünfzigjährigen.

Die Leute hier in der Bank fühlen sich nicht beobachtet und verhalten sich unbefangen. Schauen Sie sich mal an, wie sie warten. Überall sonst in Europa neigen Anstehende dazu, gerade Reihen zu bilden, nur wir Italiener bevorzugen künstlerische Formen. Wellen, Parabeln, Kämme, Scharen, Haufen – eine Choreografie, die das Warten verkompliziert und das Leben bereichert. Ein alleine wartender Engländer fühlt sich wie der Embryo jener Warteschlange, die noch entstehen wird. Diese Italiener aber, die dort in einer Reihe zu stehen scheinen, bilden in Wirklichkeit ihre jeweils eigenen winzigen Warteschlangen mit ihren jeweils eigenen Richtungen und Zielen.

Nur wenige finden sich mit passivem Warten ab. Fast alle versuchen, irgendwie Schwung in die Sache zu bringen. Der eine kritisiert vielleicht irgendetwas am gesamten Ablauf, während andere durch genaues Beobachten der Anstehenden die wahrscheinliche Wartezeit berechnen. Wer zum Beispiel Bargeld oder einen Scheck einzuzahlen hat, muss schon das Überweisungsformular ausgefüllt haben, sonst dauert es am Schalter länger; Leute mit Lesebrillen sind langsamer, allzu jungen Kunden könnte es an Erfahrung fehlen; Menschen mit Aktentasche sind verdächtig: Ganze Scheckblöcke oder Münzsäcke könnten sich darin verbergen.

Die Zahl der Vordrängler hat abgenommen. Dieses Verhalten gilt heute eher als primitiv. Man findet allerdings immer noch Spezialisten, die es geschickt verstehen, sich in Warteschlangen hineinzumogeln, etwa unter kindischen Vorwänden (»Nur eine kurze Frage!«) oder indem sie alle Eigenheiten des Terrains nutzen: Nebeneingänge, Durchgänge, Pfeiler, Absperrungen. Man dreht sich um und sieht sie hinter sich, hebt den Blick und findet sie neben sich, schaut wieder auf, und sie stehen zwei Meter vor einem.

Es gilt, noch ein weiteres Kleinod an Kreativität zu bewundern: Jene Schlangen, die sich nicht in einer Linie mit dem Schalter, sondern quasi abwartend zwischen den Schaltern bilden. Auf diese Weise haben die Anstehenden das Gefühl, gleich vor *zwei* Schaltern zu warten, und bauen darauf, dort hineingleiten zu können, wo die Abfertigung schneller geht. Das ist aber eigenartig, sagen Sie? Gewiss. Aber wir befinden uns hier in einer italienischen Bank, und es sollte Sie nicht mehr überraschen, dass hier überraschende Dinge geschehen.

Manche Objekte haben in Italien so große Bedeutung, dass sie praktisch zu Orten werden, die man besuchen sollte. Denn wenn man sie einfach nur benutzt, kann man sie nicht verstehen. Ein solches Objekt ist zum Beispiel der Fernseher, über den wir uns in Florenz bereits unterhalten haben. Ein weiterer, ebenfalls sehr lehrreicher Gebrauchsgegenstand ist das Auto, auf das wir noch zu sprechen kommen werden. Das umhätscheltste Objekt in Italien ist zur Zeit aber das Mobiltelefon.

Das Handy, bei uns *telefonino* (kleines Telefon) genannt – man beachte die heimtückische Verkleinerungsform, hinter der sich meist Ungutes verbirgt: *attimino* (Momentchen), *piacerino* (kleiner Gefallen), *bacino* (Küsschen) –, hat mehr als alles andere unser Leben in den letzten Jahren verändert. Mehr als Berlusconi, mehr als der Euro, mehr als *Big Brother*. Die Beziehung des Italieners zum Handy ist mittlerweile schon weniger Gegenstand der Statistik als der Kulturgeschichte. Schließt ein Franzose oder ein Deutscher heute die Augen und denkt an Italien, sieht er nicht mehr das 72–80 n. Chr. für die Gladiatorenkämpfe gebaute Kolosseum in Rom vor sich, sondern einen Menschen, der mit einer Hand auf dem Ohr laut in ein Gerät spricht. Einen wie den dort drüben. Beobachten Sie ihn mal, wie er allen im weiten Umkreis von seinen Liebesabenteuern berichtet, während er darauf wartet, seine finanziellen Abenteuer dem Kassierer anzuvertrauen.

Der Mann dort drüben ist hingegen ein Fotohandy-Fanatiker. Hat er lange genug sinnlose Dinge in sein Handy gesprochen, nutzt er es, um überflüssige Bilder zu schießen. Der andere dort, weiter links, gehört zu jenen, die mit ihren fünfzig Jahren SMS entdeckt haben. Er schreibt alles ganz ordentlich, groß und klein, mit Akzenten, Auslassungszeichen und allen Leerstellen. Sehen Sie nur seine Zunge im Mundwinkel, während er seine Nachricht eintippt. Die anderen Kunden halten Abstand von ihm, einige überholen ihn auch, doch er merkt nichts davon. Er sucht nach der Kombination, um ein Ausrufezeichen hinzubekommen, und schafft es nicht.

Die beeindruckende Verbreitung von Mobiltelefonen in Italien ist nicht nur ihrer Nützlichkeit geschuldet, sondern auch einer Reihe von Übereinstimmungen mit unserem Charakter. Das Phänomen begann mit einer Form des Exhibitionismus (»Ich hab eins, du auch?«), entwickelte sich zum Konformismus hin (»Du hast eins? Ich auch!«) und schließlich zu einer utilitaristischen Angelegenheit (»Alle haben eins: Es ist einfach unverzichtbar!«). Der aktuelle Erfolg hängt aber vor allem mit den weitverzweigten Familienstrukturen zusammen, wie wir sie in Italien haben. Die Finnen – die prozentual mehr Handys als wir besitzen – würden wahrscheinlich auch liebend gern ihr Mobiltelefon ständig benutzen, aber sie wissen halt nicht, wen sie anrufen sollen. Wir Italiener aber wissen das nur zu gut. Papa ruft Mama an, Mama den Sohn, der Sohn den Freund, der Freund einen Kollegen, der Kollege einen Bekannten, der Bekannte seine Freundin, die Freundin ihre Schwester, die Schwester ihre Eltern, die Eltern Onkel und Tante, Onkel und Tante die Neffen, die Neffen rufen zu Hause an, und zu Hause ist die Mama, die den Papa erreicht, der gerade in der Bank ansteht. Der Kreis hat sich geschlossen, man kann wieder von vorn beginnen.

Beobachten Sie mal den Angestellten. Sein Arbeitsplatz ist wie ein Beichtstuhl. Dies ist die wichtigste Waffe, mit der sich traditionelle Banken gegen das Online-Banking behaupten, denn wer wöchentlich am Schalter begrüßt wird, fühlt sich persönlich betreut. Der Bankangestellte in seinem Verschlag – mit seinem Namen, seinem zurückweichenden Haaransatz, seiner Familiengeschichte – vermittelt dem Kunden ein Gefühl wohltuender Vertrautheit, selbst in einer anonymen Stadt wie Rom. Diese Nähe bei der Abwicklung von Geschäften führt allerdings auch häufig zu unangenehmen Situationen: etwa wenn der ehrliche Angestellte übertrieben hohe Gebühren seiner Bank rechtfertigen muss. Und manchmal sogar zu Konflikten, beim leichtfertigen Kauf von Obligationen etwa, die nicht gehalten haben, was versprochen wurde. Doch viele Kunden wollen auf eine solche persönliche Beziehung nicht verzichten. Ein Computer verlangt Unterwerfung, vor allem, weil er nicht spricht, und spräche er, hätte er keine Geheimratsecken.

Unsere Leidenschaft für eine persönliche Behandlung wurde hier schon mehrmals angesprochen. Bankangelegenheiten sind ein gutes Beispiel dafür, aber nicht das einzige. Sehen Sie mal den jungen Mann dort mit dem bandagierten Fuß: Knöchelverstauchung. Beim Fußballspielen passiert, sagt er. Bevor er damit ins Krankenhaus ging – erklärt er gerade –, hat er einen Freund angerufen und ihn gefragt, ob er nicht jemanden in der orthopädischen Abteilung des Krankenhauses kenne. Das typische Schlitzohr, das die Warteliste umgehen will? Nein, er war nicht auf eine Vorzugsbehandlung aus. Er hatte bloß das Gefühl, durch eine irgendwie geartete Beziehung zu jemandem in der Orthopädie würde das Problem mit seinem verletzten Knöchel zusammenschrumpfen, handhabbar werden, fast familiär. Der Kranke, der jemanden kennt – und sei es nur den Bekannten eines Freundes, egal ob Pfleger oder Arzt –, wird zu einem speziellen Fall. Zu einem von den achtundfünfzig Millionen, die wir in Italien haben und die alle stolz sind auf ihre Einzigartigkeit.

Wenige Dinge verraten mehr über den Charakter einer Nation als ihr Verhältnis zum Geld. Geld bietet Stoff für Psychologen und Soziologen, für Nachlasspfleger und Vermögensverwalter, für Linguisten und Statistiker, für Volkswirtschaftler, Steuerrechtler und Touristen. Im Geld konzentrieren sich Gefühl und Verhaltensweisen: Ehrlichkeit und Scham, Aufrichtigkeit und Aberglaube, Vorsicht und Fatalismus.

Im Allgemeinen lieben wir Italiener es, über Geld zu reden, vorausgesetzt, es handelt sich um das anderer Leute. Geht es darum, die eigenen Einkünfte und Vermögensverhältnisse zu benennen, werden wir plötzlich sehr zurückhaltend. Eine halbe Million Familien in Italien besitzt mindestens eine halbe Million Euro. Die Wahrscheinlichkeit, dass die Dame vor uns – Trippelschrittchen, langes Haar, flache Tasche, spitze Schuhe – zu einer dieser Familien gehört, ist also gar nicht so gering: eins zu vierundvierzig.

Warum also diese Scham? Dafür gibt es ewig währende und situationsbedingte Gründe. Zu Ersteren zählen das Gewissen und das Finanzamt. Ein italienisches Gewissen, das nicht von Calvino massiert wurde, ist überzeugt, dass Geld im Grunde etwas Schlechtes ist. Das hat nichts mit Marxismus zu tun, sondern eher mit einer Art Psychose. Viele meiner Landsleute betrachten Geld als Frucht einer mysteriösen Schuld. Die Überzeugung, anderen mit unserer Arbeit etwas Gutes gegeben zu haben (ein Produkt, eine Dienstleistung, eine Idee), vermischt sich mit Angst: Jemand – oh Schreck – könnte dahinterkommen, dass wir dafür auch gut bezahlt wurden. Ein Unbehagen, das bei vielen mit der Idealisierung von Armut im Katholizismus zu tun hat: Geld als Kot des Teufels. Doch in der katholischen Kirche hat man mittlerweile begriffen, dass Geld nicht per se böse ist, sondern ein Mittel, mit dem sich Gutes und weniger Gutes bewirken lässt, Wichtiges und Unbedeutendes, Nützliches und Sinnloses. Wobei Letzteres heutzutage besonders verbreitet scheint.

Der zweite Grund, weswegen wir nicht gern über unsere finanziellen Angelegenheiten reden, ist die Befürchtung, jemand könne uns belauschen. Wir fürchten das Schicksal und wollen es nicht herausfordern. Wir fürchten Dritte und wollen sie nicht hellhörig machen. Wir fürchten – vor allem wenn wir lächerliche Einkünfte in der Steuererklärung angeben – die Finanzbehörden. Deshalb gilt, wenn es um Finanzielles geht, überall die gleiche Regel: mit leiser Stimme, Cash und Understatement.

Die allgemeine Scheu auf diesem Gebiet ist bekannt. Viele Italiener glauben ja, das in einer Bar dem Gesprächspartner flüsternd verratene Einkommen errege mehr Aufsehen als der draußen vor der Tür geparkte Luxusjeep. Pflichtbewusstsein, Gewohnheit und Angst, jene Dinge also, die in aller Welt die Bürger dazu anhalten, ihre Steuern zu bezahlen, ziehen in Italien nicht. Die Amerikaner sind deshalb so ehrliche Steuerzahler, weil ihnen bei Hinterziehung drastische Konsequenzen drohen, hohe Bußgelder, ja Gefängnis, sowie soziale Ächtung. Gäbe ich in den USA in meiner Steuererklärung lächerlich geringe Monatseinkünfte an, würde sich sogar mein Sohn für mich schämen, und in meiner Straße wäre ich unten durch. Beim selben Verhalten in

Italien sprächen mich zwei Nachbarn an, um sich zu erkundigen, wie ich das gedeichselt habe, und zwei weitere würden mich im Stillen hassen, aber anzeigen würde mich niemand.

Aber das allein ist es nicht. Wir Italiener hinterziehen Steuern, weil wir moralische Rechtfertigungen dafür finden. Der Staat – mit einer ausufernden Steuergesetzgebung und einer erdrückenden Abgabenlast – hilft uns dabei. Dem unwilligen Steuerpflichtigen steht ein ganzes Arsenal an Rechtfertigungen zu Gebote: die Verschwendung öffentlicher Gelder, der Subventionsdschungel und das schlechte Vorbild, das viele gut verdienende Selbstständige liefern. Mit diesem Material ausgestattet, unterstützt vom Steuerberater und der Bank, die Sachkenntnis sowie praktische und psychologische Unterstützung beisteuern, geht er in sein persönliches Ermittlungsverfahren. Erinnern Sie sich noch, was ich Ihnen von roten Ampeln erzählte? Ja, wir Italiener maßen uns an, selbst zu entscheiden, wann sich ein Gebot auf unseren speziellen Fall anwenden lässt. Das Gleiche gilt auch bei den Steuern: Wir sind unsere eigene Steuerfahndung, und fast immer legen wir den Fall nach Prüfung großzügig zu den Akten.

Wir können unterscheiden zwischen einer Geschichte Italiens (seiner Politik, Wirtschaft etc.) und daneben einer italienischen Geschichte, die weniger bedeutend erscheint und doch reich ist an außerordentlichen Ereignissen. Dies ist die kollektive Geschichte des italienischen Volkes, in die wir alle Fantasie, allen Realitätssinn und alle Borniertheit, mit denen wir begabt sind, eingebracht haben.

Wer Italien verstehen will, sollte diese eher am Rande liegenden Phänomene nicht außer Acht lassen. Nehmen wir nur die Geschichte mit den »Minischecks«, die in den siebziger Jahren wie Gremlins kleine Monster das ganze Land eroberten. Sie gewährt einen tieferen Einblick in unser Wesen als viele Sonntagsreden. Von den Banken ausgegeben, um dem Mangel an Münzgeld zu begegnen, besaßen sie nur einen minimalen Gegenwert: fünfhundert, hundert, zweihundert Lire.

Es ist gar nicht wichtig, wer diese Minischecks erfand, wer sie als Erster sammelte und wer daran verdiente oder damit verlor. Entscheidend ist, dass hier verschiedene nationale Charaktereigenschaften zum Ausdruck kommen: Flexibilität, Erfindungsreichtum, grafischer Geschmack, Sammelleidenschaft, Individualismus im Konformismus und eine verzehrende, aber rasch verglimmende Leidenschaft. Unser traditioneller Unternehmensgeist präsentierte sich hier in einem völlig neuen Gewande, nämlich der »Do-it-yourself-Notenbank«, mit der sich Banker, Bürger und Kinder gleichermaßen amüsierten.

Ein anderer Meilenstein der italienischen Finanzkulturgeschichte war die Einführung des *Bancomats*, des Geldautomaten, Anfang der Achtziger. Diese Wortschöpfung hob auf den Automationsgrad ab, den der Kundenservice der Banken erreicht hatte. Tatsächlich aber bedeutete sie anfangs eher: »Meine Bank (*banco*) macht mich noch wahnsinnig (*matto*).«

Denn die Geldautomaten waren dünn gesät und geschickt versteckt. Mit der Scheckkarte wurde einem ein Begleitheft ausgehändigt, in dem alle »im Hoheitsgebiet des Landes zur Verfügung stehenden *Bancomat(s)*« verzeichnet waren. Mit dieser Art Schatzkarte ausgestattet, kurvten in allen italienischen Städten nachts Scharen Verzweifelter umher und versuchten, sich Bargeld zu besorgen aus dem einzigen Automaten im weiten Umkreis, der dann, wenn er endlich gefunden wurde, oft genug außer Betrieb war. Die Geheimzahl für den Geldautomaten war nur der Auftakt jener langen Reihe »unverzichtbarer Kombinationen« (Faxnummer, Pin, Passwörter, Zahlencodes etc.), die wir heute kennen, und bereicherte unseren Sprachgebrauch mit einem jener halb offiziellen, halb lächerlichen Sätze, die sich in unserem Gedächtnis einnisten und uns gewöhnlich folgsam machen: »Geben Sie Ihre Geheimzahl ein und vergewissern Sie sich, dass Sie nicht beobachtet werden«. Und wir tun, wie uns geheißen, und schauen uns wie Verschwörer verstohlen dabei um.

Zehn Jahre später kam die Kreditkarte auf: Es gab sie auch schon früher, doch erst Anfang der Neunziger entwickelte sie sich zu einem Massenphänomen. Wobei Masse vielleicht zu viel gesagt ist. Denn das »Plastikgeld« ist bei uns nicht so beliebt wie im nördlichen Europa oder in den USA und wird es vielleicht auch niemals sein, beißt es sich doch, wie vieles andere auch, mit einigen nationalen Eigenarten: dem Misstrauen gegenüber automatischen Abläufen; der Angst vor Schulden; der Abneigung gegen Kredite; dem noch aus dem Tierreich stammenden Unbehagen, Spuren zu hinterlassen; der anfänglichen Ablehnung durch Ladenbesitzer und Gastwirte. Noch heute ist es vielen lieber, bar zu zahlen, ermöglicht dies doch, die Existenz des Vorgangs zu negieren: ein echtes Vergnügen für ein philosophisches Volk.

Im Büro,
dem Schauplatz geordneter Anarchie

M an sagt, wir Italiener arbeiteten weniger als andere. Vielleicht stimmt es, das hieße aber, dass wir dafür besser arbeiten. In Wahrheit ist Italien ein geschäftiger Ameisenhaufen. Drei von zehn Italienern geben an, zwischen vierzig und fünfzig Stunden wöchentlich zu arbeiten, viele noch mehr. In Nordeuropa arbeiten die Menschen zwischen fünfundzwanzig und vierzig Stunden. Um fünf Uhr nachmittags sieht es in einem Londoner Büro so aus, als habe jemand mit einer Pistole in eine Katzenschar geschossen: Alle sind auf und davon. Schauen Sie sich stattdessen mal dieses Büro hier in Rom an: Anzeichen von Fluchtgedanken sind überall zu erkennen (exotische Bildschirmschoner, Erotikkalender, Postkarten mit Palmen darauf, Urlaubsfotos), doch niemand flieht.

So ein italienisches Büro ist ein Hort der Widersprüchlichkeiten. Fast alle legen wir bei der Arbeit eine übertriebene Gewissenhaftigkeit und Leidenschaft an den Tag. Einer Studie zufolge klagen siebzig Prozent aller Italiener über ihren Job, grübeln aber auch in ihrer Freizeit weiter über Büroangelegenheiten nach. Man hat den Eindruck, als würden wir das Klischee von der südländischen Trägheit widerlegen wollen und dafür freiwillig unsere Arbeitszeit verlängern, mit erschöpfter Miene herumlaufen und uns einem masochistischen Stress aussetzen.

Was gefällt uns an den beengten Verhältnissen in einem Büro? Nun, in erster Linie die Kollegen. Nicht, um Rat bei ihnen zu suchen, sondern um sie zu beobachten. Wie der *water fountain* die Denkzentrale eines amerikanischen und der Pub die Dekompressionskammer eines britischen Büros darstellen, so ist der Kaffeeautomat der neuralgische Punkt jeder italienischen Firma (nicht zufällig wurde die dort angesiedelte Fernsehserie *Camera Cafè* bei uns zum Erfolg). In Bergamo soll es einen Betrieb geben, der es seinen Angestellten untersagt hat, paarweise zum Kaffeeautomaten zu pilgern, weil das schlecht fürs Betriebsklima sei.

Wir lieben es, einen Blick darauf zu werfen, wie die anderen gekleidet, frisiert, gepflegt sind, nicht zuletzt, weil jeder täglich etwas Neues kreiert. Der betrübliche Konformismus italienischer Jugendlicher (gleicher Rucksack, gleiche Sweatshirts, gleiche Schuhe) wird von den Erwachsenen durchbrochen, die einem ausgefeilten Exhibitionismus huldigen. Schauen Sie sich mal um: Die üblichen Hemden und Krawatten (die englische Uniform) werden Sie hier nicht sehen und auch keine geschlechtslosen Kostüme, hohen Absätze und Turnschuhe unter dem Schreibtisch (amerikanische Uniform). Erblicken werden Sie stattdessen eine Myriade von Farben und fein abgestimmten Details, die vom Parfum bis zu den Accessoires reichen. Wenn es um unser Äußeres geht, beherzigen wir Italiener, ohne es zu kennen, das Pfadfindermotto: »Gib dein Bestes.«

Alle Anlagen – ausdrucksstarke Augen, dichtes Haar, schlanke Beine – werden kreativ genutzt und anerkennende Kommentare zum erreichten Resultat gern entgegengenommen. Könnte eine attraktive Amerikanerin, die in Italien arbeitet und im Minirock ins Büro kommt, für die Kommentare, die sie damit provoziert, die bei ihr zu Hause üblichen Schmerzensgelder einstreichen, so würde sie reich werden. Gewiss, hin und wieder geht jemand mal zu weit und äußert sich tatsächlich auf beleidigende Weise schamlos. Doch fallen solche Bemerkungen wechselseitig und stören niemanden. So ist das italienische Büro also nicht das Vorzimmer zum Schlafzimmer, wie manch einer vielleicht glauben mag, sondern mehr einer jener in Italien nicht seltenen Orte, wo man nicht nur schaut, sondern auch gesehen wird.

In den Büros mögen wir die feste Rangordnung, vor allem, wenn wir oben stehen, aber auch wenn wir uns noch unten befinden, denn hier können wir unser Alarmsystem und unseren Instinkt schulen. Es ist schon verblüffend, wie schnell wir Italiener ein neues Umfeld durchschauen. Nach einem Monat fühlen wir uns heimisch, nach einem Jahr verhalten wir uns wie alte Hasen und nach drei wie Veteranen. Auch deshalb ist es schwer, uns etwas zu befehlen: Wir überschätzen leicht unsere eigene Rolle und haben Schwierigkeiten, unsere Stellung in einer Hierarchie zu erkennen.

Italienische Chefs sind nicht schlimmer als andere, im Gegenteil, meistens liegt ihnen an einem guten Verhältnis zu ihren Mitarbeitern. Allerdings verwechselt manch ein Untergebener diese Verbindlichkeit mit Kameradschaft und sagt oder verlangt Dinge, die er nicht sagen oder verlangen sollte. Vorgesetzte ihrerseits neigen nicht selten zu einer paternalistischen Haltung. Ließe man sie, würden sie ihrer Sekretärin den passenden Verlobten aussuchen; da man das nicht tut, begnügen sie sich mit einer Bemerkung zu ihrer Frisur am Tag ihres ersten Rendezvous'.

Im Büroalltag mögen wir auch Besprechungen, obwohl sie uns eine Menge Zeit kosten.

Alle haben wir schon einmal die existentielle Langeweile gewisser Meetings verspürt. Der redselige Geschäftsführer trägt vor, und wir malen auf unserem Block herum. Der Chef fasst zusammen, doch die Zusammenfassung kennen wir bereits (schließlich haben wir das Papier selbst vorbereitet). Der Sachverständige erklärt alles über X, doch unsere Abteilung befasst sich mit Y. So verrinnen die Stunden, das Licht über den Dächern jenseits der Glasscheiben wird fahl. Der Nachmittag geht zu Ende, und wir haben nichts oder fast nichts erledigt.

Und doch ist so mancher, man sieht es ihm an, durchaus zufrieden. Wenn das Gewissen (die Gattin, der Freund, die Freundin) fragt: »Was hast du heute gemacht?«, kann er mit aufgesetzt erschöpfter Miene (doch mit sich selbst im Reinen) antworten: »Heute? Ach, den ganzen Tag Meetings.« Zugegeben, der Satz klingt gut. Trotzdem sollten Besprechungen immer nur ein (straffes) Mittel sein. Werden sie zum Selbstzweck – wie in Italien immer häufiger der Fall –, brechen für alle Beteiligten schwere Zeiten an.

Rief ich früher jemanden im Büro an und bekam zu hören »der ist in einer Besprechung«, glaubte ich immer an einen Vorwand, um mich abzuwimmeln. Heute weiß ich, dass der Ärmste tatsächlich in einer Besprechung festhängt. Das ist tragisch (für ihn). Eines der ungeschriebenen Gesetze der modernen Marktwirtschaft lautet nämlich: »Die eigene Bedeutung im Unternehmen verhält sich proportional zu der Möglichkeit, Besprechungen zu vermeiden. Das heißt: ständig in einer Besprechung = kleinstes Rädchen im Getriebe. Nie in einer Besprechung = oberster Boss.«

Hin und wieder versucht jemand, der Misere entgegenzuwirken. Montagmorgens erscheint er mit entschlossener Miene im Büro, blickt der Sekretärin fest in die Augen (»O Gott, mein Make-up ist verschmiert«, denkt sie), schlägt den Terminkalender auf und beginnt, Treffen zu streichen, Meetings abzusagen und Versammlungen bis auf Weiteres zu verschieben. Endlich tritt er zufrieden auf den Flur hinaus. »So, das wäre geschafft«, sagt er sich. »Und was mache ich nun?«

Am Büroalltag gefällt uns die leichte Absurdität. Denn an jedem Arbeitsplatz gibt es mindestens einen sympathischen Irren. Blicken Sie sich mal um: Mit Sicherheit sitzt hier irgendwo ein Mensch, der mit harmlosester Miene die seltsamsten Dinge tut und so allen anderen das Leben schwer macht. In diesem wie in allen anderen Büros treibt ein Rosaroter Panter der Flüssigseife sein Unwesen, ein Professor Moriarty der Papierbestände, eine Panzerknackerband des Zuckers, ein Arsène Lupin der Teebeutel (aber nur weil die Kaffee-Pads in

der Espressomaschine zu Hause nicht funktionieren).
Dieb, Kleptomane, Bedürftiger? Nein, so ein Langfinger in einer italienischen Firma ist ein Mann (selten eine Frau), der Herausforderungen liebt. Du, Arbeitgeber, schließt die Klopapierrolle weg? Ich entwende sie dir und gebrauche sie in meiner Garage. Du zählst die Servietten ab? Dafür stibitze ich dir die Textmarker, Bleistifte und den Zucker. Du versiegelst den Seifenspender? Ich brech' ihn auf, und du kannst noch von Glück sagen, dass ich keine zehn Hände habe wie eine indische Gottheit.

Apropos Kriminalität im Büro: Das italienische Revisionsgericht stuft in einem Urteil tägliche Telefongespräche vom Büro nach Hause als Vergehen ein. Ebenso lange Plaudereien und Einkaufen oder ein Schläfchen während der Arbeitszeit (»unerlaubtes Verlassen des Arbeitsplatzes«). Ich meine: richtig so. Doch nun muss der nächste Schritt folgen. Anstatt Milliarden solcher Vergehen zu bestrafen und Millionen von Sündern zur Rechenschaft zu ziehen, sollten wir gleich ganz Italien einzäunen und so hinter Gitter bringen. Das ginge schneller. Man könnte schon mal anfangen, das Material zu bestellen. 7456 Kilometer sind es, einschließlich Sardinien und Sizilien.

Am Arbeitsplatz im Büro schätzen wir die Sicherheit. Der unbefristete Arbeitsvertrag war in Italien jahrelang ein Dogma und wird, so fürchte ich, immer mehr als Ballast empfunden. Den Unternehmen ist er ein Graus, und sie begegnen ihm mit allen nur denkbaren Alternativen: Ausbildungsverträgen, Honorarverträgen, keinen Verträgen, Praktika, Volontariaten und immer längeren Probezeiten. Wenn das so weitergeht, müssen wir noch Artikel 1 unserer Verfassung ändern. Dann heißt es nicht länger: »Italien ist eine demokratische Republik, die auf Arbeit gründet«, sondern: »Italien ist eine demokratische Republik, die auf Kurzzeitjobs oder Praktika gründet.«

Um freie Hand zu haben, lassen sich manche Unternehmen bereits von neuen Mitarbeitern eine Blankokündigung unterschreiben. Andere Firmen haben, um Festanstellungen zu umgehen, über Jahre auf so genannte *collaboratori coordinati e continuativi* (»Mitarbeiter mit Verträgen über geregelte, fortwährende Zusammenarbeit«) gesetzt, kurz »Cococo-Angestellte«, eine treffende lautmalerische Umschreibung des Schlamassels, den wir uns damit eingebrockt haben. Mittlerweile haben sich die so genannten »Projektverträge« durchgesetzt, hinter denen tatsächlich ein Projekt steht: nämlich auf keinen Fall neues Personal einzustellen.

Weiterhin gilt aber den meisten Italienern ein fester Arbeitsvertrag als die einzige Bürgschaft, die von allen akzeptiert wird: vom Partner im Hinblick auf eine Ehe, von den Banken im Hinblick auf ein Darlehen, von den Eltern vor dem Auszug und nicht zuletzt von der eigenen Selbstachtung.

Wer ihn erobert hat, stellt jedoch schon bald fest, dass der Preis, den er dafür zahlt, hoch ist. Die Einkünfte eines Angestellten liegen meistens unter denen eines Selbstständigen, aber die Steuern sind höher.

Mit anderen Worten: sichere, aber schlechte Bezahlung. Die Unternehmen sorgen für das »sicher«, die Angestellten klagen über das »schlecht«. Und so macht man immer weiter und streitet sich um Adjektive.

An unseren Büros lieben wir die Routine. Schauen Sie sich um, nehmen Sie die Atmosphäre in sich auf, die wie eine leichte Droge sein kann. Viele haben schon von den berauschenden kleinen Freuden im italienischen Büroalltag erzählt: Schriftsteller wie Italo Svevo (*Ein Leben*) – der 1861 in Triest geboren wurde, als Jugendlicher in Bayern zur Schule ging und später seine Kenntnisse der Lehre Freuds in Romanen verarbeitete –, Drehbuchautoren wie Vincenzo Cerami *(Nur ein Kleinbürger)* oder Komiker wie Paolo Villaggio mit seinem Helden »Fantozzi«. Gehen Führungskräfte in den Ruhestand, trauern sie nicht nur Einfluss und Einkünften nach. Nein, sehnsüchtig erinnern sie sich auch der Heftklammern an ihrem festen Platz in der Schublade, der Begrüßungen durch die Kollegen, der Geräusche der arbeitenden Sekretärin im Vorzimmer. Und wenn diese Sekretärin dann selbst im Ruhestand ist, denkt sie mit einem Seufzer an die Ticks ihres Chefs zurück, an seine Stimme in der Gegensprechanlage, an die Uhr an der Wand, die sie alle durch die Woche bis zum Freitagnachmittag begleitete.

Auch aus diesem Grund kommt die Heimarbeit am Computer bei uns in Italien nicht aus den Startlöchern. In Dänemark macht sie zehn Prozent aller Beschäftigungen aus, in den Niederlanden neun, in Irland sechs; nur in Italien hängen wir bei mageren 0,2 Prozent fest. Schade, denn diese Arbeitsorganisation scheint wie geschaffen für unser langes, schmales Land mit seinen verstopften Straßen und seinem unzulänglichen öffentlichen Transportwesen.

Eine gewisse Verantwortung liegt sicher auch bei den Unternehmen mit ihrem Anspruch, alles unter Kontrolle zu haben. Genau zu wissen, wo sich der Mitarbeiter aus der Buchhaltung nachmittags um vier aufhält, bereitet manchen Abteilungsleitern ein geradezu sadistisches Vergnügen. Aber offenbar haben viele Angestellte gegen eine solche Unterwerfung auch gar nichts einzuwenden. Eher sehen sie in der Telearbeit eine Art Verurteilung zu Einzelhaft. Keine Plaudereien mit den Kollegen mehr, Schluss mit festen Zeiten und Abläufen, Adieu kleine Privilegien. Wie kann man bloß an solchen Dingen hängen?, meinen Sie. Warum nicht, sogar Häftlinge können nach einer Weile ihrer Situation etwas abgewinnen. Und für die ist nicht nach acht Stunden Schluss.

Zu den Vorzügen Amerikas gehört, dass Misserfolg dort keine Schmach ist. Denn ein Gescheiterter ist im Grunde jemand, der es immerhin versucht hat. In Italien zeichnet so eine Pleite – sei es Konkurs oder Kündigung – ein ganzes Leben. Auch das muss man wissen, will man ein italienisches Büro und seine Attraktivität durchschauen.

Wenn Sie wüssten, wie viele Menschen bei uns, aus Angst vor einem Fehlschritt, nie den ersten Schritt gewagt haben. Erzählt man in den USA, dass man bereits zwanzig Jahre in derselben Firma arbeitet, erntet man kein Lob für seine Treue, sondern ungläubige Blicke. Dort gilt ein *career move* als gute Sache, und die betreffende Karriere muss sich nicht auf ein Berufsfeld beschränken. In Italien hingegen sind wir bei der wörtlichen Übersetzung des *career move* stehen geblieben, in der etwas zynisch Berechnendes steckt: »ein für die Karriere unternommener Schritt«. Unser Land, das einst »seine Revolution nur mit Genehmigung der Carabinieri machen wollte«, so der Journalist, Schriftsteller und Zeichner Leo Longanesi (1905–1957), hat sich weiterentwickelt, aber nicht alle alten Verhaltensweisen über Bord geworfen. Nur wenige setzen alles auf eine Karte, um alles zu gewinnen. Wir träumen davon, *etwas* auf eine Karte zu setzen, um alles zu gewinnen.

Wir wagemutigen Italiener haben häufig noch etwas in Reserve, einen Fallschirm, ein Ersatzrad, eine Alternative, einen Verwandten. Wer sich in einem neuen Job versucht, hütet sich dennoch, den alten aufzugeben (im öffentlichen Dienst wimmelt es von solchen Fällen). Und wer verkündet, sein Leben radikal ändern zu wollen, hat wahrscheinlich keine andere Wahl (ein Berater etwa, dessen Vertrag nicht verlängert wird). Der *Dschungelbuch*-Autor Rudyard Kipling, der Menschen bewunderte, die den Mut haben, »allen Gewinn zusammenzunehmen und erneut aufs Spiel zu setzen«, wäre perplex, würde er in Italien wiedergeboren. Denn gewinnen wollen wir zwar, aber unsere Angst zu verlieren ist stärker. Und so geben wir uns eben mit einem Unentschieden zufrieden.

Das ist schade, denn die Menschen in Italien haben das Zeug, etwas zu wagen. Die bekannten Erfolgsgeschichten sind der Lohn für Mut und persönliche Initiative. Denken wir nur an Ferrari: Die schönsten und schnellsten Autos der Welt werden in einer Werkstatt am Rande der Poebene gebaut. Oder an die vielen kleineren Unternehmer und Geschäftsleute, an Missionare und freiwillige Helfer, an die Wissenschaftler, die jetzt in den USA forschen, oder auch an die Fußballspieler, die nach England wechselten. Dies sind alles Menschen, die keine Angst hatten vor einem Fehlstart, der Schwester einer gewissen Leichtfertigkeit.

Folgten wir nur strikt der Vernunft, könnten wir uns nie verlieben, keine Kinder in die Welt setzen, keinem Ruf und keiner Intuition folgen, würden nicht eines Morgens aufstehen und uns stark genug fühlen, die ganze Welt, oder auch nur unsere Stadt, zu durchqueren. Und Italien wäre nur noch ein Land, das von Erinnerungen und der Rendite lebt. Manch einer behauptet, so sei es heute bereits, aber da bin ich anderer Meinung. Der Ferrari steht mit laufendem Motor in der Startaufstellung. Das Problem ist, dass er bereits eine ganze Weile dort wartet, während die ersten Fahrer bereits in der dritten Runde sind.

Im Einkaufszentrum
oder Ein Stück Amerika mitten in Italien

Die Namen hier drinnen sind englisch (*shopping center, outlet, multiplex*), und die Kulisse ist amerikanisch: große Parkplätze und lange Reihen von Einkaufswagen, künstliche Palmen und nachgemachte Laternen, Vordächer und Planen, die vor einem Regen schützen sollen, der hier gar nicht fällt.

Die Kunden aber sind und bleiben italienisch. In einer *Mall* vor den Toren Washingtons würde kein Mensch »Maariooo!« schreien, um den Verlobten ein Stockwerk tiefer auf sich aufmerksam zu machen; hier in diesem Einkaufszentrum im Niemandsland vor Rom erlebt man das und vieles mehr. Tausend Jahre Training auf unseren Piazzas waren nicht umsonst.

Durch amerikanische Shopping-Malls strömen Menschen, die von Pflichtbewusstsein erfüllt sind; der Pflicht zu kaufen, zu sparen, die Rechnung zu überschlagen und den richtigen Coupon zu verwenden. Durch italienische Einkaufszentren strömen Menschen, die ihren Spaß haben.

Beobachten Sie mal, wie die Familien sich aufteilen, ähnlich wie am Flughafen: Jeder hat ein bestimmtes Ziel, eine Ware, die er erstehen, einen Laden, den er besuchen möchte. Die Vereinzelung ist vorübergehend und produktiv. Wenn sie sich dann wiedertreffen, zeigen alle glücklich ihre Ausbeute vor und kommentieren, was die anderen gebracht haben.

Die Jugendlichen haben ihre Rituale aus den historischen Innenstädten hierher transportiert: das Flanieren und Blicke wechseln, das Lächeln und Kichern, Auflauern und Abpassen. Ihre Mienen wirken aufmerksam, so als suchten sie etwas. »*Ciao Bello!* Holst du mir ein Eis?«, ruft das junge Mädchen in der bauchfreien Kluft, und er spurtet los, entschlossen, ihr die Siegestrophäe zu bringen.

Beobachten Sie mal die Leute: die Wachmänner, die geduldig den Verkäuferinnen den Hof machen; die Freunde, die sich über Handy anrufen und feststellen, dass sie fast nebeneinanderstehen; die Frauen, die beim Friseur sitzen und mehr daran interessiert sind, die Zunge in Gang zu halten als die Frisur zu festigen.

Oder die Senioren, die wartend auf den Bänken sitzen. Aufs Gesundheitsministerium geht der Vorschlag zurück, sie im Sommer hierher zu fahren, damit sie der Schwüle der Innenstädte entkommen. Hier sei es kühler als in den städtischen Parks, und außerdem hätten die alten Leute mehr zu schauen. Das stimmt, die Tauben jedenfalls schlendern nicht hinternwackelnd, bauchfrei und einen Blick auf den Slip bietend vorbei.

In so einem Einkaufszentrum findet man immer auch einen Riesensupermarkt, einen *Supermercato, Supermarket, Superstore, Discount, Cash & Carry* etc. Lassen Sie sich in Italien niemals von bloßen Namen verwirren: Sie dienen uns ja dazu, das Leben zu dekorieren. Und bilden

Sie sich nicht ein, Sie wüssten bereits, was Sie an einem Ort wie diesem Super-Supermarkt hier erwartet. Er ist mehr als eine perfekte Kombination von Altbekanntem und Überraschendem, nämlich so etwas wie ein Wald mit eingerichtetem Lehrpfad.

Zwischen den Wänden aus Kisten und Dosen bewegen sich seltsame Wesen, die sich in geheimnisvollen Codes verständigen (»Ist das drei für zwei?« – »Gut, dann nehmen wir acht!«). Von fern dringen schwer einzuordnende Laute ans Ohr: Schläge und Rascheln, fallende Lasten und am Boden schleifende Objekte. Auf Kalt (Tiefkühlware) folgt Warm (Frischbrotabteilung). Grelle Farben überraschen den Besucher auf Schritt und Tritt. Über allem liegt ein weißes Licht, und doch fällt es schwer, sich zwischen den kunterbunten Mauern zu orientieren. Man fühlt sich verletzlich und allein. Im tropischen Regenwald könnte man, mit etwas Glück, Tarzan, Mogli oder Sandokan begegnen. Aber Angestellte, die Auskunft geben könnten, sieht man im italienischen Riesensupermarkt nie.

Dies ist eine Welt, in der man das kauft, was man nicht haben will, wo man das begehrt, was man nicht finden kann, und das findet, was man nicht kaufen wird: Produkte mit Babyöl und »Vollem Schaum«, mit Farn- und Pinienaroma, mit Magnolie und Myrre, Betakarotin und »desinfizierenden Maiglöckchen«. Nostalgisch geht es zu in der künstlichen Kühle der Klimaanlage, überall wird geworben mit »rustikal«, »traditionell«, »nach Bauern-, Hausmacher- oder Großmutterart«. Man findet besänftigende Adjektive für Industrieprodukte – jedes zweite Erzeugnis ist »grün«, »echt«, »biologisch«, »natürlich« – und wundert sich über die Treue zu einigen Marken – dieselben Nudeln, Erbsendosen, Kekse oder geschälten Tomaten wie in der Kindheit. Der Grund? Konservatismus, Nostalgie, Fernsehen. Die gleiche Kombination, mit der sich die erstaunlich langen Karrieren mancher Prominenter in Italien erklären lassen.

So ein Riesensupermarkt gibt Aufschluss darüber, wie sich die Geschmäcker entwickeln. Brot wird heute in Hunderten von Verkleidungen angeboten, die Käsesorten sind exotisch, das Gemüse prall, das Obst schöner aber nicht mehr so schmackhaft wie früher (wieder ein Beweis für den Vorrang der Ästhetik). Barbera und Chianti mussten zusammenrücken auf den Regalen, um Platz zu schaffen für den Chardonnay aus Chile oder Kalifornien. Die Vielfalt ist hier genauso überwältigend wie in einem amerikanischen Supermarkt: An allen Ecken und Enden findet man zahl- und sinnlose Kombinationen von Geschmacksrichtungen, Farbentönungen, Konfektionen und Bezeichnungen. Mit einem Unterschied: In Italien kam das alles auf einen Schlag. In den USA trank man jahrzehntelang zum Frühstück Orangensaft, bevor man dazu überging, ihn in größerer Vielfalt anzubieten. Hier wurde Orangensaft erst beliebt, als er – vielleicht auch, weil er – in sizilianischer, portugiesischer, spanischer oder israelischer Version angeboten wurde, rot, gelb oder orangefarben, mit Vitaminen oder Karotten, in der Flasche oder im Tetrapack.

So manch einer fühlt sich vom Angebot überrollt: Mit vielerlei nutzlosen Dingen und einem schlechten Gewissen beladen, kehren wir vom Super-Supermarkt heim. Unser Reisepass ist der Geldautomat, unser Zoll die Kasse, vor der wir furchtsam anstehen, die Schürze der Verkäuferin Teil einer Uniform, und Uniformen misstrauen wir ja generell. Doch wer könnte angesichts der hier versammelten Warenmassen widerstehen? Wen reizte es nicht, einen Nassrasierer mit drei oder gar vier Klingen auszuprobieren (auch wenn wir weiterhin nur ein Gesicht haben)? Wie könnte man hier darauf verzichten, sich einen ganzen Vorrat an Kulis, Batterien oder phosphoreszierenden Kaugummis anzulegen?

In den USA werden die Produkte der Regenbogenpresse an der Kasse platziert, weil der Kunde dort schon ganz benommen eintrifft und kauft, was ihm unter die Finger kommt. In Italien sind wir auch fast so weit. Versähe man die Verkäuferin mit einem Strichcode, kauften wir die Dame auch noch ein. Kein schlechter Kauf, übrigens. Zu Hause angekommen, könnte sie uns erzählen, wer alles an ihrem Baum im superrealistischen Wald eines italienischen Super-Supermarkts vorübergezogen ist.

Beobachten Sie mal, wie die Kunden die Preise studieren: Kurzsichtige und Weitsichtige, durch Brillengläser getrennt, im Misstrauen vereint. Wollen Sie wissen, wie viele Leute sich nach der Lira zurücksehnen? Nicht sehr viele, obwohl mit der Euroeinführung unverschämte Preiserhöhungen einhergingen. Der Abschied von der alten Währung im Jahr 2002 vollzog sich mit trockenen Lidern. Herzbewegenderem Abschied habe ich beigewohnt anlässlich von Verschrottungen, Umzügen, Abfahrten aus dem Urlaubsort oder Ehekrisen.

Warum werden unsere Augen nicht feucht, wenn wir an unsere ausgemusterte Währung zurückdenken? Weil wir die Lira nie geliebt haben. Wir haben sie benutzt, aber das ist nicht dasselbe. Die Lira hatte nie einen Charakter wie der Dollar, die Mark oder der Franc, für die man auch wirklich etwas bekam oder noch bekommt. Länger als ein halbes Jahrhundert war die Lira eine eher theoretische Entität: Um etwas zu gelten, musste sie in Scharen auftreten, so wie Ölsardinen oder kleine Mädchen. Was uns tatsächlich fehlt, ist daher vielleicht die große runde Zahl, die Million, wie sie früher in unserem Alltag selbstverständlich war.

Der Euro hat einen großen Vorteil, er duftet nach Europa, und Europa lag uns schon immer am Herzen. Manche meinen, es handele sich hier um eine irrationale Liebe, und es sei daher unsinnig, sie erklären zu wollen. Falsch. Eine Erklärung ist sinnvoll, allerdings auch kompliziert. Ein Historiker, ein Volkswirtschaftler und ein Soziologe genügen da nicht. Hinzukommen müssen noch ein Komiker, ein Eheberater und ein Wahrsager.

Kein Zweifel: Wir Italiener lieben das gemeinsame Europa. Wir streben es an auf jede erdenkliche Weise, in jeder Form und Farbe (amarantroter Reisepass, gemeinsamer Markt, Erasmus-Austausch, Billigflüge, ein Handy, das in der Pariser Innenstadt klingelt). Was nun den Euro betrifft, haben wir uns wie ein junges Paar verhalten, das darauf brennt, so schnell wie möglich zu heiraten. »Können wir uns das auch erlauben?«, haben wir nicht gedacht, oder »Wird das Zusammenleben auch gut gehen?« Wir hatten es eilig, zum Altar und ins Bett zu kommen, in der Überzeugung, die vierundfünfzig Millionen Italiener mit vier Beatles teilen: *All you need is love.*

In dieser Hinsicht unterscheiden wir uns von allen anderen europäischen Ländern. Nehmen wir nur die Engländer. Die machen sich zunächst Gedanken über die Kosten, die ihnen durch die Ehe sicher entstehen werden, und über die Vorteile, die sie ihnen vielleicht bringen könnte. Dann suchen sie sich ein Heim und nehmen dazu ein Darlehen auf. Schließlich wird die Hochzeit geplant. Und wenn dann nicht alles stimmt (wie jetzt mit der gemeinsamen Währung), verschieben sie die Feier. Welche Haltung ist nun klüger? Ein Eheberater jedenfalls würde sagen, dass wir zu leidenschaftlich vorgehen – und die Engländer nicht leidenschaftlich genug.

Diese romantische, sorglos optimistische Einstellung findet man in Italien nicht nur beim kleinen Mann. Unser Führungspersonal ist ganz ähnlich gestrickt. Fast all unseren Politikern liegen öffentliche Erklärungen mehr als lange Beratungen im Hinterzimmer, der Auftritt mehr als die Probe, die Bühne mehr als die Arbeit hinter den Kulissen. Wie verliebte Romeos eilen wir Italiener mit Herzklopfen zu Julias Balkon und vergessen ganz, dass es auch eine Treppe gibt.

Von Beginn an prägte diese ambivalente Einstellung unser kontinentales Abenteuer. Zu den Verhandlungen über die Römischen Verträge, mit denen 1957 die Europäische Wirtschaftsgemeinschaft (EWG) aus der Taufe gehoben wurde, schickten wir unsere fähigsten Männer. Als wir dann aber festes Mitglied waren, ließ unser Eifer merklich nach. Über Jahre haben wir, neben einigen geeigneten Leuten, die Ausschussware der italienischen Politik nach Brüssel und Straßburg entsandt. Ein Historiker, da bin ich mir sicher, würde das bestätigen.

Noch heute leiden wir unter den Folgen dieser Fehler. Bekannt wurde eine Episode, Volkswirtschaftlern gewiss noch in lebhafter Erinnerung, aus dem Jahr 1984, als über die »Milchquoten«, eine der unschönsten Seiten der gemeinsamen Agrarpolitik, zu verhandeln war. Dabei präsentierte die italienische Delegation Produktionszahlen aus den dreißiger Jahren, und die aus Rom angereisten Delegierten wussten nicht so recht, ob sie sich für die Produkte Norditaliens (Milch, Butter, Käse) oder die Süditaliens (Wein, Olivenöl) einsetzen sollten. Und so beschlossen sie schließlich als Kompromiss, sich auf neue Konzessionen für die italienische Stahlindustrie einzulassen. Damit wurde Italien nun, von einem Tag auf den anderen, zum größten Milchimporteur der ganzen Welt. Und ist es bis heute geblieben.

Weitere, jüngere Beispiele für den Widerspruch zwischen Europaenthusiasmus und Europaschlamperei? Über Jahre hielten wir den Rekord an Verstößen gegen Europäisches Recht und waren unfähig, EU-Subventionen sinnvoll einzusetzen (inzwischen läuft das etwas besser). Im Jahr 1995 haben wir der Liberalisierung von Textilimporten aus Drittländern in die Gemeinschaft zugestimmt. Als es dann aber so weit war, 2005 nämlich, waren wir so schlecht darauf vorbereitet wie sonst kein anderes Land der EU.

Und doch haben wir Europa immer unser Vertrauen geschenkt und tun es auch heute noch. Ein Soziologe würde das als Folge unseres Misstrauens gegenüber unseren nationalen Regierungen interpretieren (neunundfünfzig waren es, handgezählt, in ebenso vielen Jahren als Republik). Mit anderen Worten, wir Italiener sind von der heimischen Politik dermaßen enttäuscht, dass uns jedwede Alternative verlockend erscheint.

Und das nicht ganz ohne Grund. Viele positive Entwicklungen in der letzten Zeit – die Reduzierung des Haushaltsdefizits, verschiedene Privatisierungen, mehr Markt, weniger Bürokratie, bessere Sicherheitsstandards – wurden in Brüssel angestoßen, nicht in Rom. Damit Italien die Maastrichtkriterien erfüllen konnte, hat die Regierung Prodi damals eine »Europasteuer« eingeführt, die wir Italiener auch, weil sie diesen Namen und diesen Zweck hatte, ohne einen Mucks bezahlt haben. In Großbritannien hätte es Straßenkrawalle gegeben.

Sind wir also eine weise Nation, die in die Zukunft investiert? Gemach. Nur ein Viertel aller Italiener kannte vor der Einführung den Namen unserer neuen Währung, und nur wenige wissen, was in der geplanten EU-Verfassung steht. Und nicht nur das: Wir haben immer noch Schwierigkeiten, die öffentlichen Haushalte in den Griff zu bekommen; und allzu viele Italiener haben, wie bereits erwähnt, die Einführung des Euro zu fantastischen Preiserhöhungen genutzt, über die jeder hier in diesem Riesensupermarkt einen Vortrag halten könnte. Und der Komiker hätte seinen Spaß dabei.

Werden wir trotz allem Europa auch weiterhin lieben? Schwer zu sagen. Um zu erfahren, wie diese Geschichte ausgeht, reichen Ihnen Komiker, Volkswirtschaftler, Historiker, Soziologe und Eheberater nicht aus. Wie gesagt, Sie brauchen auch einen Wahrsager.

Suchen Sie ihn in der Tiefkühlabteilung. Wenn er erkannt hat, womit diese Teigtaschen dort gefüllt sind, wird er Ihnen eine Antwort geben können.

Donnerstag
SIEBTER TAG

In Neapel

Der Gehweg
oder Vom kollektiven Individualismus

Ein normaler Gehweg in Neapel beweist, dass wir Italiener unser Chaos beherrschen. Hier findet eine Art mentales Rodeo statt, bei dem unerschrockene Profis gefragt sind. Das Unvorhergesehene wird als Herausforderung verstanden, die sich niemand entgehen lassen will.

Die Gehwege des Corso Umberto sind ein Markt, die im Spanischen Viertel ein Versuch territorialer Expansion, die der Uferpromenade ein Ort des Schauens und Meditierens. In der Via Tasso, die elegant vom Vomero-Hügel zur Riviera di Chiaia hinunterführt, haben Fußgänger auf dem Gehweg Markisen und Obstkisten zu umkurven, große Hinterlassenschaften kleiner Hunde zu übersteigen, den Kleiderständern einer Reinigung auszuweichen und sich an einer langen Prozession von Motorrollern und Mopeds entlangzuschieben. Zwei dieser Vehikel stehen angekettet vor einem Schild, auf dem zu lesen ist:

> EINFAHRT FREIHALTEN
> – TAG UND NACHT –
> NICHT HALTEN – AUCH KEINE MINUTE

Aber diese Motorräder scheinen niemanden zu stören. Und würde man sie entfernen, so blieben immer noch die beiden Autos, die wahrscheinlich schon seit Maradonas Zeiten in den achtziger Jahren dort abgestellt sind.

Die Anarchie dieser Stadt ist überall sichtbar, es sei denn, man ließe sich von der Folklore blenden. Neapel kann begeistern, wie vieles andere, was Italien hervorgebracht hat, ist aber auch gezeichnet durch Gewohnheiten, die zwar sorglos wirken, tatsächlich aber vieles mühsam machen. Vermeiden Sie also romantische Beschönigungen: Selbst viele Neapolitaner können sie nicht mehr hören. Sie haben sie satt, genauso wie sie die Leute satt haben, die das Treiben der Camorra immer noch nicht beim Namen nennen wollen. Wie sie die absurden Machtstrukturen satt haben, die die Menschen zwingen, um Dinge zu bitten, die ihnen rechtmäßig zustehen. Wie sie das situierte Bürgertum satt haben, das so wenig Stolz zeigt und so schnell bereit ist, Dinge zu tun, über die nicht geredet wird, und über Dinge spricht, die dann nicht getan werden.

Dies ist aber nicht die Anarchie, die ich meine, sondern eine undurchdringliche Stille, die in den Ruin führt. Die neapolitanische Anarchie beruht dagegen auf kollektivem Individualismus, ein Oxymoron, zu dem anderswo auf der Welt nicht viele fähig sind. Nehmen Sie nur diese klapprige Vespa dort, die jemand achtlos gegen die Hauswand geworfen hat. Das ist keine mangelnde Sorgfalt, sondern eine raffinierte Tarnung. Auf diese Weise wird sie niemand bemerken, beschädigen, stehlen.

Das scheinbare Durcheinander auf den neapolitanischen Gehwegen verbirgt in Wahrheit eine ausgeklügelte Ordnung, die beweist, dass die Undurchdringlichkeit von Körpern kein physikalisches Gesetz, sondern nur eine Behauptung ist. In manchen Vierteln nutzt man den Gehsteig zur Anlage eines praktischen Eingangsbereichs für die eigene Kellerwohnung, den *basso*, indem man einfach ein Dach darübersetzt. In den Außenbezirken ist der Gehweg eine Müllhalde: Matratzen und Kartons warten auf den Lumpensammler, die hier regelmäßig ihre Runden drehen. Metallpfähle, einst dazu gedacht, Autofahrer vom Parken abzuhalten, dienen als Abstellplätze für *motorini*, Mofas und Mopeds, die allgegenwärtig sind in dieser hügeligen Stadt, die keine Fahrräder kennt. Jedem Pfahl sein *motorino*: Der Zweiradbesitzer lässt die Kette an Ort und Stelle, um anzuzeigen, dass der Pfahl besetzt ist. In Straßen mit hohem Verkehrsaufkommen wird der Gehweg auch zu einer zusätzlichen Fahrspur: Fußgänger wissen das und meiden ihn.

Genau genommen verschmäht der neapolitanische Fußgänger sogar die Gehwege und benutzt lieber die Fahrbahn, um seinen Mitmenschen nicht ins Gehege zu kommen. Denn auf dem Fußgängerweg campieren die professionellen Bettler, vor denen Halten verboten ist. Hier findet man gefälschte Markentaschen, ordentlich ausgestellt auf einer Schachtel, die zum Transport dient, aber auch dazu, sie bei Bedarf rasch verschwinden zu lassen. Und hier erlebt man künstlichen Regen: Die Signora gießt die Pflanzen auf ihrem Balkon und lässt sich durch nichts davon abbringen. Hier sammeln sich die Zigarettenkippen, die die Raucher aus den Büros hinunterwerfen. Hier verewigen sich Artefakte (Kaugummis, Stolpersteine, Löcher), die künftige Archäologen einmal erforschen werden, sobald sie in Pompeji, das beim Ausbruch des Vesuvs im Jahre 79 n. Chr. unterging, fertig sind.

Vor Schulen, Bars und Restaurants wird der Gehweg zum Schauplatz des so genannten *intalliamento*, einer Art Zusammenstehen, während man, vielleicht bei einem Schokoriegel und einem Blick auf das Treiben umher, über das Leben und das, was als Nächstes ansteht, nachdenkt. Dieses Warten ist ein faszinierender italienischer Brauch. Viele Ausländer verwechseln es mit Unentschlossenheit, dabei ist es eine Art Vorspiel. Das Antizipieren eines Genusses, das großes Können verlangt.

Stehen zehn Jugendliche vor dem Mercalli-Gymnasium zusammen, laufen die Gespräche, die sie drinnen in der Schule führten, nun, von Handys und anderen Kommunikationsmitteln unterstützt, weiter. Dabei vergeuden sie nicht ihre Zeit, denn auf diesem Gehweg wird gelernt, wird verhandelt, recherchiert, werden Gruppenhierarchien festgelegt (»Wer hat die Ermäßigung für die Disko?«). Die Dreißigjährigen, die vor dem Restaurant Farinella herumstehen, befassen sich gleichzeitig mit Ästhetik, Anthropologie, Meteorologie (es könnte vielleicht regnen) und Massenpsychologie. Sie verspäten sich, ja, aber das wollen sie auch, andernfalls hätten sie sich bereits vor einer Stunde auf den Weg gemacht. Die Diskussion über ihr Ziel ist genauso schön wie das Eintreffen dort. Auch wenn diese Einstellung neurotisch sein sollte, haben sie keinesfalls vor, sie zu ändern.

Der französische Schriftsteller und Diplomat Roger Peyrefitte schrieb, als er den Golf von Neapel bereiste, *(Vom Vesuv zum Ätna,* 1952): »Italien ist das letzte Land auf Erden, in dem man noch das Glück zu leben genießt. Das zeigen uns die Menschen, auch wenn sie selbst schon nicht mehr daran glauben.« Ein halbes Jahrhundert später ist diese Aussage immer noch wahr. Sich nicht vom Alltag niederdrücken zu lassen, ist eine Fähigkeit, die Genugtuung verschafft. Und es ist kein Zufall, dass das Leben in Neapel Leidenschaft und Enttäuschung hervorbringt, aber keine Verzweiflung. Denn der Kampf ist zwar noch nicht gewonnen, aber auch noch nicht verloren.

Italienische Autofahrer müssen – nicht: lieben es, möchten, wünschen sich – ja, sie müssen, ungeachtet aller Konsequenzen, in unmittelbarer Nähe ihres Zieles parken. So ist es überall in unserem Land, doch hier in Neapel – durch Platzmangel erzwungen und durch spezielle Hindernisse (steiler Anstieg, starkes Gefälle) zusätzlich stimuliert – scheinen die Autofahrer besonders kreativ zu sein.

Ein Autofahrer, der an seinem Ziel eintrifft, verlangt nach einer Parklücke unmittelbar vor dem Eingang. Ein Stückchen weiter unten, fünfhundert Meter entfernt, steht ein Parkplatz zur Verfügung, aber davon will er nichts wissen: Seine Benutzung käme dem Eingeständnis einer Niederlage gleich. So kurvt er auf und ab, wie ein Hai auf der Jagd nach Beute, und wartet auf die passende Gelegenheit. Hält er sich für eine bedeutende Persönlichkeit – und viele Neapolitaner lieben es, sich diesen Titel in einsamen Zeremonien selbst zu verleihen –, steigert das seine Erregung, ist er doch überzeugt, dass sich sein Status umgekehrt proportional zur Distanz zwischen Ziel und Parkplatz verhält. Mit anderen Worten, je näher am Ziel der Parkplatz liegt, desto bedeutender ist der Autofahrer.

Eine unschöne Konsequenz dieser Einstellung ist das Zweite-Reihe-Syndrom. Die italienischen Städte werden verstopft durch Heerscharen von Autofahrern, die, theoretisch, nur »einen Augenblick halten« dürften. Die Unterscheidung zwischen »Halten« und »Parken«, wie sie die Straßenverkehrsordnung vorsieht, wird hier zur philosophischen Streitfrage: Wie lange darf ein Halten andauern, bevor es zum Parken wird? Wie lässt sich dieses Halten begründen, um einen Strafzettel zu vermeiden?

Aber es gibt noch Bedauerlicheres. Immer häufiger erlebt man in den großen italienischen Städten, dass Autos ohne Genehmigung, oder aber mit ausgeliehener oder auf betrügerische Weise erschlichener Genehmigung (der Fahrer steigt aus, hüpft auf einem Bein ums Auto herum und verschwindet im Laden), auf Behindertenparkplätzen stehen. In einem solchen Fall müsste eigentlich die Staatsgewalt die Therapie übernehmen. Doch die ist anderweitig beschäftigt. Sie kurvt immer noch herum, um einen Parkplatz in nächster Nähe zu finden.

Neapel hat einen Vorteil: Es gibt wenige Geländewagen. Autos, Mopeds und Fußgänger nehmen allen verfügbaren Raum ein, und in viele Gassen kommt ein breites neumodisches Gefährt einfach nicht hinein. Selbst der maßlose Exhibitionismus gewisser Landsleute muss angesichts der Maße des Spanischen Viertels kapitulieren. Und so bleibt der Stadt am Vesuv zumindest diese Plage erspart.

Im übrigen Italien dominieren die Geländewagen, SUV genannt, mittlerweile die Innenstädte. Dabei ist dieser Name nicht, wie man in Amerika glaubt, eine Abkürzung für *Sport Utility Vehicle*, sondern Ausdruck des Zweifels, der einen nach dem Kauf beschleicht: *Saranno Utili Veramente*? (»Kann ich so einen Wagen wirklich gebrauchen?«) Fällt die Antwort positiv aus, erwärmt sich das Herz des Wagenbesitzers und sein Geist entflammt.

In Mailand zwängen sich an Regentagen, wie Tragflügelboote Wasser spritzend, große, typisch amerikanische Wagen durch enge, typisch italienische Gassen. Am Steuer sitzen unverdächtig wirkende Erwachsene mit der dümmlich heiteren Miene des Bootsmanns auf den Thunfischbüchsen. In den Bergen hingegen lassen sich offenbar nicht angetrunkene Autofahrer zu unerhörten Dingen hinreißen: Vom Vierradantrieb stimuliert, durchbrechen sie Schneewände, parken mit fünfundvierzig Grad Seitenneigung und führen halsbrecherische Gegenlenkmanöver unter den genervten Blicken der Dorfbewohner vor.

Da es in Neapel und Rom nicht schneit, müssen hier die Autofahrer andere Herausforderungen finden: zum Beispiel, sich einen Kleinstwagen zulegen, damit durch die Gassen flitzen und ihn parken, wo man gerade Lust hat – am liebsten auf dem Gehweg. Beobachten Sie mal die Fahrer am Steuer, wie sie sich aufplustern, nur weil sie ein so winziges Auto besitzen, mit dem sie sich anschleichen und überall hineinzwängen können. Häufig handelt es sich um Männer mittleren Alters, deren Augen seltsam strahlen. Sie wähnen sich nicht am Steuer eines Smarts, sondern eines Batmobils, und rasen die Gassen des Vomero-Hügels zum Castello S. Elbo oder zum Park Villa Floridiana hinauf, so als handele es sich um die Straßen von Gotham City.

Eine ganz spezielle Kategorie von Autofahrern hat Neapel hervorgebracht. Nämlich jene, die irgendwie einen Parkplatz gefunden haben – akrobatisch, zufällig, ganz oder halb verkehrswidrig – und gar nicht daran denken, ihn wieder aufzugeben. Diese »potentiellen Autofahrer« sind nun zu Fuß unterwegs, mit dem Mofa oder öffentlichen Verkehrsmitteln, setzen sich Kontrolleuren und Handtaschendieben aus. Ihr Auto aber bleibt, wo es ist. Wenn überhaupt, stauben sie es hin und wieder mal ab. Warum sollten sie es auch wegfahren? Der Wagen erfüllt ja auch so seinen Zweck. Schon sein Besitz wirkt beruhigend, beweist, dass man sich was leisten kann, und zum Radiohören oder als Vorratskammer kann man ihn immer noch nutzen. Vor allem aber hat niemand sonst im ganzen Viertel so nahe am Haus geparkt. Die Nachbarn wissen das und beglückwünschen den Teufelskerl mit stummen Blicken.

Das Auto
oder Liebe auf engstem Raum

Schauen Sie sich mal das skeptische Lächeln des Typen dort an: Er ist unfähig zu glauben, dass es auf der Welt noch etwas anderes geben könnte als die Senkrechte, die seinen Wagen mit dem Himmel verbindet. Nein, dieses Bild stammt nicht von mir, sondern von dem katalanischen Krimiautor Montalbán, aber es passt: in Neapel ebenso wie in Barcelona. Achten Sie mal auf das Gesicht dort im Rückspiegel, verliebt in sein blinkendes Armaturenbrett, sich seiner Klimaanlage gewiss, auf schwieriges Parken spezialisiert, jederzeit bereit zu einem beredten Ausdruck und einem großzügigen Lächeln.

»Man amüsiert sich bestens im Straßenverkehr!«, meinte Luciano De Crescenzo in seiner Neapelstudie *Also sprach Bellavista*. Aber seit deren Erscheinen sind fast dreißig Jahre ins Land gegangen, und ich habe den Eindruck, dass sich Neapolitaner dort heutzutage weitaus weniger amüsieren. Gewiss, in einigen Gegenden der Stadt wird weiterhin »gehupt, um das Gefühl der Gemeinschaft zu erleben« (ebenfalls aus *Bellavista*). Aber die meisten würden ihre Nachmittage wohl lieber auf andere Weise verbringen, als an der Straßenkreuzung eingekesselt zu stehen und darauf zu warten, dass sich der Fahrer im vordersten Wagen der Schlange entscheidet: Soll er bei Grün losfahren und so das Risiko auf sich nehmen, mit dem zusammenzustoßen, der bei Rot rüber ist, oder lieber bei Rot, wohl wissend, dass er links und rechts mit jenen rechnen muss, deren Ampel Grün zeigt?

Was sich hier so abstrus anhört, sind ganz übliche Überlegungen in Italien, die man durchaus auch in Mailand anstellt. Aber in Neapel kommen eben noch esoterische Züge hinzu. So sollen etwa, was ich persönlich nicht glaube, verblasste Zebrastreifen nicht aufgefrischt werden, weil das die Selbstmordneigung jener Fußgänger fördern könnte, die glauben, hier ihr gutes Recht auszüben und achtlos die Straße überqueren zu können. Wo Zebrastreifen fehlen, kommt es nur auf den aufmerksamen Blick des Fußgängers und die Großzügigkeit des Autofahrers an. Und an beiden fehlt es in Neapel nicht.

Auf Italiens Straßen sind pro hundert Einwohner zweiundsiebzig Autos unterwegs. In den anderen größeren europäischen Ländern kommen im Schnitt zwei Personen auf vier Räder. Damit befinden wir uns auf einer Stufe mit den USA, wo allerdings der zur Verfügung stehende Raum ungleich großzügiger bemessen ist (dies erklärt, warum ein Italiener seinen Wagen gemeinhin geschickter handhabt als ein Amerikaner). Parkplätze werden immer knapper, Benzin und KFZ-Versicherung immer teurer, das Straßennetz dagegen ist löchrig wie nie. Der stets vollgestopfte Autobahnring bei Mestre, dem Eisenbahnknotenpunkt und Industriegebiet von

Venedig, ist nur noch mit viel Humor zu ertragen, die *Autostrada del Sol* zwischen Bologna und Florenz ein nervenaufreibender Gefahrenherd, und die Autobahn von Salerno, der Universitätsstadt im Süden (Kampanien), nach Reggio Calabria an der untersten Stiefelspitze hinunter wurde von der betreibenden Gesellschaft selbst als »Trift« bezeichnet. Und wir, was tun wir? Legen uns einen neuen Wagen zu. Im Januar 2005 wurden in Italien 212.568 Kraftfahrzeuge angemeldet und 45.569 Kinder geboren: Die nationalen Präferenzen scheinen eindeutig.

In Neapel sieht es nicht anders aus. Dabei liegt die durchschnittliche Fahrleistung nur bei wenigen tausend Kilometern im Jahr. Das heißt, hier dient das Auto weniger zur Fortbewegung, sondern vielmehr als Ort, an dem man sich einfach wie zu Hause fühlt – und sich auch den gleichen Freuden hingibt wie in den eigenen vier Wänden. Ansonsten hat man ja sein Mofa oder Moped, und einige besonders akrobatische Familien sollen es sogar schaffen, zu viert darauf unterwegs zu sein (natürlich ohne Sturzhelm, damit man auf bewundernde Blicke reagieren kann). Das Auto hingegen wird dazu genutzt, sich mit seinen Kindern zu unterhalten, während man sie zur nur fünfhundert Meter entfernten Schule bringt; oder um – mit eigener Umkleidekabine ausgestattet – an den Strand zu fahren; um zu schauen, ohne gesehen oder um gesehen, aber nicht beobachtet zu werden. In Neapel werden Autos selten verschrottet: Sie verschwinden und sind plötzlich wieder da, werden zerlegt und wieder neu zusammengesetzt, wie durch Zauberhand.

Das Auto ist heutzutage nicht mehr, so wie einst, die Visitenkarte des Italieners, eher schon eine Ausweitung des Mutterbauches in dem Lebensabschnitt zwischen Buggy und Ohrensessel. Es ist aber auch nicht einfach nur ein Fortbewegungsmittel, sondern ein Mittel für etwas anderes. Aber für was? Fürs Ansehen? Das kann heutzutage kein Autotyp mehr garantieren, doch zweifellos sind manche Modelle der Beweis für ausreichende finanzielle Möglichkeiten, und das genügt vielen bereits.

Die italienischen Automarken lassen sich heute nicht mehr wie in vergangenen Zeiten bestimmten gesellschaftlichen Schichten zuordnen: Fiat-Kleinwagen für Arbeiter, Lancia-Limousinen für satte Bürger; Alfa Romeo für junge Leute oder solche, die sich vormachen, mit ihren Fünfzig noch jung zu sein. Heutzutage ist Jugend in Italien ein verbrieftes Recht, das Bürgertum ist unruhig, die Arbeiterklasse ist verschwunden, und es hätte nicht viel gefehlt, und wir hätten auch noch Fiat verloren.

Das Auto ist heute eher ein privater Ort, an dem sich Neurosen und Fantasien ausleben lassen. Die Zahl der Karosseriefetischisten nimmt kontinuierlich ab – vor allem in Neapel, wo die Verteidigung einer jungfräulichen Lackierung vergleichbar ist mit dem Vorhaben, mit einem Kandelaber in der Hand Rugby zu spielen: Man kann es versuchen, aber die Erfolgsaussichten sind gering. Einen Anstieg verzeichnen daher alternative Nutzungsmöglichkeiten des Autos. Es dient uns heute zum Telefonieren, Diskutieren, Verhandeln, Beichten, zum Aufwärmen und zum Erfrischen; zum Musik- oder Nachrichtenhören. Oder auch nur, um mit den Armaturen zu spielen. Männer nutzen es, um die Wirkung ihrer Sonnenbrille zu studieren, Frauen, um sich zu schminken, und wehe, man wagt es, sie dabei zur Eile anzuhalten. Manch einer raucht jetzt im Auto, seitdem dies in Restaurants und Bars untersagt ist. Aber immer zahlreicher werden die mit Münzen gefüllten Aschenbecher, die nicht mehr stinken.

Schließlich ist das Auto in Italien immer noch ein Ort, der Wärme und Abgeschiedenheit bietet, mit anderen Worten, ein Ort der Verführung. Für manch einen Mann ist seine Potenz im Wagen wichtiger als die Potenz seines Wagens. Denn wem es an Lebensjahren und Quadratmetern gebricht, der nutzt sein Fahrzeug als mobiles Schlafzimmer; so war es schon immer, seit den Zeiten des Fiat Cinquecento, der romantische Unbequemlichkeiten wie die Handbremse im Rücken garantierte. Aus klimatischen, familiären und wohnungstechnischen Gründen ist dieses Phänomen im Süden des Landes verbreiteter als im Norden. Die Liebe auf engstem Raum zählt zu den antiken Bräuchen der Stadt am Vesuv und hat ihre eigenen Zeiten, Regeln und Orte. Mutige wählen die Außenbezirke, Romantiker einen Platz mit Blick aufs Meer; viele würden sich auch für eine Garage entscheiden, doch öffentliche Parkhäuser sind nicht diskret genug und private Garagen teuer und dünn gesät. Ein Paar, das über eine Garage verfügt, kann sich auch ein Hotelzimmer leisten, wo all diese Unbequemlichkeiten entfallen.

Damit es sich in Italien gut verkauft, muss ein Auto elegant und chic sein. Mehr noch, seine Form und die Art, wie es beworben wird, müssen es zu einem sinnlichen Objekt machen. Motorleistung, Benzinverbrauch, Ausstattung, all das ist nebensächlich gegenüber dem Gefühl, das der erste Eindruck auslöst. Denn so ein Auto muss das schmeichelhafte Bild bestätigen, das wir von uns selbst haben, und das ist, wie Sie mittlerweile begriffen haben, gar nicht so schlecht.

Volvo hat über den XC 90, einen robusten Geländewagen von aggressivem Äußeren, in Italien neue Kunden gewonnen, denen das skandinavische *understatement* des Station Wagons nicht mehr ausreichte. Der Audi A2 – aerodynamisch, futuristisch, Alukarosserie – hat sich dagegen schlecht verkauft, denn Metall gilt in Italien nicht als sexy (mit Ausnahme von Titan, dessen Name gefällt). Vor Jahren versuchte es Volkswagen in Italien mit einer großen Fernsehwerbekampagne. Hauptdarsteller war eine Limousine, die im Regen unterwegs ist. In Deutschland hatte die Idee funktioniert. Bei uns wurde die Sache schon nach kurzer Zeit abgeblasen. Kein Italiener kauft sich einen Wagen, weil die Scheibenwischer so gut sind. Bei Regen kriegen wir höchstens schlechte Laune.

Alfa Romeo ist nach langem Auf und Ab mit dem 156er wieder in die Erfolgsspur zurückgekehrt, ein Wagen, der vor allem Männern gefällt: ein weibliches Auto mit kurvigen Formen, gerade so wie die Schauspielerin, die in der Werbung mit ihren Schuhen in der Hand dem Kofferraum entsteigt. Dann kam der 147er heraus und schaffte bei den Frauen den Durchbruch: ein männliches Auto mit entschlossenen Zügen. Schließlich brachte man den GT auf den Markt, unbefangen angelehnt an den klassischen Giulietta. Der Name von Shakespeare (Julia), das Auto aus der Lombardei, mit anderen Worten: schön und solide.

Dank des Punto konnte auch Fiat wieder erfreulichere Zahlen schreiben, während sich auch der Panda weiterhin hervorragend verkauft, nachdem man ihn fast versenkt hätte. Stellen Sie sich vor, in Turin hatte man sich überlegt, das neue Modell fortan »Gingo« zu nennen: eine geschäftsschädigende Idee, so als würden die Engländer ihren Mini nun plötzlich in »Polly« umtaufen.

Der da drüben ist ein Lancia Ypsilon, auch ein typisch italienisches Automobil. »Sky-Dome-Schiebedach / Glamour-Ausstattung / DFN-Schaltung (*Dolce Far Niente*, Süßes Nichtstun)« heißt es in einem Werbeslogan. Und im Fernsehspot: »Du siehst ihn, steigst ein, führst ihn aus. Innovativ, elegant, verbindet er einen modernen sinnlichen Look mit dem klassischen Stil des Lancia.« In »Tizianrot, Vivaldiblau, De-Chiricohimmelblau, Botticelligrau« bietet ihn der Prospekt an. Er suggeriert einen Lebensstil, dieser beiläufige Gebrauch englischer Bezeichnungen, weckt die Illusion, verführen zu können; diese Gleichsetzung von Auto und Partner/in wirkt übertrieben wie diese emphatische Zuordnung von Farben zu großen Meistern. Aber der Wagen verkauft sich, und das ist vielleicht kein Zufall.

Ein Autokauf in Italien ist immer Ausdruck einer Lebenshaltung und Merkmal für die Zugehörigkeit zu einer bestimmten Gruppe. Was meinen Sie, warum

sich, besonders bei den großen Limousinen, »metallic«
so gut verkauft? Ganz einfach: Silber ist die Farbe des
Clubs der Besserverdienenden, ein Club, in den aufge-
nommen zu werden, niemand bewusst beantragt hat.
Eine geistige Rotary-Mitgliedschaft, geeignet für Geschäftsleute und Apotheker, Vertreter und junge Selbstständige. Früher einmal kauften solche Kunden aus
einem ähnlichen Grund blaue Autos – weil sie an Staats-
karossen erinnerten.

Klassische Modelle für breitere Bevölkerungsschichten
gibt es nicht viele, aber jedes Land kennt hier seine Fa-
voriten. Nehmen wir nun den Fiat 600 bei uns in Italien.
Damals, vor fünfzig Jahren, als er auf den Markt kam,
präsentierte man ihn als *utilitaria*, wörtlich »Nutzfahr-
zeug«, und der Name war Programm, war das Auto
doch weit weniger schön als nützlich. Dieser Seicento
kostete 590.000 Lire, was damals zehn Monatseinkom-
men eines Arbeiters entsprach, fünf eines Angestellten,
zwei eines Journalisten und einem Monatsgehalt eines
Geschäftsführers in der freien Wirtschaft. Mit einer An-
zahlung von 50.000 Lire war man dabei, der Rest lief
über Wechsel und Raten. Im Jahr der Premiere, 1955,
kam in Italien ein angemeldetes Kraftfahrzeug auf sie-
benundsiebzig Einwohner (in Frankreich eins auf vierzehn). Zwei Jahre später, 1957, war es schon ein Auto
auf neununddreißig Einwohner. Nachdem der Kühlschrank die Haushalte erobert hatte, betrachteten die Italiener nun also den Seicento als ihrer Ersparnisse wert.
   Auch der Fiat 500, der Cinquecento, der zwei Jahre
später herauskam, war ein aufregendes Fahrzeug – und

das nicht nur, weil die Türen gegen die Fahrtrichtung aufgingen und so bewundernde Blicke auf die Beine aussteigender Damen ermöglichten. Der Cinquecento erlangte ein Image, in dem wir uns so wiedererkennen wie die Deutschen im VW-Käfer, und wurde zum Volkswagen, ohne diesen Namen zu tragen. Er erinnert daran, wie wir zu einer bestimmten Zeit, an einem Wendepunkt unserer Geschichte waren. 1957 entdeckte Italien die Europäische Wirtschaftsgemeinschaft (*Comunità Europea*), den Europapokal der Landesmeister (*Coppa dei Campioni*) und das Fernsehen mit *Carosello*, einer populären Werbeshow. Der Cinquecento war damit das vierte C jener neuen Zeit. Es mag keine Renaissance gewesen sein und auch kein *Risorgimento*, wie man die italienischen Einheitsbestrebungen des 19. Jahrhunderts nennt. Aber eine Erneuerung, und nach der sehnte man sich.

Um sich modern zu fühlen, reichten eine lebhafte Farbe, ein Schiebedach und zwei Sitzbezüge nach persönlichem Geschmack. Im Grunde verlangten die Italiener von ihrem Auto nicht, dass es sie unverwechselbar machte. Sie verlangten – und das tun sie noch heute – Bestätigung, Bestärkung und ein gewisses Maß an Stil. Hätte man damals vor fünfzig Jahren in Turin einen ähnlichen Wagen wie den Prinz 600 gebaut – eine Extralarge-Konfektion Büchsenfleisch –, wäre die Geschichte Italiens wahrscheinlich anders verlaufen. Die von Fiat ganz sicher.

Während die Italiener in der Nachkriegszeit Bluejeans trugen und sich fast wie Amis fühlten, kamen die Amerikaner nach Italien, bestiegen einen Motorroller und fühlten sich ein wenig wie Italiener. Hollywoodgrößen ließen sich der Reihe nach auf Vespas ablichten: William Holden, James Stewart, Charlton Heston, Anthony Quinn, Gary Cooper. Gregory Peck wirbelte so in *Ein Herz und eine Krone* die römischen Ferien der Prinzessin Audrey Hepburn durcheinander. Ohne Sturzhelm natürlich – im Fahrtwind flatternde Haare waren damals wichtiger als ein heiler Kopf.

Georges Mikes, ein Ungar, den es nach London verschlagen hatte und der in seinem Buch *Englisch für Anfänger oder How to be an Alien* seine neuen Landsleute sanft auf die Schippe nahm, bereiste in jenen Jahren Italien und ließ sich hier zu *Italien für Anfänger* inspirieren, einem Werk, in dem die Vespa, nicht lange zuvor auf den Markt gekommen, einen Ehrenplatz erhält. Mikes zufolge ist ihre »Bedeutung (a) sexuell (b) sozial und (c) politisch«. Der erste Punkt ist hier besonders interessant:

Schauen Sie sich doch diese dunkelhaarigen italienischen Mädchen an, die auf ihren Vespas Bein zeigen und umherflitzen. Sie erfüllen die Aufgabe, Autofahrer vom Straßenverkehr abzulenken. Nicht, dass italienische Autofahrer dem Verkehr früher allzu viel Beachtung geschenkt hätten, aber heute eben noch weniger. Auch diese modernen Vespalinnen hüten ein ewiges Feuer, und auf ihren Altären werden vielerlei Opfer (auch Menschenopfer) dargebracht.

»Die Vespa ist hier das, was der T Ford in den zwanziger Jahren für die USA war: Sie motorisiert die Massen«, fügte Mikes hinzu. So war es: Im Unterschied zum Cinquecento, der eine Weile brauchte, um sich durchzusetzen, hat uns der Motorroller auf Anhieb gefallen. Er veränderte unser Leben. Nun kamen die Italiener unter der Woche schneller zur Arbeit und konnten mit der Freundin am Sonntag rausfahren ins Grüne. Es reichte, ein Plaid, eine Reisedecke einzupacken (auch so eine Ikone, ein typisches Produkt des Italiens jener Zeit, das eine eigene Studie verdient hätte), und los ging's.

Die erste Vespa stammt aus dem Jahr 1946. Die Firma Piaggio aus Pontedera, einer Kleinstadt in der Toskana, hatte ursprünglich Flugzeuge hergestellt und musste nach Kriegsende, um das Werk am Leben zu erhalten, ein neues Produkt finden. In dieser Situation fielen den Verantwortlichen die kleinen Roller ein, wie sie Fallschirmjäger auf ihren Flughäfen benutzt hatten. Und man kam auf die Idee, die in den Lagern verbliebenen Antriebsmotoren auf ungewöhnlich aussehende, an ein Insekt erinnernde Fahrgestelle (daher der Name Vespa, also Wespe) zu montieren und so ein preisgünstiges Fahrzeug auf den Markt zu bringen. Der Erfolg übertraf die kühnsten Erwartungen. Der Architekt Vittorio Gregotti schrieb dazu: »Das italienische Design schaffte es aus dem Stand, mit einem brillanten ästhetischen Entwurf die Mängel einer Produktion vergessen zu lassen, die noch gezeichnet war von einem kaum planbaren Kaufverhalten und Rückständen in der technischen und organisatorischen Entwicklung, die immer wieder mit viel Improvisationskunst ausgeglichen werden mussten.« Mit anderen Worten: Fantasie ist hilfreich, Risikobereitschaft auch, und schon damals verstanden wir Italiener es, aus der Not eine Tugend zu machen.

Die Vespa besaß die Vorteile des Motorrads (maßvoller Spritverbrauch, Platzersparnis, Spaß am Fahrtwind), aber nicht dessen Schattenseiten (sie war leicht, relativ leise, Frauen konnten im Rock darauf fahren, und man war gegen Schlamm geschützt). In den fünfziger Jahren stand sie, neben dem Appia, im Verkaufsraum beim Lancia-Händler. Die millionste Vespa wurde 1956 verkauft. Sie kostete nur ein Drittel des Fiat Seicento. Hauptdarsteller in neunzig Filmen, von Ministerpräsident De Gaspari adoptiert (»Meiner Regierung kommt das Verdienst zu, dem italienischen Volk den Motorroller geschenkt zu haben«), von Papst Pius XII. gewürdigt (»Der Motorroller hat den Lebensstandard jener sozialen Schichten angehoben, die sich keine teureren Fahrzeuge leisten können«), beweist die Vespa vor allem eins: Wenn wir Italiener uns auf die einfachen Dinge verlegen, sind wir unschlagbar.

Es ist das barocke Denken, das uns in Schwierigkeiten bringt.

Patriotisch und ahnungslos –
der Italiener auf Reisen

Eine Reise beginnt nicht erst mit der Abfahrt. Schon lange vorher nimmt sie im Kopf des Reisenden Gestalt an, und unser Kopf – das haben Sie mittlerweile begriffen – ist eine exotische Sehenswürdigkeit, die einen Besuch, unter fachkundiger Führung, lohnt. Gruppenreisen gibt es in Italien nicht. Auch die kleinste Gruppe, ein Paar, ist die Summe zweier individueller Reisender, die beide ihre eigenen Vorstellungen haben, auch wenn sie nicht alle offen ausgesprochen werden.

Eine Familie, die ein Wochenende in einer fremden Stadt organisiert, hat nie einen gemeinsamen Plan: Der eine möchte ins Museum, der andere schwärmt für gute Restaurants, wieder ein anderer für fantastische Ausblicke oder hübsche Mädchen. Der eine lässt sich von der Atmosphäre am Zielort einnehmen, der andere will gleich wieder abreisen, kaum dass er da ist. Aber es ist nicht nur das. Die Merkmale des italienischen Touristen zeigen sich häufig in höchst eigenwilligen, paradoxen Kombinationen: Konformismus und Neugier, Schlauheit und Ahnungslosigkeit, fachkundiges Halbwissen, listige Großzügigkeit, schüchterner Exhibitionismus, verschwenderischer Geiz und verschämter Patriotismus. Neapolitaner fügen noch ein paar Extreme und viel Fantasie hinzu (Süditaliener sind Italiener in der zweiten Potenz). Doch die Zutaten sind dieselben.

Schauen Sie sich zum Beispiel mal die Dame dort an, die den Katalog durchblättert. Sie lässt sich von den Palmen faszinieren, die in Italien, im Norden wie im Süden, in letzter Zeit zum Symbol einer neuen Orientsehnsucht geworden sind (auch wenn das Reiseziel im Westen liegt – aber die Orientierung nach Himmelsrichtungen war noch nie unsere Stärke). Die Dame weiß zwar nicht so genau, wo sie liegen, diese erträumten Inseln, fühlt sich aber angezogen von diesen Bäumen, die sich am weißen Strand zum Meer hin vorneigen, und vergisst dabei ganz, dass ähnliche auch in ihrer heimischen Via Caracciolo stehen. Außerdem hat sie gehört, dass ein paar Freunde ebenfalls dorthin reisen wollen: Ihr Glück ist vollkommen, ein perfekter Urlaub garantiert.

Viele italienische Städte gehen auf diese Weise geschlossen in Urlaub, hin zu den Traumzielen der jeweiligen Jahreszeit. Neapel liebt im Winter Kuba und die Dominikanische Republik; im Sommer findet man sich auf Korfu und auf Formentera wieder (nachdem man sich auf Ischia getroffen hat und in Erwartung, sich auf Capri wiederzusehen). Halb Rom versammelt sich im Sommer auf Ibiza. Das wohlhabende Mailand findet sich im Winter auf den Malediven ein.

Was rettet die Protagonisten dieser konformistischen Wanderbewegung? Ihre Neugier. Die Lust, sich einzulassen, zu kommentieren, kennen zu lernen, zu vergleichen, zu kaufen und zu genießen (ein Mädchen, ein Restaurant, ein Museum). Ihre Kommentare, die nie ausbleiben, klingen mal scharfsinnig, mal flach. Der einzige Ort auf der Welt, an dem wir den Mund nicht aufbekommen, ist die Wüste. Es sei denn, wir hätten einen Camcorder dabei und wollten die Aufnahmen kommentieren. Dann sind wir noch nicht einmal dort still.

Kommen wir zur schlauen Ahnungslosigkeit. Vorausgeschickt sei, dass so eine Reise immer auch den Zeitgeist widerspiegelt, und das seit der Grand Tour bis zum All-inclusive unserer Tage. Ich erinnere mich noch, wie in den achtziger Jahren die letzten italienischen Touristen einem autoritären Reiseführer hinterhermarschierten und für einen Teller Spaghetti bereit waren, ganz Manhattan zu Fuß zu durchqueren. Heute sieht das anders aus. Aus dem italienischen Touristen ist ein Reisender geworden. Kein perfekter, aber ein Reisender. Jemand, der nicht stoisch hinnimmt, sondern agiert und reagiert. Beobachten Sie mal diesen Kunden dort, der partout seinen Hund mit auf die Chinareise nehmen will. Nichts wird ihn davon abbringen können, noch nicht einmal das Risiko, das brave Tier in Kanton als Vorspeise serviert zu bekommen.

Doch diese Unerschrockenheit fällt schlagartig in sich zusammen, wenn es um die Reisekosten geht. Denn unser Geiz nimmt mitunter bizarre Formen an. Der eine nutzt das Reisebüro für fünf Vorbestellungen, um letztlich nichts zu buchen. Andere schleppen stapelweise Kataloge fort, so als handele es sich um Gratisillustrierte. Wieder andere lieben es, sich im Reisebüro lang und breit über exotische Reiseziele zu unterhalten. Sie werden sie zwar nie besuchen, aber hier bietet sich eine Gelegenheit, seine Belesenheit zur Schau zu stellen, und die lässt man sich ungern entgehen. Achten Sie mal auf den Kunden dort, der seine Kinder in der Lombardei besuchen will, wie er sich beschwert: »Da fliege ich ja billiger nach New York als nach Mailand!«, stöhnt er. In einer anderen Stadt würde er es bei den Worten belassen, hier in Neapel könnte er versucht sein, tatsächlich den Atlantik zu überqueren (aus Trotz).

»Unschuldige im Ausland«, so bezeichnete Mark Twain einst seine amerikanischen Landsleute, die er bei ihren Unternehmungen in der Fremde beobachtet hatte. »Ahnungslose im Ausland« könnte ein treffender Titel für eine moderne italienische Version sein. Zur Dokumentation unverzichtbar sind hier technische Hilfsmittel wie etwa eine Videokamera: Denn kein noch so talentierter Schriftsteller wird den Gesichtsausdruck des Mailänders exakt beschreiben können, der im Sommer in San Francisco eintrifft und feststellt, dass die Stadt in einem gleichen dichten Nebel liegt wie seine Heimat im Herbst. Interessant auch die Kommentare über Prag, das wir Italiener heiß und innig lieben, obwohl niemand so richtig erklären kann, wieso eigentlich: Heraus kommt dann ein romantisch literarischer Meeresfrüchte-Cocktail mit Kafka als Pfeilkalmar, aber niemand weiß, wie all die kleinen Garnelen heißen.

Damit kommen wir zum fachkundigen Halbwissen, das auch trainiert sein will. Beobachten Sie mal dieses Pärchen dort: Die beiden haben sich jetzt entschieden, was für eine Reise sie mit dem Geld finanzieren werden, das über die Geschenkliste anlässlich ihrer Hochzeit zusammengekommen ist (Listen werden in Neapel häufig in Reisebüros deponiert, was dann bei der Ankunft am

Reiseziel einen meist traurig anzuschauenden Obstkorb auf dem Zimmer garantiert). Er hat sich mit Ägypten durchgesetzt, wird aber vor dem Abflug kein Buch über das Land zur Hand nehmen. Stattdessen wird er mit den unterschiedlichsten Bildern im Kopf die Reise antreten – Erinnerungen aus dem Schulunterricht, aus Weihnachtsvierteilern und Dokumentarfilmen – und sich darüber hinaus auf seine Intuition verlassen. Wo liegt da das Problem, denn Intuition besitzt er ja tatsächlich? Zwei Tage vor einem Paar aus Boston und vierundzwanzig Stunden vor einem Paar aus Lyon wird dieses Paar aus Neapel verstanden haben, wie man am besten mit den Fährleuten auf dem Nil umgeht. Das Problem ist, dass der Italiener dadurch in seiner Meinung bestärkt wird, es sei generell überflüssig, eine Reise vorzubereiten. Und dann verwechselt er vielleicht Abu Simbel mit Abu Dhabi. Amerikaner und Franzosen, die ihren Reiseführer studiert haben, werden sich die Gelegenheit nicht entgehen lassen, ihn darauf aufmerksam zu machen.

Beispiele für listige Großzügigkeit? Die findet man mehr als genug. Freigiebig verteilte Trinkgelder als Vorleistung für besseren Service; das rührende Interesse an unbekannten Kindern, die sich dafür dann fotografieren lassen müssen; die Bemühungen, sich nützlich zu machen, obwohl man doch nur im Weg herumsteht. Jeder Italiener fühlt sich im Ausland als Zauberkünstler und Missionar, Diplomat und Staatsmann, Volkskundler und Geheimagent – und ein wenig ist er das auch. Er liefert einfache Lösungen für schwierige Probleme, aber mit einer solchen Begeisterung, dass man es ihm unmöglich verübeln kann. Eine Reisegesellschaft – ob in Kalkutta oder in der Karibik, in Bangkok oder in Brasilien – hat immer auch etwas von einer Klassenfahrt, und jede Begleitperson nimmt unweigerlich die (undankbare) Rolle des Lehrers in der ersten Sitzreihe ein.

Schließlich noch der verschwenderische Geiz. Egal wohin, auf seine Reisen will der Italiener nicht mehr verzichten. Eher versagt man sich das neue Kleid oder strömt in Massen zu den Discountern und lässt sich auf Produkte mit seltsamen Namen ein. Aber zu Hause bleiben, das will kein Mensch mehr. Junge und Abenteuerlustige haben die Billigfluglinien entdeckt; dies ist das bunte Völkchen der Partymacher, gähnend, gezeichnet von schlaflosen Nächten, mit Windjacken und Kappen und der Mineralwasserflasche in Reichweite. Der Rest der Mittelklasse, von Werbespots und Kaufanreizen in die Armut getrieben, sucht hier im Reisebüro nach Sonderangeboten. Wer sagt denn, dass es nur die Aristokratie versteht, stilvoll unterzugehen?

Sie saßen immer noch zusammen, um drei Uhr morgens, nicht lange vor Sonnenaufgang über den Palmen von Bahia. Die fröhliche Runde der Italiener um die vierzig – strahlendes Lächeln, hohe Stimmen, Mokassins und das unvermeidliche Poloshirt – sowie die kleine Gruppe blutjunger Brasilianerinnen. Er machte ein paar Bemerkungen zum Hinterteil seiner Begleiterin, die sich in einem trägen Rhythmus wiegte. Sie lachte. Warum hätte sie auch nicht lachen sollen? Er bezahlte ja. Nicht viel, 150 Reis (50 Euro) für die Nacht. Plus den Verzehr selbstverständlich.

Es war ein Lokal in Itapuà am Atlantik, nördlich von Bahia, dem heutigen Salvador. Aber es hätte auch eine Diskothek an der Copacabana oder in Phuket sein können oder eine Bar in Moskau, ein Restaurant auf Kuba, ein Hotel in Rumänien. Die Hautfarbe der Mädchen ändert sich, die Preise und die Getränke wechseln: Caipiroska in Moskau, Caipirinha in Bahia. Doch die Italiener sind immer gleich, zahlreich und geschätzt. Sie trinken nicht, schwitzen nicht, werden nicht handgreiflich, sind maßvoll, sauber, wohlerzogen. Sie lachen, schenken, erinnern sich an Namen, grüßen am Tag darauf.

Mittlerweile haben wir uns einen Namen gemacht. Wir sind beharrliche Besucher von Ländern, die an den Folgen von Kriegen und Diktaturen, unter Armut und Verelendung leiden. Dazu gehört nicht viel: Sie muss nur in einer Baracke wohnen und er in einem Hotel. Irgendwann am Abend erzählt sie ihm dann (auf Italienisch), sie würde so gerne einmal in einem Bett mit sauberer Bettwäsche schlafen, anstatt wie sonst einen Raum mit all ihren Geschwistern zu teilen. Und er ist einverstanden und stellt sich dabei vor, wie sie nackt aus der Dusche tritt, erleichtert, nun über eine Version der Geschichte zu verfügen, die vor seinem Gewissen bestehen kann (vor seiner Frau natürlich nicht; die würde ihm das niemals abnehmen).

Sie müssten sie mal sehen, diese Italiener in der Ferne, wie ihre Gesichter strahlen hinter ihrer Caipirinha. Sie sind höflicher als die Deutschen, zahlreicher als die Amerikaner, großzügiger als die Skandinavier. Sextourismus? Gewiss. Doch man fliegt nicht durch die halbe Welt, um sich zwei Stunden mit einem Mädchen zu vergnügen. Man fliegt durch die Welt, um sich toll vorzukommen, reicher, schöner, großzügiger, um bewundert zu werden. Mit anderen Worten: Man verlässt Italien, um sich umso mehr als Italiener zu fühlen.

Noch etwas anderes sollten Sie wissen: Italiener finden es schön, andere Italiener im Ausland zu treffen. Wir erkennen uns in Häfen und Flughäfen, in Bahnhöfen und Zugabteilen, auf Londoner Märkten und in den Cable-Cars San Franciscos (wir sind die Leute, die während der Fahrt draußen hängen wollen und zurückgepfiffen werden). Der Veneter und der Sizilianer, die in den Reisebussen touristischer Wanderbewegungen nebeneinandersitzen, streiten nicht über den Föderalismus, sondern tauschen regionale Kochrezepte aus. Abends im Hotel erzählt jeder von seinen Streifzügen durch die örtlichen Läden und zeigt seine Beute vor. Zank und Streit in der Heimat werden ausgeklammert. Alle scheinen glücklich, Italiener zu sein, dieselbe Sprache zu sprechen und die gleichen Klagelieder anzustimmen.

Ganz anders die Ausländer, die sich in Italien begegnen. Ein Ehepaar aus Coventry betritt ein kleines Restaurant auf Capri und trifft dort auf zwei weitere englische Paare (woher sie wissen, dass es Landsleute sind? Nun, sie verhalten sich ganz leise und verstehen die Kellner nicht). Die beiden Paare an ihren Tischen schauen zu dem Paar hinüber, das soeben eingetreten ist. Blicke von vier Augenpaaren kreuzen sich mit denen zweier Augenpaare. Sechs Menschen mustern einander, bewerten sich, verspüren eine gegenseitige Abneigung. Dabei sind es Engländer, gewohnt, miteinander auszukommen. Warum reagieren sie jetzt so empfindlich? Schließlich ist das Restaurant in ihrem Führer *Versteckte kleine Restaurants Süditaliens* aufgeführt, der in jedem Buchladen Großbritanniens zu haben ist. Vielleicht denken sie: »Zu Hause halten wir zusammen. Aber zumindest im Ausland wollen wir uns mal von unserem untadeligen Verhalten ausruhen.«

Wir Italiener sind da das genaue Gegenteil. Unsere Häuser – Sie haben sie gesehen – sind eingezäunt wie Guantánamo, wir misstrauen einander ohne Grund und hadern bei jeder Gelegenheit mit der Regierung, der Politik, der Moral im Lande, den Richtern, dem Fernsehen und dem AC Mailand. Hinter der Grenze aber ist das alles sofort vergessen. Warum? Vielleicht liegt es am Reiz des Neuen. Freuen sich die Angehörigen anderer Nationen im Ausland auf eine Auszeit von ihrem löblichen Gemeinsinn, so nutzen wir Italiener eine solche Reise gern dazu, uns von unserem anstrengenden Zynismus auszuruhen.

Freitag
ACHTER TAG

Auf Sardinien

Im Hafen

Es gibt Städte, die sollte man sich morgens vom Meer aus anschauen. Kommen Sie also mit an Deck, ich will Ihnen Cagliari zeigen. Sehen Sie dort die Türme der verschiedenen Machtzentren, die sich aus nächster Nähe belauern: der Rathausturm, der Turm der Universität und die Kuppel der Kathedrale. Rechts liegt die Kirche Nostra Signora di Bonaria. Daneben, aus dem gleichen Stein errichtet, das Haus von Renato Soru, der vom globalen Netz zur Regionalpolitik überwechselte.* Neu und Alt zusammen: eine Sache der Gewohnheit, der Tradition und Liebe zum Altvertrauten.

Cagliari bietet uns heute ein anderes Bild als den Freibeutern vor Jahrhunderten, die sich aufgemacht hatten, die Stadt zu plündern, als den Spaniern, die sie ausbeuteten, den Ligurern, die sie kolonialisierten, den Piemontesen, die beschlossen hatten, sie zu ignorieren. Sie alle kreuzten vor diesem Hafen hier auf, so wie wir heute Morgen. Die Eroberer an Bord von Karavellen oder Brigantinen, wir auf einem Fährschiff, das uns vom

---

* Renato Soru verdiente mit der Telekommunikationsfirma Tiscali ein Vermögen, bevor er sich 2004 zum Präsidenten der Region Sardinien wählen ließ; d. Übers.

Kontinent herüberbrachte. Ja, vom Kontinent, so nennt man hier auf Sardinien das restliche Italien. »Halbinsel« klänge zu vertraulich.

Der Hafen von Cagliari ist tausend Jahre alt. Eine überragende Bedeutung hatte er nie, vielleicht weil die Sarden immer schon ihren Küsten misstrauten. Verständlich, wenn man bedenkt, dass von dort selten Gutes kam – Piraten, Malaria und Kolonisatoren. Aber auch Leute mit friedlichen Absichten kamen im Laufe der Jahrhunderte. Im fünfzehnten waren es Kaufleute aus Katalonien, Mallorca und Valencia. Dann, als Spanien sich mehr und mehr nach Amerika orientierte, Neapolitaner, Sizilianer, Korsen, Toskaner und Franzosen.

In dieser Zeit entwickelte sich La Marina – also die gelben, grauen und zyklamroten Fassaden, die Sie vor sich sehen – zum modernsten, geschäftigsten Viertel der Stadt. Aber diese Blüte währte nicht lange, spanische Steuern sowie maurische, englische und holländische Freibeuter erstickten die Aufbruchstimmung. 1720 fiel Sardinien an die Herzöge von Savoyen und wurde dem Piemontesischen Reich angegliedert. Auch die Piemonteser zeigten wenig Interesse am Hafen; ihnen genügte es, dass die Abfertigung der Salztransporte, auf die sie angewiesen waren, reibungslos verlief.

Viel hat sich seit damals nicht geändert. Verhaltener Handelsaustausch und reichlich Illusionen bezüglich des Industriehafens Porto Canale, der bereits vor vierzig Jahren geplant wurde und es in zehn Jahren (vielleicht) großen Containerschiffen ermöglichen soll, auf kleinere Schiffe umzuladen. Es beweist, dass Cagliari keine Eile hat. Ein Fall bürgerlicher Trägheit, anders, aber nicht weniger faszinierend als die aristokratische Zurückhaltung Palermos. Die beiden Städte verstehen es zu warten und lassen sich nicht davon überzeugen, dass dies auch ein Fehler sein kann.

In Cagliari ist der Hafen eine Art Misstrauenserklärung ans Meer. Bis vor wenigen Jahren noch trennte eine Mauer die Kais von der Straße. Zwar wurde sie niedergerissen, aber jetzt sieht das ganze Gelände unfertig aus: eine italienische Schwäche und eine Spezialität des Südens. Obwohl wir uns im Zentrum des Mittelmeeres befinden, werden hier nur wenige Waren umgeschlagen. Es gibt auch nur eine Fährlinie, die täglich verkehrt (nach Civitavecchia); alle anderen sind wöchentliche Verbindungen (nach Neapel, Livorno, Palermo, Trapani, Tunis). Peter Gregory-Jones, ein englischer Professor, der seit fünfundzwanzig Jahren auf Sardinien lebt, erzählt, nur einmal habe er erlebt, dass die Bürger von Cagliari in Massen, von einer Musikkapelle begleitet, zum Hafen strömten. Das war, als die Fußballmannschaft von Cagliari in Neapel spielte und alle auf die Fähre drängten.

Wir stehen an der Einmündung der Via Baylle. Die Straße mit den Arkaden ist die Via Roma, bis in die vierziger Jahre die Flaniermeile der Cagliaritaner. Links liegt das größte Kaufhaus, Rinascente. Heute tummeln sich hier Schüler und Studenten, Rentner und Besucher aus der Provinz, die gern mal ein Stündchen an den Plastiktischen sitzen. Achten Sie auf diese Atmosphäre unmerklichen Niedergangs. Schauen Sie sich die Schilder an: Optiker, Telefonladen, Apotheke, Lottoannahmestelle, Restaurant, Café, *Tabacchi*. Das ist ein Rhythmus, den Sie lernen müssen, wenn Sie über die toskanischen Melodien hinauskommen möchten.

Nur in Poetto, jenem Strand also, zu dem die Jugend einst mit dem Handtuch unterm Arm in der Straßenbahn fuhr, lässt sich Cagliari auf einen Waffenstillstand mit dem Meer ein. Ein schöner, aber auch eigenartiger Ort. Hier gibt es keine Hotels oder Pensionen, dafür aber Jugendstil-Badeanstalten und die typische *Finis-Terrae*-Atmosphäre Südsardiniens. Außerdem Eukalyptusduft, Büdchen mit Tischen draußen, dunklen Sand. Der Stadtrat hat ihn so gewählt, aber den Cagliaritanern gefällt er nicht. Ihnen wäre weißer Sand lieber gewesen, der besser gepasst hätte zum Grün des Wassers und zum blauen Himmel.

Wie in vielen anderen Städten nehmen auch in Cagliari Neuankömmlinge das Niemandsland um den Hafen herum in Besitz. Auch hier die übliche Kombination von Melancholie und gutem Willen, Armut und Notunterkünften, Albanien und Marokko, Senegal und China.

Auf der rechten Seite, vor den Fischerbooten, zwischen dem Bahnhof und dem Busbahnhof, liegt die Piazza Giacomo Matteotti mit einem Denkmal für Giuseppe Verdi, den Komponisten und Sozialisten, der hier über eingewanderte arme Teufel und ein paar lokale Wirrköpfe wacht. Links, neben dem Gebäude der Elektrizitätsgesellschaft ENEL, das die Strandpromenade unschön abschließt, liegt die Piazza Darsena, ein Treffpunkt für junge Frauen aus der Ukraine, die in der Stadt als Altenpflegerinnen arbeiten. Jeden Samstag macht sich hier ein Kleinbus auf den Weg nach

Kiew, um den Familien in der Heimat Pakete zu bringen, übers Meer, durch Italien, durch Österreich und die Slowakei. Eine ukrainische Pflegerin, die ganztags arbeitet, verdient vielleicht sechshundert Euro im Monat, eine fest angestellte italienische Kraft würde fünfmal so viel kosten.

So ist es mittlerweile in ganz Italien. Morgens sieht man in den Bars ältere Menschen mit jüngerer Begleitung, Erstere Italiener, Letztere Ausländer. Nachmittags füllen sich die Stadtparks mit Babysittern und Hausangestellten fremder Herkunft, die Kinder hüten und Hunde ausführen. Abends in den Restaurants sitzen wir an den Tischen, während sie in der Küche arbeiten. In den Vorstädten sind nur noch Einwanderer zu Fuß unterwegs: die Italiener fahren im Auto vorüber und wundern sich über das ungewohnte Bild, dort Fußgänger anzutreffen.

In Italien leben zweieinhalb Millionen Einwanderer mit Aufenthaltserlaubnis und eine unbestimmte Zahl illegaler Immigranten. Hier in Cagliari streifen sie mit gesenktem Blick und Plastiktüten in der Hand durch die Via Roma: Afrikaner, die übers Meer gekommen sind, Südamerikaner, die die halbe Welt durchquert haben, Asiaten, die ihren aus allen Nähten platzenden Städten den Rücken kehrten. Vielleicht hätten sie auch legal nach Italien einreisen können, aber es kam anders. Der Weg ins Land, chaotisch, oft tragisch, und dann hier nur die Duldung, immer wieder, mit wenigen Chancen, Fuß zu fassen. Doch egal wie, jetzt sind die Menschen hier, und wir wissen nicht recht, was wir mit ihnen anfangen sollen.

Es gibt sie, die Bürger, die Einwanderer beschäftigen, weil sie ihnen weniger bezahlen müssen, weil sie diese behandeln können, wie es ihnen passt – sie wegschicken, wenn die Arbeit getan ist, und zurückholen, wenn Bedarf besteht. Die Landwirtschaft Süditaliens lebt von dieser Art Saisonarbeit, von flexiblen, gefügigen Arbeitskräften. Doch auch im Aosta-Tal, einer autonomen Region in Italien mit Sonderstatus, an der Grenze zur Schweiz und zu Frankreich, wurde ein Ehepaar verhaftet, weil es einen Marokkaner wie einen Sklaven hielt und ihn achtzehn Stunden am Tag das Vieh hüten ließ. Unverdächtig erscheinende Bürger überall in Italien suchen sich Einweg-Hausangestellte: ohne Vertrag, ohne Sozialversicherungsbeiträge, alles schwarz. Aber es gibt auch, und das ist die Mehrheit, jene Italiener, die anständige Löhne zahlen und menschenwürdige Arbeitsbedingungen bieten. Italiener, die sich daran erinnern, dass wir selbst, bis vor noch nicht allzu langer Zeit, in anderen Ländern bedürftige Einwanderer waren.

Die Schlamperei in der Politik verschärft die Probleme. Einwanderung muss gesetzlich geregelt und den Menschen verständlich gemacht werden. Andernfalls liefert man Ignoranten und Rassisten nur Argumente. Bei uns ist Einwanderung kein koloniales Erbe wie in Großbritannien, Frankreich oder Holland, sondern erstens eine ökonomische Notwendigkeit und zweitens eine Folge unserer geographischen Lage: Wie eine reife Frucht baumelt Italien über den Köpfen der Armen aus Afrika, vom Balkan und aus dem Nahen Osten. Und hier gibt es Arbeiten, die wir selbst nicht mehr erledigen wollen, um die sich Einwanderer aber reißen.

Einwanderung ist ein heikles Thema und verlangt ein Konzept, das gar nicht so revolutionär sein muss wie in den USA, methodisch wie das kanadische, radikal wie das australische oder rational wie das japanische. Aber klar muss es sein und die verschiedenen Interessen berücksichtigen. Stattdessen erleben wir aber, dass man den Neuankömmlingen zwar Arbeit gibt, ihnen aber Respekt und rechtliche Absicherung verweigert. Oder wir gestehen ihnen Rechte zu, ohne sie an Pflichten zu erinnern. Man mache sich klar: Millionen von Menschen mit italienischen Wurzeln in der ganzen Welt stellen wir einen italienischen Pass in Aussicht und verlangen im Gegenzug noch nicht einmal, dass sie unsere Sprache beherrschen, nach wie vor das festeste Band einer Nation.

Wer sich hingegen in den USA niederlassen will, findet sich mit radikalen Anforderungen konfrontiert: Das Land besteht aus Einwanderern, der *melting pot* steht immer noch auf dem Feuer, und an der Zukunft wird gemeinsam gebastelt. Dieses Programm auch in Italien durchsetzen zu wollen, wäre naiv. Unsere Suppe köchelt seit zweitausend Jahren und hat lange schon einen unverwechselbaren Geschmack entwickelt. Aber frische Zutaten sind immer willkommen, nicht zuletzt, weil unsere Gesellschaft immer älter wird und wir neue Kräfte nötig haben.

Einige sind schon da und schauen sich um, während sie an den Plastiktischen in der Via Roma sitzen.

Am Strand — Exhibitionismus mit Schamgefühl

Wir Italiener haben kein idyllisches Bild von unserem Land, anders als die Schweizer oder die Schweden, und wir pflegen auch kein episches Selbstverständnis wie die Amerikaner, Russen oder Polen. Wenn wir uns Italien vorstellen, denken wir an ein Fest. Ein heiterer Trubel, das ist unser Ziel.

Aus diesem Grund sind wir heute an diesem Strand: Er bietet alles, was unsere Nation ausmacht. Ziehen Sie sich aus, schauen Sie sich um, und stören Sie sich nicht daran, wenn man Sie beobachtet. An einem solchen Sommernachmittag bietet der Platz am Meer Exhibitionismus und vorübergehende Solidarität, lässige Eleganz, Körperkult, Liebe zum Detail, liebevollen Druck auf die Kinder, Vertraulichkeiten zwischen Unbekannten.

In all den unterschiedlichen Gruppen hier sind die Hierarchien erkennbar: Der eine spricht, der andere hört zu, der eine doziert, der andere unterbricht, der eine betrachtet, der andere lässt sich betrachten. Die Mitmenschen sollten nicht zu nahe sein (dann fühlen wir uns bedrängt), aber auch nicht zu weit entfernt (dann fühlen wir uns allein). Es gibt so etwas wie eine landestypische Distanz, die bei uns geringer ausfällt als bei den Briten, aber größer als bei den Japanern.

Bei uns in Italien ist ein Strand immer mehr als nur Vorzimmer des Meeres, und es ist bedauerlich, dass er vielerorts – nicht auf Sardinien, zum Glück – sein Gesicht verliert. So ein Strand ist Laufsteg, Galerie und Fitness-Studio, Piste, Restaurant und Markt, Labor, Sauna, Lesesaal, Meditationsraum und Liebesnest (was nachdrücklich genug untersagt ist, um verlockend zu werden). Ein überlaufener Ort, den manche aufsuchen, um für sich zu sein. Ein Schauplatz, an dem die italienische Familie demonstriert, dass sie sich selbst genug ist.

Beobachten Sie doch mal diese drei Generationen – Großeltern, Tochter, Enkelkinder –, die dort unter zwei großen Sonnenschirmen lagern, mit dem Mittagessen in den Kühltaschen, und, während wie sie aufs Meer hinaus und auf die anderen Badegäste schauen, die Wartezeit bis zum nächsten Bad berechnen, die Balance suchen zwischen der Freude, auf der Welt zu sein, und der Entschlossenheit, es sich hier auch noch so gut wie möglich gehen zu lassen.

Wir befinden uns am Strand Is Arutas auf der Sinis-Halbinsel, im äußersten Westen Sardiniens. Dort unten liegt Tharros mit seinen phönizischen Ruinen, die zum Meer hin abfallen. Ist es nicht herrlich hier? Weißer Strand, dunkle Felsen, blauer Himmel, grünes Wasser. Quarz und Basalt in der richtigen Kombination, darüber die Sonne und rundherum Wasser. Ein Strand, der allen zugänglich ist: Erinnern Sie sich daran, wenn Sie zur Kasse gebeten werden oder feilschen müssen, in einem der fünftausend Strandbäder, die sich längs der italienischen Küsten aneinanderreihen (obwohl das

Meer allen gehört und, gesetzlich garantiert, überall erreichbar sein muss).

Gehen Sie doch mal ins Wasser und schwimmen Sie ein wenig, parallel zum Strand, und stellen Sie sich vor, Sie hätten die Eröffnungsszene eines Films vor sich: eine langsame Fahrt im Stile Robert Altmans. Jetzt haben Sie Muße, sie zu beobachten, diese Italiener. Die jungen Burschen und Mädchen sind Sarden aus Cabras, Oristano, Iglesias. Einige werden auch aus Cagliari kommen, so wie wir heute. Paar- oder grüppchenweise sitzen sie zusammen, mit den Füßen im Wasser, schlendern am Strand entlang. Lebhaft, doch gesittet, vergnügt und offensichtlich glücklich. Sie reden, aber schreien nicht. Sie diskutieren, aber streiten nicht. Die Jungen beobachten die Mädchen; die Mädchen erwidern die Blicke. Keine finsteren Mienen, kein Lärm und kein Gestank von Schweiß und verbranntem Fett, kein Müll, kein Dahindämmern im Alkoholrausch. Mikroskopisch knappe Bikinis und bunte Tangas, kein »oben ohne«: ein Exhibitionismus mit Schamgefühl.

Dabei ist das hier ein sehr beliebter, stets gut besuchter Strand. Und dies soll die Hölle des Südens sein, die Reisende aus Nordeuropa immer schon gleichzeitig entsetzte und anzog? Da passt etwas nicht zusammen.

Zu verdanken ist diese angenehme Atmosphäre nicht nur dem Strand selbst, der ein Zusammenleben fördert, das Italienern und Brasilianern entspricht. Sondern vor allem auch den Menschen, die diesen Strand besuchen. Diese jungen Leute sind sicher nicht perfekt, aber wie Jugendliche sonst überall in Italien auch, drücken sie sich besser aus, trinken sie weniger, lächeln häufiger und haben größeres Selbstvertrauen als Gleichaltrige in anderen Ländern. Und nicht nur das: Sie lieben Italien. Aber dies ist keine aggressive oder eifersüchtige Liebe. Sagen wir einfach, sie erfreuen sich an dem, was sie sehen, was sie essen, was sie berühren und träumen. Weniger zufrieden sind sie mit den Mängeln, die sie auch sehen, und den Versprechungen, die sie hören. Aber sie haben beschlossen, dazubleiben und sich diesem Leben am Rande Italiens zu stellen.

Die Namen klingen ähnlich, die Entfernung ist minimal, doch der Strand Is Arenas ist anders als Is Arutas. Dort rund geschliffene Kiesel, hier Dünen aus feinem Sand. Dort Parkplätze, hier Campingplätze und einfache Pizzerias am Rand des Pinienwaldes, der angelegt wurde, um den Sand zurückzuhalten. Zwischen den Autos – viele aus dem Ausland, alle voll beladen – weht einem ein ganzer Cocktail von Gerüchen in die Nase: nach Harz und Ginster, Feigen und Salzwasser, Eukalyptus, Dampf, heißem Fett und Sonnencreme. Der Sand ist weiß und das Licht aprikosenfarben. Bestände nur darin unser Beitrag zu Europa, wäre schon dies nicht zu verachten.

Ich habe Sie nach Sardinien geführt, weil ich die Insel kenne und weil sie mir gefällt. Sie ist groß – ein Zwölftel des gesamten Staatsgebiets – und wird vom vierzigsten Breitengrad durchschnitten. Eine Million sechshunderttausend Menschen leben hier, nicht als Wächter eines Freizeitparks mit Pool, wie man vielleicht glauben könnte, wenn man sich die Costa Smeralda – an der nordöstlichen Küste der Insel, benannt nach dem smaragdfarbenen Wasser – mit ihren eigenwillig geformten Granitfelsen nur im Internet angeschaut hat. Nein, es sind Italiener mit ihren je eigenen Problemen, Leidenschaften, Interessen, Wünschen und fixen Ideen, Italiener, die sich hier und dort auch ein paar Schlampereien erlauben. Der Nuraghe, ein aus mächtigen Steinblöcken errichteter Turm aus vorgeschichtlicher Zeit, ist wie ein Sinnbild der hiesigen Mentalität: robust, zuverlässig, wehrhaft und mysteriös.

Aus historischen, numerischen und kulturellen Gründen haben die Sarden, kein Volk von Seeleuten, sondern von Hirten und Bauern, ihre Küsten nie im Sturm erobert. Wir auf dem Festland haben da eifriger und zerstörerischer gewirkt. Aber auch hier sind in den letzten dreißig Jahren längs der Küsten immer mehr Feriensiedlungen entstanden, ein Zeichen von Leichtfertigkeit und unbedachter Etikettierung. Warum wird eigentlich jeder schöne Strand jetzt gleich »Tahiti« genannt, so als wäre Sardinien nur irgendeine polynesische Insel?

Dieses Süditalien hier ist kein Rummelplatz. Aber auch nicht der ruhige, fade Ort für gebildete ausländische Touristen, snobistische Italiener, Senioren und Familien mit Kindern, für das es manche halten. Sardinien ist viel mehr, eine Insel voller Leben und Düfte, die Betörendes bietet und Unspektakuläres – eine Straße nach Oristano, einen seltsam geformten Fels, Ginster und Erdbeerbäume, eine Lokalzeitung, ein ganzjährig geöffnetes Restaurant, Gebirge und Picknick am Strand. Ausgetrocknete, nach Wasser dürstende Landschaften. Arbeit von Menschen, die Touristen nie zu Gesicht bekommen und die selbst nicht in Urlaub gehen. Hartnäckigen, wohltuenden Wind.

Es ist das Land, das Italien im Westen begrenzt. Ein Land, das bewahrt werden muss. Es geht heute darum, gesunde touristische Strukturen zu entwickeln, denn alles, was bisher gefördert wurde – Bergwerke, Schwerindustrie, Zweithäuser –, hat vor allem Narben hinterlassen. Sardinien könnte zu einer Art »Wellness-Center« Europas werden, vorausgesetzt, man sorgt für die notwendigen Infrastrukturen mit angemessenem Service, hält sich an die Gesetze und überlässt nicht lokalen oder importierten Besserwissern das Feld. Und Sie als Tourist sollten der Insel nicht nur drei Monate im Sommer den Hof machen, um sie dann den Rest des Jahres über zu vergessen.

Denn nicht nur Frauen, auch Landschaften nehmen es uns übel, wenn sie so schnöde behandelt werden.

Eine beliebte Sommersportart – Kosten gleich null, Spaß garantiert – besteht darin, ausländische Familien mit Kindern zu beobachten und sie mit italienischen Familien zu vergleichen. Nicht um Ranglisten zu erstellen, sondern um sich über pädagogische Fragen Gedanken zu machen.

Der kleine Junge aus Deutschland hat gerade zu Mittag gegessen? Macht nichts, rein ins Wasser, auch wenn die Wellen hoch sind und mehr rote Fahnen wehen als auf einem Parteitag in Peking (der italienische Junge liegt währenddessen unter dem Sonnenschirm und horcht in sich hinein, um herauszufinden, wann die Pasta wohl verdaut ist). Die Sonne knallt erbarmungslos vom Himmel? Egal, das kleine Mädchen aus Holland, rot wie eine Garnele, baut fleißig weiter an ihrer Sandburg am Wasser; die gleichaltrige Italienerin dagegen ist so dick mit Sonnencreme eingeschmiert, dass sie wie ein Stück Seife wegflutschen würde, wollte ihre Mama sie umarmen. Schlechtes Wetter? Nichts wie aus dem Haus, sagt sich der englische Junge und läuft munter pfeifend durch den Regen. Der kleine Italiener bleibt dagegen im Zimmer, oder man schickt ihn erst dann hinaus, wenn man ihn wasserfest wie einen Froschmann eingepackt hat.

Ähnlich sieht es bei langen Autofahrten aus. Bei Familien aus Nordeuropa haben Zeiteinteilung und Verlauf der Reise etwas Spartanisches. Auch wenn sie in einem BMW X5 unterwegs sind, hat man dennoch den Eindruck, dass die Kinder, würde der Wagen plötzlich stehen bleiben, aussteigen und schieben müssten. Italienische Familien hingegen orientieren sich eher am athenischen Vorbild: Alles wird diskutiert, begründet und verhandelt.

Was oft zu viel des Guten ist: Viele italienische Eltern zeigen eine eigenartige Nachgiebigkeit und einen erstaunlichen Fatalismus. Säuglinge in Mamas Arm auf dem Beifahrersitz oder dreijährige Kinder mit dem Sicherheitsgurt um den Hals gewickelt, gehören zum Bild. Ähnlich besorgniserregend sieht es bei Kindersitzen aus: Nur jede zweite Familie hat einen gekauft, jede dritte hat ihn eingebaut und nur jede fünfte benutzt ihn auch. Unbeliebt sind auch Sicherheitsgurte für die Rückbank. Im übrigen Europa müssen Kinder auch auf dem Rücksitz angeschnallt sein. Nur in Italien scheint man darin so etwas wie eine Zwangsjacke zu sehen und lässt den Kindern ihre Freiheit. Die Freiheit, Gesicht und Leben zu verlieren, ein Gesicht, das wir italienischen Eltern in dieser Sache bereits verloren haben.

Bis *Ferragosto* am 15. August ist es noch eine Weile hin, aber auch darüber sollten Sie informiert sein, damit Sie wissen, was auf Sie zukommt. *Ferragosto* ist ein italienischer Feiertag, mit dem Ausländer wenig anfangen können, weil sie nicht verstehen, was wir da eigentlich feiern. Das Ende des Sommers? Das wäre zu früh. Den Höhepunkt der heißen Jahreszeit? Zu spät. Wir machen zu viel Radau, um der zum Himmel aufgefahrenen Maria zu gedenken, deren Fest an jenem Tag gefeiert wird, und sind zu hektisch, um diesen 15. August zu einem wirklichen Festtag werden zu lassen. Und schließlich ist da noch dieser metallisch klingende Name, der für Verwirrung sorgt. *Ferragosto. Agosto*, August, das ist noch klar, aber was hat *ferro*, Eisen, damit zu tun?

Jedes Jahr wieder liest man pünktlich zum Sommerbeginn schlaue Analysen zum Thema »gestaffelte Ferien«, zum »Hals-über-Kopf-Urlaub«, zum »vernünftigen« Start in die Ferien (»intelligent« wäre wohl zu viel verlangt). Und dann kommt *Ferragosto*, und alles ist wie gehabt: Kein Mensch, der nicht unbedingt muss, bleibt daheim. Alle drängt es auf die überfüllten Autobahnen. Unklar ist, ob man uns dazu zwingt (weil alle Büros und Läden geschlossen sind) oder ob wir ihn lieben, diesen kollektiven Ritus mit seinen barbarischen Begleiterscheinungen: Gedränge, Autoschlangen, Warten, Stöhnen und Klagen.

Ich persönlich glaube ja mittlerweile, dass es eben so sein muss – *Ferragosto* ist nicht dazu gedacht, sich zu erholen, sondern um mitzumachen. Genauer betrachtet hat jede Nation ihre spezielle Form des Müßiggangs entwickelt. Der Müßiggang der Deutschen ist bis zum Anschlag gefüllt – mit Reisen, Besäufnissen, Gewissensbissen. Amerikanischen Müßiggang gibt es gar nicht: In den USA hat man sogar den Schaukelstuhl erfunden, um auch noch beim Sitzen in Bewegung zu sein. Der Müßiggang der Franzosen ist sinnlich, der der Briten trügerisch: Selbst auf dem Land ruhen sich englische oder schottische Geister nicht aus (es fehlen allerdings P. G. Wodehouse und Evelyn Waugh, um davon zu erzählen). Bei uns Italienern hingegen ist der Müßiggang kollektiv und zwanghaft. In diesem Land verstehen es nur wenige Menschen sich auszuruhen, ohne sich dabei völlig zu verausgaben.

Orte, an denen man sich erholen könnte, sind hier überlaufen von ganzen Heerscharen tatendurstiger Urlauber. Zunächst waren es die Küsten, die in Besitz genommen wurden, von Nachtschwärmern und Sportbegeisterten. Dann die Berge und Thermalbäder, wo sich Gesundheitsfanatiker tummeln, und schließlich sogar Einsiedeleien und Klöster, die von eifrigen Geschäftemachern und Tagungsveranstaltern entdeckt wurden. Selbst auf dem flachen Land und in den Hügeln, wo man eigentlich mal gar nichts tun müsste, wimmelt es heutzutage von Hobbygärtnern und Feierabend-Schreinern. Und immer mal wieder, das ist wahr, kommt es zu kleinen Zwischenfällen: angepinselte Kinder, zerstörte Beete, geschwollene Finger. Aber das kann uns nicht dazu bringen, es einfach sein zu lassen.

Erneuerer und doch Gewohnheitsmensch, hypochondrisch und doch sozial, erschöpft und doch eifrig. Es ist schwierig, den italienischen Urlauber zu beschreiben. Manchmal reichen Worte einfach nicht aus. Dann braucht man einen Künstler wie den Bildhauer Duane Hanson. Eine seiner Skulpturen, die sehr berühmt wurde, stellt zwei kräftig gebaute Touristen dar – Mann und Frau –, die irgendetwas betrachten. Man weiß nicht, wo sie sich befinden und was sie sich anschauen.

Ob sie in Italien sind und unseren *Ferragosto* studieren?

Gärten –
Blüte im Verborgenen

Von Is Arenas sind wir zur großen Lagune Stagno di Cabras (Cabras-Weiher) weitergefahren (wieder Wasser, aber ruhiger und weniger salzig) und dann wieder hinauf Richtung Narbolia, um schließlich hierher nach Milis im nördlichen Campidano, zu der großen Schwemmlandebene im Südosten Sardiniens, zu gelangen. Tausendsiebenhundert Einwohner am Fuße des Montiferru, der über das Dorf wacht. Sattes Grün nach dem Gelb der Landschaft zuvor; schwarz und weiß, aus Trachyt und Sandstein die Mauern der Kirche; ocker der Palazzo Boyl am zentralen Platz, eine Hinterlassenschaft der Piemonteser auf Sardinien. Auch Balzac und D'Annunzio haben hier Station gemacht, wozu genau, weiß ich nicht.

Kamaldulenser Mönche waren es, die, zwei Wasserläufe nutzend, diese Ebene kultivierten, diese *vega*, wie hier, mit einem Begriff aus dem Spanischen, eine fruchtbare Tiefebene genannt wird. Acht Jahrhunderte später werden hier immer noch Zitrusfrüchte angebaut, die einzigen auf der ganzen Insel. Auf Sardinien sagt man, als der erste Mensch den Mond betrat, fand er dort einen Bauern aus Milis vor, der Orangen verkaufte.

Dieser Ort hier heißt *S'Ortu de is Paras*, Gemüsegarten

der *fratri*. In früheren Zeiten gehörte er tatsächlich einmal Mönchen, jetzt aber schon länger einer Familie aus dem Ort. Das Portal, im romanisch-pisanischen Stil und übertrieben schön, steht für eine Grenze. Hier beginnt ein neues Gebiet, ein »privates Grün«, das mehr ist als eine Farbbezeichnung oder ein Begriff aus der Stadtplanung. Wie der Engländer in seinem Haus eine Burg, so sieht der Italiener in seinem Garten ein Paradies, das voller Privilegien und Versuchungen ist. Schlangen gibt es hier nicht, dafür aber Nachbarn.

Überall in Italien ist der Garten ein für Fremde unzugänglicher Ort, eine Apotheose des Besitzes und des persönlichen Genusses. Der moderne Garten ist die weltliche Weiterentwicklung des klösterlichen *hortus conclusus*, ein Raum fernab von den Problemen der Welt und gleichzeitig Quell von Neurosen und kleinen Freuden. Der Beweis? Italiener zeigen ungern ihren Garten vor, eher schon ihr Haus. Im Gegensatz dazu ist der angelsächsische Garten etwas, an dem alle teilhaben. In Radiosendungen und Illustrierten, mit Gesprächen und Ratschlägen. *Gardening* bietet eine Möglichkeit, in nüchternem Zustand mit seinen Mitmenschen zu kommunizieren (danach gibt's den Pub). In Amerika ist der Garten das Zentrum der Gastfreundschaft; der kurz geschorene Rasen, vom *driveway* durchschnitten, heißt Besucher willkommen, auf der kleinen Wiese hinter dem Haus wird der heidnische Ritus des Barbecues gefeiert. Uns Italienern gefällt das zwar, aber deswegen kommen wir noch nicht auf die Idee, diesen *american way of life* zu imitieren. Unser Garten bleibt verschlossen, im Kopf wie in Wirklichkeit.

Jedes Frühjahr machen sich hinter Zäunen und Mauern rücksichtslose Kleingärtner daran, der Natur zu Leibe zu rücken. Diese hat nämlich einen Nachteil: sie ist undiszipliniert. Die einen kaufen sich Bücher, um sich über Blätter zu informieren, die erst noch sprießen sollen; andere bringen eifrig, mit verstohlenem Blick zum Nachbarn, Saatgut aus; wieder andere kehren wie Robocop ausgestattet vom *Garden Centre* heim (diese englischen Namen sind sehr beliebt in den italienischen Vorstädten): mit hohen Stiefeln, Handschuhen, Gesichtsschutz und derart martialisch ausschauenden Gerätschaften, dass die Haselnusssträucher sich rasch als Dahlien tarnen.

Der Amateurgärtner ist aggressiv, weil er nervös ist, ist nervös, weil er nicht weiß, was wirklich zu tun ist, und weiß nicht, was zu tun ist, weil er allein ist. In meiner Heimat gibt es ein Sprichwort: *Tutti i rami a Pasqua hanno già la loro frasca* – Ostern tragen alle Zweige ihr frisches Laub. Dieses Jahr sah das anders aus. Bis kurz vor den Feiertagen ähnelten die Gärten im Land unserer wirtschaftlichen Lage: Nichts regte sich. Jetzt endlich sieht es besser aus – für die Gärten, bei der Wirtschaft warten wir noch –, und eifrige Gärtner sind hinter ihren Häusern mit Heckenschere und Spritzgerät zu Gange. Wir sollten ihnen da nicht dreinreden, sonst gehen sie noch auf Haustiere oder notorisch unschuldige Veilchen los.

Das war früher anders. Da waren Gärten in Italien noch Schauplätze kühner Experimente und fröhlicher Feste. Denken wir nur an den »architektonischen Garten«, wie ihn Leon Battista Alberti, der große Baumeister und Kunsttheoretiker, in der Renaissance entwarf. Sie waren der Versuch, die Natur unter Kontrolle zu bringen, indem man Hecken pflanzte, Bäume beschnitt, Statuen aufstellte, Perspektiven schuf und Springbrunnen und Pergolen baute. Ein Stil, den wir erfolgreich in andere europäische Länder wie Frankreich und Russland exportierten, obwohl dort oben die laue Luft und der tiefblaue italienische Sommerhimmel fehlten. Doch die Importeure gaben sich alle Mühe.

Uns selbst aber war dieses Modell zugeordnet. Bald schon begannen wir es auszuschmücken mit kleinen Ungeheuern und Labyrinthen, die besser symbolisierten, was sich in unseren Köpfen abspielte. Manche gingen sogar noch einen Schritt weiter, verzichteten ganz auf den architektonischen Entwurf und entschieden sich für einen natürlichen oder Landschaftsgarten, der unserer Mentalität besser entsprach. Zu Ende des 17. Jahrhunderts in England erdacht, setzte er sich im Laufe des 18. Jahrhunderts auch in Italien durch. Im Zeitalter der Aufklärung galt er als liberal. Weite Wiesen, hohe Bäume, kräftige Büsche, Hortensienrabatten im Schatten einer Mauer. So ein natürlicher Garten verlangte wenig Pflege und viel Fantasie. Und das kam uns sehr entgegen.

Es gab aber noch einen dritten Weg, und zwar den »romantischen Garten«, der sich nicht in die Landschaft einfügen, sondern eine eigene schaffen sollte: Blumen, Bäume, blühende Sträucher, gepflasterte Wege für kurze Spaziergänge. Von den Gärtnern erwartete man nun, dass sie ein Klein-Arkadien anlegten für ihre

Auftraggeber, die weitverzweigte italienische Aristokratie, die ihre Freunde dazu einlud, gegen Bremsen und Stechmücken zu kämpfen. Doch die Kosten für die Instandhaltung der Gärten und die Neigung zur Parzellierung hinterließen ihre Spuren: Besonders in den letzten dreißig Jahren sind die Gärten der Herrenhäuser immer kleiner und beengter geworden. Halbpächter haben ihr Land gekauft, finanzkräftige Bürger sind zu Grundbesitzern geworden, und nicht alle hatten dabei romantische Vorstellungen. Bäume, unter Verdacht, Schatten zu spenden, wurden gefällt, Astwerk, im Ruf, Dreck zu machen, zurechtgestutzt von dilettantischen Gärtnern, die nicht zu trennen vermögen zwischen den legitimen Bedürfnissen einer Pappel und der begründeten Furcht vor dem Ausbreitungsdrang einer Eiche.

So wurde der italienische Garten zu einer utilitaristischen Oase. Ein bereinigter Traum, eine in verschiedenen Versionen zur Verfügung stehende Privatfantasie. Die extremsten und interessantesten Formen sind hier erstens der Gemüsegarten, zweitens die Grünflächen der Hausgemeinschaft und drittens das, was ich als den »Architektenhügel« bezeichnen will.

Um einen Eindruck davon zu bekommen, wie emsig Italiener werkeln können, werfen Sie mal einen Blick auf die Gemüsegärten hinter sardischen Häusern, unter Gittermasten im Mailänder Umland, zwischen Verkehrskreuzen stark befahrener Schnellstraßen überall im Land: Da geht es ordentlicher zu als in manch einem Wohnzimmer. Gemüsegärten gibt es auch in anderen Ländern, in manchen sind sie eine Notwendigkeit, in anderen eher ein Hobby. In Italien aber erfüllt so ein Gemüsegarten vielfache Aufgaben. Er verkörpert ein Andenken an schlechtere Zeiten, eine Illusion von Autarkie, einen Trost in den Jahren des Rentnerdaseins und eine Art Auflehnung gegen die topographischen Bedingungen eines durchweg bergigen Landes.

Der Gemüsegarten ist ein Ort, an dem sich zeitlose italienische Eigenarten und Verhaltensweisen ständig reproduzieren: Solidarität (ich leih dir meine Schaufel), Argwohn (warum hast du mehr Wasser als ich?), Konkurrenz (meine Rüben sind roter als deine), Neid (dein Salat wächst besser als meiner), Misstrauen (den Schlüssel für das Vorhängeschloss rücke ich lieber nicht raus) und Stolz (das ist mein Reich). Ich habe Gemüsegärtner kennen gelernt, die ihre Tomaten polieren, komplizierte Bewässerungsanlagen ersinnen und weite Bereiche ihres Gemüsegartens pflastern. Und wozu? Na, um dann voller Genugtuung ihr Werk zu betrachten. Ich bin sicher, die Mönche in Milis hatten den gleichen verklärten Gesichtsausdruck, wenn sie ihre Orangen in der Sonne über der Campidano-Ebene leuchten sahen, schöner und gelber als die des Nachbarklosters.

Ein weiteres Beispiel für den italienischen *hortus conclusus* sind die Grünanlagen der Wohn- und Mietshäuser. In den sechziger Jahren war diese Form des Zusammenlebens noch neu, die Hausordnung vage, die Autorität angekratzt, und so waren solche Gärten damals noch abenteuerliche Orte, an die sich einige Generationen gern erinnern. Heute jedoch sind diese Grünanlagen nicht nur von Zäunen und Geländern durchzogen, sondern auch von Pflichten und Verboten, Anordnungen und Verdächtigungen.

Die Bewohner haben sich strengen Reglements zu unterwerfen, wie zum Beispiel den folgenden, die ein sadistischer Wohnungseigentümer in der vergifteten Atmosphäre einer Hausversammlung durchsetzen konnte.

1) HAUSFREMDEN IST DER ZUTRITT VERBOTEN.

2) DEN BEWOHNERN DES HAUSES IST JEDE ART BALLSPIEL UNTERSAGT.

3) DAS BETRETEN DER GRÜNFLÄCHEN IST NICHT GESTATTET.

4) LÄRMEN UND SCHREIEN WIRD NICHT GEDULDET.

5) UM DEN SCHLAF DER HAUSBEWOHNER NICHT ZU STÖREN, IST JEDWEDES SPIELEN UNTERSAGT VOR 9.00 UHR, ZWISCHEN 14.00 UND 16.30 UHR UND NACH 20.00 UHR.

6) DIE FAMILIEN DER HAUSBEWOHNER SIND FÜR EVENTUELLE SCHÄDEN SELBST HAFTBAR.

7) DER HAUSMEISTER IST BERECHTIGT, DIE EINHALTUNG DIESER VORSCHRIFTEN STRENGSTENS ZU ÜBERWACHEN.

Warum so umständlich? Es würde doch reichen, unten beim Pförtner an der Glasscheibe folgende Verse aus Torquato Tassos Epos »Befreites Jerusalem« anzukleben.

Rund ist der reiche Bau, in dessen Kreise,
Als Mittelpunkt der schöne Garten liegt,
Der alle, die mit größtem Ruhm und Preise
Jemals geblüht, an Reizen weit besiegt.
Irrgänge sind, kunstreich verworrner Weise

Durch Geisterhand rings um ihn her geschmiegt;
Und in der vielverschlungnen Pfades Mitte
*Liegt er versteckt, unnahbar jedem Schritte.**

In der Beschreibung von Armidas Garten hat Torquato Tasso bereits alles vorweggenommen. Jerusalem mag ja befreit worden sein, die Gemeinschaftsgärten leider noch nicht.

Der dritte Typ des *hortus conclusus* umgibt die kleinen Ein- und Zweifamilienhäuser und ist auf Fahrten durch Italien zu Tausenden zu sehen: Dieser Garten ist klein, quadratisch und gepflegt. Ein grünes Stück Kleinbürgertum, bei dessen Anblick Respekt und Rührung aufkommen.

Man sieht niedrige Hecken und die allseits bekannten Sträucher. Gartenzwerge aus Gips trotzen dem Winter und fordern Diebe heraus. Die Gartenbesitzer mühen sich ab, um einen englischen Rasen zu erhalten, müssen aber ohne englischen Regen damit rechnen, nur italienische Misserfolge zu ernten.

Charakteristisch ist die Lage: Das Haus steht etwas erhöht, und der Garten fällt ab, ein Phänomen, das sich viele Ausländer nicht erklären können. Sie kennen die Alpen, die Voralpen, den Apennin und die toskanischen Hügel, aber diese eigenartigen, gleichmäßig über die Ebene verteilten Hubbel werden in keinem Reiseführer erwähnt.

Dabei ist die Erklärung einfach: Diese Hügelchen wurden künstlich angelegt. Üblicherweise ein Werk von

---

* übersetzt von J. D. Gries

Architekten, das aber auch die Zustimmung der Eigentümer findet. Eine Erfindung, die vielerlei Funktionen erfüllt: Sie schafft Platz für eine Garage, ermöglicht eine bessere Grundstückskontrolle und setzt das Haus selbst den bewundernden Blicken von Passanten und neidischen Blicken der Nachbarn aus. Zudem hat der aufgeschüttete Hügel eine psychotherapeutische Funktion, erlaubt er es dem Besitzer doch, sich als Mikrofeudalherr zu fühlen. Anstelle von Leibeigenen hat er Gartenzwerge, über die er herrscht.

Gartenzwerge wird es auch hier in Olbia geben, im Nordosten Sardiniens, nahe der Costa Smeralda, als Wachposten längs der Straße, die zur Fähre hinunterführt.

Samstag
NEUNTER TAG

In Crema

Die Kleinstadt als Rettungsring

In jedem Bericht eines Fremden über Italien tauchen todsicher ein herzlicher Kellner, ein freundlicher Handwerker und eine lebenslustige Nachbarin auf. Eine Galerie sympathischer Personen und eine Litanei wohlklingender Namen, weswegen Sie, die Ausländer, auch gerne nach uns rufen, selbst wenn Sie uns gar nichts zu sagen haben: Giorgio! Giovanna! Giuseppe!

Den Wohlklang von Vokalen und die Wirksamkeit eines Lächelns will ich gar nicht bestreiten. Aber bedenken Sie: Wir Italiener sind nicht falsch. Wie die Chinesen oder Juden sind wir ein altes Volk, und unsere Herzlichkeit ist ehrlich, denn sie hat eigentlich nur das Ziel, einen sozialen Kontakt zu »schmieren«. Unsere Hilfsbereitschaft ist aufrichtig gemeint, denn sie soll Sie dafür entschädigen, dass wir Sie zuvor vielleicht getäuscht haben. Sympathisches Auftreten macht zufrieden und vereinfacht die Dinge, abweisendes Verhalten macht das Leben nur noch komplizierter. Das wissen wir seit vielen Jahrhunderten und verhalten uns entsprechend.

Nehmen Sie nur diesen Friseur hier in Crema. Er arbeitet in einer engen, nach einem Maler benannten Gasse, die vollgestopft ist von Menschen, die zum Markt hinaufgehen, und Autos, die dort eigentlich gar nicht stehen dürften. Er heißt Gigi – auch so ein Name, der in Ihren Touristen-Ohren wohltuend vertraut klingt – und kennt den Kopf der Italiener sehr genau: innen und außen. Gigi ist ein Profi, mit der Schere und im Informationswesen. Er weiß Bescheid über Politik, Fußball, Frauen und redet gern darüber. Beträte eine Frau seinen Laden, wüsste er auch einiges über Männer zu erzählen, zum Beispiel, wie grausam sie gegen ihre grauen Haare vorgehen. Gigi ist informiert, er hat ständig sein Radio laufen, liest den *Corriere della Sera* und die *Gazzetta dello Sport*. Freunde und Bekannte kommen rein, wechseln ein paar Worte mit ihm, der Rentner etwa, der sich nur die Zeit vertreiben will, oder der junge Bursche, der aus den Augenwinkeln Greta beobachtet, die hübsche Friseuse, die für Juventus schwärmt.

Dieser Laden des 21. Jahrhunderts wird sich gar nicht so sehr unterscheiden von einer Werkstatt des 12. Jahrhunderts, als sich Crema – hoch über den Sümpfen gelegen und eingeschlossen zwischen sicheren Stadtmauern – darauf vorbereitete, dem deutschen Kaiser zu trotzen. So eine Werkstatt ist und bleibt ein Ort der Gespräche und der kleinen Freuden, eine Zuflucht, ein Informationsbüro. Zugegeben, vor neunhundert Jahren hätte hier noch kein Kalender mit nackten Mädchen an der Wand gehangen. Aber der ist nur Ihnen aufgefallen, weil Sie Ausländer sind.

Gigi Bianchessi, Friseur und Psychologe, kennt Italo Calvino nicht. Und soweit ich informiert bin, kannte auch Calvino ihn nicht, und dennoch hat er geschrieben: »In allen Städten gibt es glückliche Ecken, man muss sie nur kennen.« Und wenn man sie erkannt hat, darf man sie in Italien noch multiplizieren, denn unsere nicht unterzukriegende Nation ist die Summe Tausender solcher glücklicher Ecken, die von Hunderten solcher Städte wie Crema hervorgebracht werden.

Eine tausendjährige komplizierte Geschichte hat einfache, perfekt funktionierende Mechanismen entstehen lassen. Städte dieser Art – Crema hat dreiunddreißigtausend Einwohner und liegt vierundvierzig Kilometer von Mailand entfernt – sind unser dritter Verteidigungsring, nach der Familie und der Piazza. Ein Ring, der uns beschützt und bewacht. Ein Ring mit einer langen Geschichte, in dem wir uns sicher zu bewegen lernen und der uns ans Herz wächst. Manchmal gar zu sehr. Werfen Sie beim Spaziergang durch das Städtchen mal einen Blick in die Bars. Sie sind nicht nur soziale Treffpunkte, sondern auch Schatzkammern vergeudeter Talente. So eine Kleinstadt kann betäubend wirken, und man läuft Gefahr, hier mit zwanzig in Schlummer zu versinken und erst mit fünfzig wieder aufzuwachen.

Von den Langobarden gegründet, von den Kaiserlichen zerstört, Geliebte Venedigs, das diese Liebe erwiderte, Gegnerin Frankreichs, Bewunderin Bergamos, misstrauisch gegenüber der Provinz Cremona, fasziniert von Mailand. Das ist Crema, eine Stadt in Mittellage, aber alles andere als mittelmäßig, sondern Traum des italienischen Durchschnittsbürgers: Umfragen zufolge möchten zwei Drittel aller Italiener in einem solchen Ort leben. Aber das tun sie nicht. Sie kommen nur sonntags her, schlendern herum, schauen sich um, seufzen anerkennend, kosten von den süßen Tortelli und machen sich dann wieder auf den Weg, im Stau auf der Landstraße.

Solche Städtchen wie Crema behagen aber nicht nur Italienern, die den Verkehr und das Leben in den Vorstädten satthaben. Sie gefallen auch Touristen wie Ihnen, denn sie bemerken sofort, dass solche Kleinstädte die richtige Mischung von Überraschendem und liebgewonnener Routine bieten. Wie schrieb doch Luigi Barzini in den sechziger Jahren, um die Faszination Italiens in der Welt und die »friedliche Invasion« der Touristen aus aller Welt zu erklären: »Die Kunst zu leben, diese oft in Misskredit gebrachte, von Italienern zur Bekämpfung von Langeweile und Angst entwickelte Fähigkeit, wird heute für viele mehr und mehr zu einem lebensnotwendigen Vorbild.«

So ist es heute noch, obwohl die Touristenströme mittlerweile viele andere Reiseziele gefunden haben. Gerade Nationen, die besser orientiert sind als wir, sehen im Alltag einer Kleinstadt ein Ideal. Dieses »mittlere« Italien gefällt und überzeugt: Ein netter Gemüsehändler unten auf der Straße kompensiert die schlechten Nachrichten aus der weiten Welt. Dies ist der Grund, der uns in Ranglisten über Lebensqualität einen Platz vor den USA, vor Frankreich oder Deutschland beschert. Denn die heimelige Atmosphäre, die solch ein kleiner Werkstatt-Laden verströmt, wiegt die perfekte postindustrielle Organisation wieder auf. Gewiss, die Auswirkungen auf das nationale Bruttosozialprodukt sind gering, doch in unserem persönlichen Haushalt schlägt dieser Faktor zu Buche. Und wie!

In Italien nimmt sich jedermann wichtig und beansprucht dementsprechend Aufmerksamkeit. In Italien kennen wir die Freuden der Konversation und finden Gefallen auch an persönlichen Beobachtungen: Ein Kompliment für ein schönes Kleid, anderswo verdächtig, wird hier dankbar entgegengenommen. In Italien wahren die Familien die Tradition gemeinsamer Mahlzeiten, und die Jugendlichen entdecken einen neuen Ritus, der allerdings weniger fundamental ist, und zwar den des vorabendlichen Aperitifs. In Italien haben wir es geschafft, noch den nüchternsten Brauch zur Zeremonie zu machen: den im Stehen eingenommenen Espresso in der Bar.

In einer Stadt wie Crema gehen wir sogar noch weiter. Die Zeit, die wir durch kürzere Wege und das Fehlen von Warteschlangen einsparen, vertrödeln wir auf der Piazza oder in einem Laden. Wir finden die Zeit, unseren Sohn mit dem Fahrrad zur Schule zu bringen, und der Hund darf an der Leine nebenherlaufen. Wir nehmen uns die Zeit, mit dem Bilderrahmenmacher und Philosophen Stefano über das Zeitgeschehen zu debattieren oder auch mit dem politisch versierten Kaffeeröster Paolo, der Zeitungen wie *Libero* und *La Provincia* auf seinem Tresen auslegt in der Hoffnung, dass jemand reinschaut und einen Artikel kommentiert.

Am Ende dieser Straße liegt die Markthalle, wo sich die Einwohner Cremas regelmäßig donnerstags und samstags auf ihre bäuerlichen Wurzeln besinnen. Das Gebäude ist funktional – wenn kein Markt ist, dient es als Parkhaus – und so hässlich, dass es schon wieder interessant ist. Die Bank dort hinten ist dagegen in einem früheren Theater untergebracht, das eine Weile auch ein Café beherbergte. Das Gebäude, noch ein Stück weiter, war das Pfandhaus und ist heute in verschiedene Wohnungen aufgeteilt. Kein Zweifel, wer eine Sozialgeschichte Italiens schreiben will, sollte sich auch mit Umstrukturierungen und Restaurierungen städtischer Bausubstanz befassen.

Dort mittendrin steht der Kiosk, bis vor wenigen Jahren noch die Bastion eines Monopols: des Zeitungsverkaufs. Heute bekommt man seine Tageszeitung auch in der Bar, und der Kiosk hat eine neue Bestimmung entdeckt: als Bazar für allen möglichen nützlichen und überflüssigen Schnickschnack, für Werbebeigaben und Gebrauchsgegenstände. Schauen wir uns mal an, was dort neben Tageszeitungen noch so alles unter die Leute gebracht wird: Bücher und Comics, Figürchen und Fächer, Taschen und Seifenblasen, Filzstifte und Püppchen, Videospiele und Bällchen, Notizbücher und Terminkalender, Kreisel und Keramiken, Filme auf DVD und Musik auf CD, Einklebebildchen und Lippenstift, Videokassetten und Taschenbuchreihen, Bleistifte und elektrische Zahnbürsten, Spielzeugautos, Plüschtiere, Aquarelle und Drucke, Uhren und Kochbücher, Taschen, Schuhe, Straßenkarten und Tangas, schlappe Hüte und knappe T-Shirts.

Auf der Rückseite des Kiosks wohnte einst die schon erwähnte *Signorina Seminuda*, das halb nackte Fräulein, bevor sie sich zu bewegen lernte und zum Fernsehen abwanderte. Sie war die Prinzessin erotischer Comics, bot Erleichterung für frühreife Jugendliche und infantile Erwachsene. Heute pilgert noch der »Untertänige

Italiener«, meist weiblichen Geschlechts, hierher zu diesem Kiosk und ersteht jene Illustrierten, die vom Tun so genannter Prominenter berichten (Fernsehgesichter, verblühte Schönheiten, die sich nicht zwischen Lifting und Esoterik entscheiden können). Lorenzo, der Kioskbetreiber, versorgt alle mit dem, was sie brauchen, und beobachtet dabei den Verkehr, der, von der Via Ponte Furio kommend, an ihm vorbeifließt, chaotisch und unvorhersehbar wie die Zukunft von Inter Mailand.

Nun verstehen Sie besser, warum so viele Italiener mit Italien unzufrieden sind und dennoch so sehr an dem Land hängen, dass sie es nie verlassen wollen oder ihm, wenn doch, auf ewig nachtrauern. Nun wissen Sie, warum die Provinz der passende Ort ist, ein Kraftquell für Menschen, die gelernt haben, Kleinigkeiten nicht mit Unwichtigem zu verwechseln. Die Welt wird immer komplizierter, da freut man sich, Dinge des täglichen Bedarfs in Reichweite zu haben.

In einer kleinen Stadt wünschen wir uns nicht nur einen sympathischen Friseur und einen gut sortierten Zeitungskiosk. Wir verlangen auch einen perfekten Espresso und eine anständige Pizza. Wir möchten Gehwege links und rechts, damit wir spazieren gehen können, und eine ausreichend breite Fahrbahn in der Mitte, um mit dem Wagen vorwärtszukommen, dann ein Schwimmbad, wenn es heiß ist, und ein Kino fürs Abendvergnügen. Wir möchten ein Amtsgericht, das nicht schlampt, ein Krankenhaus, dem wir vertrauen können, eine Kirche, die uns Trost spendet, und einen Friedhof, der uns nicht schreckt. Wir möchten moderne

Schulen und ein altes Theater. Wir möchten Bolzplätze für unsere Kinder und städtische Beamte, die wir in der Bar auch mal behelligen können. Wir möchten die Berge gleich hinter dem Bahnübergang, für Ausflüge, wenn schönes Wetter ist und ein laues Lüftchen weht. Wir möchten gepflasterte Gassen, um die Geräusche der Nacht zu hören, möchten gelbe Laternen, die den Nebel färben, möchten Türme, die uns von Weitem den Weg weisen. Wir möchten Menschen, die noch wie mein Vater unseren Dialekt beherrschen – bei der Einigung unseres Landes 1861 sprach nur eine Minderheit den zur offiziellen Landessprache erhobenen Dialekt von Florenz, und noch Pasolini behauptete, Italienisch sei nur eine Zweitsprache im Land –, Menschen, die für jeden jederzeit ein paar Worte und ein Lächeln übrighaben – so wie ich es bei meiner Mutter erlebte. Viele werden sich noch daran erinnern.

Alle diese Dinge möchten wir, und in Crema finden wir sie. Das ist der Grund, warum ich zurückgezogen bin in diesen Ort, an dem ich zur Welt kam und durch den ich Sie heute führe.

A
GIUSEPPE GARIBALDI
I CREMASCHI
MDCCCLXXXV*

Schauen Sie sich diesen Garibaldi an, wie er dasteht mit dem Hut in der Hand und zwei respektlosen Tauben auf dem Kopf. Weißer Marmor vor blauem Himmel, ein General hält Wache über jenes Italien, das sich verändert, und jenes andere, das sich partout allen Veränderungen verweigert.

Eine Schar Jugendlicher stürmt aus der Schule, ein Paar aus Sri Lanka wählt sich Eissorten aus, die Rentner vor der Bar warten aufs Mittagessen, schöne Autos suchen einen Parkplatz zwischen hässlichen Blumenkübeln, die Kirche San Benedetto wacht, in den umliegenden Läden führt man die *Comédie humaine* auf. Kein Mensch sieht auf zur Statue dieses Mannes, der einmal der Menge, die ihn bewundernd feierte, unwirsch zurief: »Römer! Seid ernst!« Seit damals sind hundertdreißig

---

* FÜR GIUSEPPE GARIBALDI, DIE EINWOHNER CREMAS, MDCCCLXXXV, d. Übers.

Jahre vergangen – die Worte fielen im Jahr 1875 beim ersten Besuch des Generals in der neuen italienischen Hauptstadt –, und die Aufforderung gilt immer noch. Und natürlich nicht nur für die Römer.

In Italien kämpfen wir weiterhin mit der mangelnden Seriosität und Zuverlässigkeit im öffentlichen wie im privaten Bereich. Es ist schon kurios, dass mit dem Ausdruck *alla garibaldina* bei uns ein Unternehmen gemeint ist, das »mit fröhlichem Wagemut, wenig Vorbereitung und großen Risiken« begonnen wird, wie der amerikanische Journalist und Korrespondent der New York Times, Paul Hofmann, in seinem Buch *That Fine Italian Hand* (1990) schreibt. Es berichtet dort über zahlreiche italienische Geschehnisse und Eigenarten – über Prüfungen und Ferien, Meinungsumfragen, Sportereignisse und sogar Kriege – und führt den Nachweis, dass Denkmäler eher Besuchern dienen als den Einwohnern der Städte, wo sie aufgestellt sind. Fremde können sie nämlich befragen und Dinge erfahren, die sie von uns nicht zu hören bekommen.

Zum Beispiel zeigen sie, welch bewegtes Leben wir alle in Italien führen. Und Statuen sind da keine Ausnahme. Viele wurden umgepflanzt, andere überarbeitet und korrigiert (Rutenbündel, Kronen, imperiale Symbole verschwanden). Selbst Garibaldi hat da – im Gegensatz zu den ausnahmslos von allen Amerikanern verehrten Gründervätern der USA – seine Probleme bekommen: Die Einheit Italiens, zu deren Schöpfern er gehört, verläuft immer noch nicht ganz friedlich.

Einhundertvierundvierzig Jahre nach der Einigung beäugen Nord- und Süditalien sich immer noch misstrauisch und werfen sich die verschiedensten Versäumnisse vor. Aber mittlerweile sind wir wie ein altes Ehepaar, das man sich unmöglich getrennt vorstellen kann. Wir wüssten ja nicht, mit wem wir fortan streiten sollten.

Die italienischen Denkmäler zeigen aber noch etwas anderes: Unsere Fehler lassen uns immer noch keine Ruhe. Die Deutschen haben den Nazismus verarbeitet, die Franzosen Vichy verdrängt, die Engländer gewisse Seiten ihrer Kolonialherrschaft gestrichen, die Amerikaner Vietnam überwunden (sonst hätten sie sich nicht auf das Abenteuer Irak eingelassen). Aber wir Italiener entzweien uns immer noch über den Faschismus, den wir hatten, den Kommunismus, der uns drohte, den Terrorismus, den wir erduldeten, die Korruption, die wir tolerierten.

Unsere Verdauung arbeitet ungeheuer langsam und verursacht uns chronische Kopfschmerzen. Die Historikerzunft wird es vielleicht freuen, ist so doch für einen geduldigen Forschungsgegenstand gesorgt, die Presse auch, kann man so doch im Jahr 2005 zum x-ten Mal die Diatriben von 1945 aufwärmen. Doch für unser Land ist es ein Drama. Denn während wir noch über die Vergangenheit streiten, stellen andere längst die Weichen für die Zukunft.

Lesen Sie bei allen Denkmälern die Inschriften. Hier lesen Sie eine Sprache – nicht nur in Crema, sondern in ganz Italien –, wie sie sonst gar nicht gepflegt wird. Auf dem Denkmal auf der Piazzale delle Rimembranze (übrigens sagt niemand *rimembranze*, sondern jeder *ricordi*, Erinnerungen) steht:

CREMA RICONOSCENTE
ERGE VERSO L'INFINITO
LA COLONNA VOTIVA
CHE CONSACRA ALLA GLORIA
I NOMI DEI SUOI FIGLI
CADUTI PER LA GRANDEZZA
DELLA PATRIA.*

Das Denkmal selbst ist eher schlicht gehalten, die Dankbarkeit ehrlich gemeint und die Zuneigung für die Söhne der Stadt sicher auch. Aber die Sprache ist schwülstig und gekünstelt, wie so oft, nicht nur auf Gedenksteinen von gestern, sondern auch in öffentlichen Reden heute.

In der Öffentlichkeit sagen die Leute plötzlich *lustri* (Jahrfünft) anstatt *cinque anni* (fünf Jahre), *volto* (Antlitz) statt *faccia* (Gesicht), *ventre* (Unterleib) und nicht *pancia* (Bauch). Ein Mikrofon genügt, und der Redner macht keine *regali* (Geschenke) mehr, sondern *omaggi* (Präsente). Viele verwenden die Anrede *Chiarissimo* (»Hochverehrter«, wörtlich »Allerklarster«), wenn sie an einen Universitätsdozenten schreiben, der vielleicht auf obskure Machenschaften spezialisiert ist, und nicht wenige schließen ihre Briefe mit der Formel: *Voglia gradire i più distinti saluti.* (Nehmen Sie meine Grüße als Ausdruck meiner vorzüglichsten Hochachtung entgegen.) Welchen Vorzug hat denn diese Hochachtung? Keinen.

---

* Die dankbare Stadt Crema errichtet diese Votivsäule, dem Unendlichen entgegenstrebend, und weiht damit dem Ruhm die Namen ihrer Söhne, die gefallen sind für die Größe unseres Vaterlandes.

Aber der Absender ist beruhigt. Sogar die verquaste Wendung: *Mentre saluto tutti e ciascuno, colgo volentieri l'occasione per confermarmi con sensi di distinta stime* (Während ich alle und jeden grüße, möchte ich die Gelegenheit nutzen, abschließend noch einmal meine vorzüglichste Hochachtung zum Ausdruck zu bringen) ist mir schon untergekommen. So etwas ist der sechste Grad der Förmlichkeit: Je höher man hinauswill, desto dünner wird die Luft, und man bekommt Kopfschmerzen.

Ich erinnere mich noch, wie unser Ministerpräsident, zum Stand der Verhandlungen über die Befreiung der italienischen Geiseln im Irak befragt, nicht etwa sagte: »Die Gespräche gehen weiter«, sondern »Wir befinden uns in einer kontinuierlichen Gesprächssituation...« *(Un' interlocuzione continuativa).* Der Grund ist derselbe, der ihn auch dazu anhält, seinen Worten ständig ein *Mi consenta* (Erlauben Sie mir...) voranzustellen: eine grundlegende verbale Unsicherheit, die die gesamte italienische Politik (vom Regierungssitz bis zum Ortsverein) und Gesellschaft durchzieht. Die Sprache als Versicherungspolice. Mehr noch, als prunkvolles Gewand, das man nur anlegt, wenn ein Foto gemacht wird, und dann wieder in den Schrank zurückhängt.

In unserer Alltagssprache wimmelt es von Wendungen, die Vorsicht ausdrücken und die eigenen Worte gleich schon ein wenig zurücknehmen. Im Veneto, erzählte mir ein Bekannter aus dieser Region, schicken viele Leute ihren Worten ein *Con rispetto parlando...* (»Mit Respekt gesagt...«) voraus. Und nach dem Namen gefragt, antwortet in Venedig oder Padua so manch einer mit *Mi saria Tonon Giovanni...* »Ich wäre Tonon

Giovanni...«, aber ich könnte auch jemand anderer sein, wenn es nötig ist. Selbst das so urtypische italienische *Ciao* leitet sich von *schiao* ab, im venetischen Dialekt bedeutet *schiavo*, »Euer Diener«, »der Sklave«. Ein unterwürfiger Auftakt, was dann folgt, wird sich zeigen.

Für dieses Phänomen gibt es historische Ursachen, die Giuseppe Prezzolini* genau benannt hat: »Der Charakter der Italiener wurde zweitausend Jahre lang geprägt durch römisches Recht, durch die klaren Umrisse und Schatten der Berge, durch psychologische Faktoren und Absprachen im Tribunal der Beichte, durch die politischen Ränkespiele der Kommunen, durch kluges subversives Reagieren auf die subversiven Kräfte absoluter Herrschaften, durch stille Verachtung der Herrschenden unter dem Deckmantel formalen Gehorsams, durch innere Freiheit, die erlangt wurde um den harten Preis politischer Unterwerfung.« Dies alles hat zu einem weit verbreiteten Misstrauen geführt, zu einer Vorsicht, die ständig in unserer Sprache aufscheint, glitzernd wie Glasscherben im Sand.

Eine geschwollene Ausdrucksweise – im Zug nach Florenz haben wir uns darüber unterhalten – gilt in Italien als normal, ja geradezu wünschenswert. Viele sehen in ihr ein Gütezeichen. Man fürchtet, einfache Worte könnten für simpel gehalten werden, Lockerheit für einen Mangel an Autorität. Unsere Leidenschaft für abstrakte Begriffe hat hier ihren Grund. Zu ihnen nehmen

---

* italienischer Journalist (1882–1982), gab in Florenz die Zeitschriften *Il Leonardo* und *La Voce* heraus, d. Übers.

wir Zuflucht, wenn wir zu faul sind, präziser zu formulieren. Wenn Sie hören, wie ein Italiener *la legalità*, die Legalität, bemüht, können Sie sicher sein, dass er etwas Illegales im Sinn hat. Zumindest versucht er, es zu rechtfertigen.

Auf dasselbe Problem stößt man in der italienischen Literatur, die stets zum Erhabenen strebt und, wenn sie es nicht erreicht, leicht ins Banale abgleitet. In endlos langen Beschreibungen gefällt sich der Erzähler, und der Leser mag sich unterhalten fühlen, auch wenn er hin und wieder gähnen muss. Ein amerikanischer Romanautor würde schreiben: »Er trat ans Fenster und sagte...« Sein italienischer Kollege jedoch breitet sich zunächst einmal eine ganze Seite lang über die Motive aus, die seine Figur dazu bewegen, ans Fenster zu treten, bevor sie endlich den Mund aufmacht.

Sind wir unter uns, reden wir schnell und verstehen einander auf Anhieb. In der Öffentlichkeit denken wir schon gedrechselt und drücken uns dann auch so gewunden aus. Viele sind stolz darauf, es möglichst kompliziert zu machen, zeigen sie damit doch ihre Zugehörigkeit zu einer höheren Gesellschaftsschicht, ihre vermeintliche Kompetenz und Bildung. Da macht es gar nichts, wenn der Zuhörer nicht versteht, wovon die Rede ist. Bei Millionen Italienern findet man eine verblüffende Ergebenheit gegenüber einer obskuren Macht, egal, welcher Art sie nun sein mag (politisch, juristisch, administrativ, medizinisch, akademisch).

Alessandro Manzoni, der Verfasser von *I Promessi Sposi* (»Die Verlobten«) – übrigens ein hervorragender Roman über unsere *working class* –, hat in Azzeccagarbugli den Prototypen des Winkeladvokaten beschrieben, der von seinen dunklen Machenschaften lebt und sie genießt. Ennio Flaiano hingegen – ein Kenner der *middle class* – hat ein Spottgedicht mit dem treffenden Titel *Tutto da rifare* (»Noch mal von vorn«) geschrieben.

Sale sul palco Sua Eccellenza,
Esalta i valori della Resistenza.
*S'inchina a Sua Eminenza.**

Wann hat er das geschrieben? 1959. In Italien ist das vorgestern.

An italienischen Denkmälern fallen nicht nur die anachronistischen Inschriften auf, beängstigende Verdrängungsleistungen und banale Posen, sondern oft genug auch eine arge Vernachlässigung. Leider.

Hier in Crema findet man zum Beispiel ein Denkmal für gefallene Matrosen, das über Jahre nicht gesäubert wurde und dessen Bepflanzung nie Wasser sah (jetzt hat man ein wenig Rasen angelegt – besser als gar nichts); ein Denkmal für Artilleristen, an dem die frischesten Blumen immer die vom Jahrestag des Sieges sind; und ein weiteres Kriegerdenkmal, das der Stadtrat demontieren möchte, um den Parkplatz daneben auszubauen. Dahinter steht keine grundsätzliche Ablehnung, noch nicht einmal Schludrigkeit. Nein, es ist Vergesslichkeit,

---

* Es besteigt das Podium Seine Exzellenz,
  Preist die Werte der Resistenz (a),
  Verneigt sich vor Seiner Eminenz. (d. Übers.)

wie sie typisch ist für unser Land, das sich ums Tagesgeschäft kümmert und selten weiter als in die jüngste Vergangenheit zurückblickt und selten weiter voraus als bis zum nächsten Tag.

Doch Italien verblüfft immer wieder, auch mit seinen Mängeln. Macht man sich daran, das Land als oberflächlich abzustempeln, zeigt es sich plötzlich eines unerwarteten Tiefgangs fähig. Blickt man aber fasziniert in diese Tiefen, wird die Oberfläche zu einem Spiegel, unter dem alles Mögliche geschehen könnte, ohne dass man etwas davon mitbekommt.

Nehmen wir zum Beispiel unsere Landesfahne. Gemessen an anderen Ländern wird sie eher selten gezeigt. Früher verbarg sich hinter dieser Zurückhaltung ein gewisses Unbehagen, galt sie vielen doch als das Symbol unverbesserlicher Faschisten. Später kaschierte sie unsere Distanz, die im Kleide generellen Respekts daherkam (unser Gesetzbuch kennt nämlich den Straftatbestand »Verunglimpfung der Landesfahne«, worauf Gefängnis steht). Heute ist diese Zurückhaltung einfach nur Zurückhaltung.

Denn wir mögen unsere Fahne, auch wenn wir sie nicht überall vorzeigen. Sie ist uns wohltuend vertraut, auch wenn wir uns nicht suchend nach ihr umschauen. Wir können uns mit ihr berauschen, etwa nach einem großen Sieg italienischer Sportler, auch wenn uns der spielerische Umgang mit ihr (wie in den USA, wo man aus den *Stars and Stripes* Boxershorts und Bikinis fertigt) fremd ist.

Dennoch hängen die meisten der im Land lebenden Italiener und praktisch alle Landsleute im Ausland an ihrem Weiß-Rot-Grün. Vielleicht wissen sie gar nicht, dass die Reihenfolge eigentlich Grün-Weiß-Rot ist, und kennen auch nicht den Text unserer Nationalhymne – der Beginn der zweiten Strophe *Noi siamo da secoli calpesti, derisi...* (»Seit Jahrhunderten werden wir mit Füßen getreten und verlacht...«) ist ein Staatsgeheimnis –, doch sie haben verstanden, dass der Gedanke des »Vaterlands« nichts mit Aggressionen und Egoismus zu tun haben muss.

Unser Vaterland ist eher ein Mosaik aus vielen Dingen: aus familiären Erinnerungen und kollektiven Fantasien, Plätzen und Friedhöfen, Zügen und Fähren, Straßenschildern und wohlklingenden Vokalen, gutem Wein und Straßennamen, Opernarien und Liedermachern, einem besonderen Licht und den Düften, die in der Luft liegen, aus Feldern und Hinterzimmern, Burgen und Bahnwärterhäuschen, Kleidern und Tageszeitungen, schlechtem Fernsehen und schönen Festtagen, Helden und Möchtegern-Helden, Dekolletees und Schulen.

Ja, Schulen. Dort haben wir viel von dem gelernt, was uns und unser Land ausmacht. Natürlich ohne es zu merken und ohne dass wir es zugeben würden.

Schulen –
verbindende Erinnerungen

Es liegt zwischen Gärten, die schweizerisch sein sollen, und dem leicht »balkanisch« anmutenden Bahnhof, neben einem früheren Autohaus für koreanische Wagen, aus dem eine Bar im amerikanischen Stil wurde, und vor einem irischen Pub, der sich zu einem Lokal mit halb polnischem, halb englischem Namen wandelte. Es, das ist ein italienisches Gymnasium, und das müssen Sie mit mir besuchen.

Um die Gründung jener öffentlichen Schule anzuregen, aus der später einmal das humanistische Gymnasium Alessandro Racchetti werden sollte, stellte die Generalversammlung der Stadt Crema im Jahr 1953 klagend fest:

Sie schmachten ohne Nahrung, die Köpfe dieser Stadt; ihren Söhnen fehlen Lehrer, die jenen Wissensdurst stillen könnten, den Gott unser Herr allen Menschen eingab…

Seit damals hat sich die Lage sehr verbessert. Die Lehrer kamen, die Köpfe bzw. die Mägen werden gefüllt, der Wissensdurst unserer Kinder wird gestillt, ohne dass sie dabei ihre fröhliche Lebendigkeit verlören. Und Gott unser Herr wird das mit Wohlgefallen sehen.

Schauen Sie sich die Schülerschar an. Gut gebaute Jungen, adrette Mädchen mit dichtem Haar und viel nackter Haut, unbefangen zur Schau gestellt. Handys und laufende Motorroller. Angekettete Fahrräder. Rucksäcke, bunt und schwer: Die Schüler der ersten Schuljahre wirken wie Zwerge, die man dazu verdammt hat, Steine aus einem Bergwerk zu schleppen.

Sehen Sie das Markenzeichen auf dem Rucksack dort? S.O.B. Nein, das steht nicht für Hurensohn (*son of a bitch*), obwohl es die auch in Italien gibt, aber die sind älter und outen sich nicht vor einer Schule. Laut Herstellerangaben bedeutet S.O.B. *Save our backs*, »schont unsere Rücken«. Wieder ein Beweis, dass wir uns in Italien gern unser eigenes Englisch ausdenken. Es einfach zu lernen, wäre ja banal.

Unter den Lehrern, die sich jetzt gerade aus dem Gebäude schleppen, erschöpft wie Cowboys nach dem Brandmarken der Rinderherde, gibt es Helden und Schlitzohren, Genies und Faulenzer, Idealisten und Unfähige. Aber sie werden alle gleich bezahlt: durchschnittlich mit eintausenddreihundert Euro im Monat. Für die Faulen zu viel, für die Idealisten zu wenig.

In die Bildung mit ihren sechs Millionen Schülern von der Grundschule bis zur Oberstufe und noch einmal zwei Millionen Studenten an der Universität werden in Italien 4,5 Prozent des Staatshaushalts gesteckt. Damit zählen wir zu den Geizhälsen in Europa, stehen aber nicht allein da. Großbritannien, Deutschland und Spanien geben auch nicht mehr aus als wir. Die italienischen Lehrer leiden unter einer neuen Armut und alten Komplexen, chronischer Stimmlosigkeit und geringer Selbstachtung. Früher einmal wurden sie neben ihrem Gehalt auch mit dem Ansehen bezahlt, das sie in der Gesellschaft genossen. Heute sind die Familien anspruchsvoller und undankbarer und behandeln die Lehrer wie Hausangestellte, die den Vorteil haben, nicht mit im Haus zu wohnen.

Dieses Gymnasium wurde 1962 errichtet und hat sich aus jener Zeit sein hässliches Erscheinungsbild bewahrt. Viele andere Schulgebäude in Italien waren früher einmal Konvente, Kasernen, Krankenhäuser oder sogar Paläste, besaßen jedenfalls eine andere Funktion und wurden nicht als Schulen geplant. Fremden gefällt das, erscheint es ihnen doch als ein Ausdruck von Eleganz und *grandeur*, den Italienern, die dort lernen und arbeiten müssen, allerdings weniger. Passende Räumlichkeiten findet man in solchen Gebäuden nicht, dafür aber reichlich dunkle, nicht nutzbare Ecken sowie Chemie- und Physiksäle in den eigentümlichsten Formen. Man stößt auf Waschbecken in der Aula, enge Türen, steil abfallende Treppen, turmhohe Decken (und daraus resultierend eine unzureichende Beheizung). Für eine Schar Nonnen mag das alles angemessen gewesen sein, für dreihundert aufgedrehte Jugendliche sicher nicht.

Beim Betreten des Schulgebäudes werden Ihnen sogleich die Amtlichen Bekanntmachungen auffallen, die an den Schwarzen Brettern aufgehängt sind und alle ziemlich ähnlich aussehen: verblichen, grau, Din-A4-Format. Viele weisen auf längst vergangene Geschehnisse hin, bereits abgehaltene Konferenzen, Klassenfahrten aus dem letzten Monat, abgelaufene Termine. Ja, diese typisch italienische Dokumentierung schulischer Abläufe hat etwas Tristes. Der Schulflur als bürokratische Projektionsfläche, die nur durch die Lebendigkeit der Schüler gestört und damit aufgelockert wird.

Die Schulen in Italien erzeugen und bezeugen einige typische Charaktereigenschaften unseres Landes. Uniformität: die Fußböden rot, die Türen himmelblau, die Schränke beige, graue Schirmständer, aquamarinfarbene Bänke. Tradition: in jedem Klassenraum Kruzifix und Lautsprecher als Symbole zweier konkurrierender Gewalten. Gewohnheit: Die Schulglocke mit ihrem seit Generationen gleichen Klang bildet die akustische Grenze zwischen zwei Welten. Das Misstrauen: abgeschlossene Spinde, Ketten und Schlösser, Bücher, geschützt durch Dreifachschlösser oder drei Lehrkräfte mit nur einem Schlüssel. Ungewollte Nüchternheit: Riesige Automaten für Getränke und Pausensnacks, die geduldig auf Kundschaft warten. Privilegien: Grün- und Spielflächen, die in Lehrerparkplätze umgewandelt wurden. Inkonsequenz: Manche Schuldirektoren lassen fantastische Multimediaklassenräume einrichten, die die Schüler dann kaum betreten dürfen. Und schließlich die Ungereimtheit: Warum stehen italienische Schulen nachmittags leer, wenn die Jugendlichen einen Ort suchen, an dem sie sich treffen können, und sind am Samstagmorgen voll, wenn sie gerne zu Hause blieben?

Solch eine Bildungsstätte ist ja ein Ort, an dem Neu und Alt zusammentreffen wie zwei Meere und eigentümliche Wellen aufwerfen. Die italienische Schule hat Minister stürzen lassen, andere hat sie ertragen oder unterstützt. Sie hat viele Reformen versprochen und die ein oder andere sogar angepackt. Die Schule ist ein treffender Ausdruck dessen, wie wir Italiener sind. Ein Beispiel für brillante Unzulänglichkeiten, mal Spitze, mal abgrundtief schlecht. Aber eins hat sie ganz sicher geschafft: Sie hat die Nation zusammengehalten.

Auch weiterhin prägen die schulischen Riten – so absurd sie auch immer sein mögen – den Übergang zwischen den Generationen. Namen und Normen haben sich verändert (drei Lehrerinnen anstelle von einer, Beurteilungen statt Noten, die Klassen- oder Schulempfehlungen); die legendären Hausmeister wurden zu »technischem Personal«; und die Nachprüfungen im September heißen nun »Ausgleich von Bildungsdefiziten«. Aber alles Übrige ist gleich geblieben.

Die niedrigen Katheder, Symbol einer geschwächten Autorität, sehen unverändert aus. Die Rückenlehnen der Stühle zersplittern noch an den gleichen Stellen und auf die gleiche Weise. Beim Tafelsäubern macht man sich mit dem Schwamm schmutzig. Und die Garderoben weisen immer noch Huthaken auf, an denen die Schüler ihre Mäntel aufhängen. Dadurch brechen die Haken, aber in den vierzig Jahren behördlicher Schulinspektionen ist das noch niemandem aufgefallen.

Der denkwürdigste Schulritus ist und bleibt aber das Abitur. Die Wehmut, die die Oberschüler des Racchetti-Gymnasiums beim Gedanken daran einmal beschleichen wird, verhält sich proportional zu ihren aktuellen diesbezüglichen Verwünschungen. Ich selbst war vor dreißig Jahren, im heißen Sommer 1975, an der Reihe. Später war ich verblüfft, diese Wehmut in den Romanen Paveses wiederzufinden und in manchen Gedichten Carduccis, so dass ich plötzlich den Eindruck hatte, alles zu verstehen. Hinter jenen Fenstern dort fanden die Prüfungen statt. Ich erinnere mich noch, wie mir beim Rausgehen die Sonne ins Gesicht schien, und an das Gefühl, dass nun vieles möglich sei.

Solche Erinnerungen verbinden: einen Vater und einen Sohn, einen Erwachsenen hier in Crema und einen Jugendlichen in Crotone im fernen Kalabrien. Deswegen sind sie so wertvoll. Wie die Tierarten »reproduzieren« sich die Nationen auf ihre je eigene Weise. Wir sind anders als die Engländer, denn, wie erwähnt, weist unsere Geschichte mehr Brüche und dunkle Flecken auf. Wir ähneln nicht den Amerikanern: Unser 2. Juni, der Tag der Republik, an dem wir die Gründung der italienischen Republik (1946) feiern, kann es bis jetzt noch nicht mit deren 4. Juli aufnehmen. Und wir unterscheiden uns auch von den Franzosen, denn zu viele Illusionen haben wir verloren, als dass wir von »Grandezza« sprechen könnten, ohne lächeln zu müssen. Wir selbst pflegen einen Bonsai-Patriotismus, der in Schulen wie dieser hier entsteht, über die Bänke gleitet, sich schüchtern zwischen den Anthologien bewegt, die stets gleichen Klassenbücher passiert und schließlich, im Foltergewand, in ein Fest mündet: dem Abitur. Ab dann lebt man von Rendite und Erinnerungen.

Ich kenne Eltern, die ihre Kinder auf hervorragende internationale Schulen in Italien gehen ließen, sie dann aber, als sie vierzehn waren, doch auf einem italienischen Gymnasium anmeldeten. Denn sie spürten wohl, dass dort mit jenem besonderen Leim gearbeitet wird, der uns Italiener, trotz aller Differenzen, zusammenhält. Würde man das staatliche Bildungswesen schwächen, litte darunter nicht nur ein Schulzweig, sondern jener Raum, in dem noch so etwas wie eine nationale Bildung vermittelt wird. Und das wäre tragisch.

Neulich sah ich einen alten Freund aus England wieder, der beruflich in Italien zu tun hatte. Er war erschüttert: Eine renommierte Schule (Westminster) hatte gerade seinen dreizehnjährigen Sohn abgelehnt, nachdem sie ihn zunächst geködert und auf eine Warteliste gesetzt hatte. In den USA ist es nicht unüblich, in ein anderes Viertel oder gar eine andere Stadt zu ziehen, nur damit die Kinder eine bestimmte Grundschule besuchen können (die es mit der in Crema wahrscheinlich nicht aufnehmen kann). Oder man überweist Tausende von Dollar jährlich an eine Schule, für deren Besuch knallharte Aufnahmeprüfungen notwendig waren, die das Nervenkostüm arg strapazierten (das der Eltern, nicht der Kinder, denn die sind klüger). Selektiert wird in Italien erst viel später, und auch die guten Schulen sind praktisch gratis und fördern den Zusammenhalt der Schüler. Vor dem Racchetti-Gymnasium stehen keine Sicherheitsbeamten mit Metalldetektoren, und niemand vermisst sie.

Dreihundertzweiundfünfzig Jahre nach der Anregung der Generalversammlung der Stadt Crema stehen wir hier und wundern uns über die Harmonie, die wir bei den Jugendlichen beobachten können, die gerade, das Ende des Schuljahres bejubelnd, aus dem Gebäude strömen. Da ist der Sohn des kleinen Angestellten, der die Tochter des Unternehmers hofiert, und die Tochter des Arztes, die sich zusammen mit ihrer Freundin aus einer Handwerkerfamilie auf den Heimweg macht. Das ist kein Sozialismus. Aber eine soziale Errungenschaft, auf die wir stolz sein können.

Sonntag
ZEHNTER TAG

Von Crema zum Flughafen,
mit einem Abstecher über San Siro

In der Kirche
oder Vom moralischen Menü

Bevor Sie über die Kirche in Italien urteilen, sollten Sie ein Restaurant besuchen. Ja, Sie haben richtig verstanden: ein Restaurant. Es trägt den Namen Ambasciata und liegt in der Region Oltrepo bei Mantua. Dieses Lokal, zu den besten in Italien zählend, schimmert rot von Brokatstoffen, golden von zahlreichen Kelchen und Paramenten, wird erhellt von einem Meer von Kerzen und geleitet von einem Küchenchef, so beleibt und leutselig wie der alte Abt eines Klosters. Das Ambasciata ist ein gastronomisches Denkmal der Gegenreformation, ein Konzentrat von Versuchungen und Frömmigkeit, in dem sich – nicht zufällig – auch Federico Fellini besonders wohl fühlte.

Bestellen Sie dort einen Tisch, und Sie werden verstehen, dass Italien ein Land ist, in dem die Grenzen verwischen. Ein Restaurant ahmt die Atmosphäre einer Kirche nach, und viele Kirchen sprechen die Sinne an, durch Düfte, Farben und Klänge, durch Kunst und Kitsch und das Spiel von Licht und Schatten. Ich hatte es ja bereits in Siena gesagt: Man braucht seine fünf Sinne und ein wenig Intuition, um die katholische Religion zu begreifen. Erst dann kann das Gehirn folgen.

Dies ist der Grund, warum sich viele Fremde gar

nicht erst auf das Wesen der italienischen Kirchen einlassen, aber mit einem Urteil über die italienische Kirche schnell bei der Hand sind. Sie wollen mit dem Verstand und nicht mit dem Herz begreifen und vergessen dabei, dass die katholische Kirche Leidenschaft und Freude nicht toleriert: Nein, sie verlangt sie.

Das beweist auch diese kleine Kirche hier, die Antonius, dem Schutzheiligen der Haustiere, geweiht ist. Schauen Sie sich mal um und beachten Sie diese Verbindung von aufrichtiger Verehrung mit vagem Aberglauben. Sie sehen kostbare Fresken sowie wenig aufregende Gemälde mit den üblichen Motiven, zehn Heilige, zwanzig Opferstöcke, eine Ecke für Gläubige, die es eilig haben, einen Bereich für die armen Seelen im Fegefeuer, einen Altar für Frauen, die sich ein Kind wünschen. Naiv? Vielleicht. Doch diese Religion ist Teil des Lebens und spendet uns Trost. Im sechzehnten Jahrhundert kamen die Menschen hierher, um Schutz vor der Pest zu erflehen, heute um Ruhe zu finden und die Gedanken zu ordnen.

Eine größere Kirche ist der Dom von Crema, der 1284 begonnen und 1341 fertiggestellt wurde, nachdem die Truppen des deutschen Kaisers das vorherige Gebäude zerstört hatten. Lombardisch-gotischer Stil, das heißt, klare Linien, innen wie außen. Die freistehende Fassade, ganz aus Ziegelstein errichtet, ist wie eine Erfindung der Bühnentechnik. Schauen Sie mal, wie die Wolken hinter dem zweibogigen Fenster vorüberziehen; ein Genie, der es dorthin setzte.

Die Menschen gehen ins Dunkel hinein und treten in die Sonne hinaus. Viele bleiben vor dem hölzernen Kruzifix stehen, das seit Jahrhunderten für jedermann ein offenes Ohr hat. Manch einer nutzt den Dom auch als Abkürzung über den Platz. Niemand stört sich daran: Wo steht denn geschrieben, dass ein heiliger Ort nicht auch einen praktischen Nutzen haben kann? Hier drinnen fanden mehr als vier Hochzeiten und eine Trauerfeier statt, und die waren alle echt.

Jeden Sonntag erlebt man in den drei Kirchenschiffen diverse Heilige Messen mit den zugehörigen Darbietungen gesellschaftlichen Lebens. Es gibt Gottesdienste für die ganz Frommen (um sieben Uhr morgens), für Kinder (um zehn Uhr), für Unaufmerksame (mittags) und schließlich eine Messe für jene Besucher, die erledigt vom Wochenendurlaub heimkehren (sieben Uhr abends). Manche Gläubige nehmen aktiv teil, andere antworten bei keinem Gebet des Priesters, so als fürchteten sie zu stören. Manche singen gut, andere sollten lieber nur im Geiste mitsingen. Manche suchen sich irgendeinen freien Platz, andere sitzen immer in derselben Bank, in der gleichen Messe, um die gleiche Zeit, und wenn sie mal besetzt ist, fühlen sie sich hintergangen.

Viele Touristen kommen, sehen und verstehen es nicht. Dabei ist es gar nicht so schwer. Es reicht, sich die Steine der Säulen anzuschauen, die von einer Farbe sind, die man in Amerika, egal wie man sich bemüht, nicht nachmachen kann. Siebenhundert Jahre waren nötig, um diese Unvollkommenheit zu erreichen. Es ist die Farbe, die zu dem passt, was wir Italiener im Kopf haben, und genauso faszinierend ist.

Die Frage drängt sich auf: Wieso belagerten unübersehbare Menschenmengen den Petersplatz – zunächst, um sich von Johannes Paul II. zu verabschieden, dann, um dem neuen Papst Benedikt XVI. zuzujubeln –, während gleichzeitig die Kirchen in Italien immer leerer werden? Die Begeisterung für den Papst steht im Widerspruch zu den Problemen zahlreicher Gemeinden, die sonntags wie »Brüderschaften der Ergrauten Häupter« wirken: Das jüngste Mitglied ist vierzig und häufig nur gekommen, um etwa das Töchterchen zum Kindergottesdienst zu bringen. Die leidenschaftliche Anteilnahme, die man in Rom beobachten konnte, scheint meilenweit entfernt von den lauwarmen Gewohnheiten vieler Katholiken. Neun von zehn Italienern geben an, gläubig zu sein, doch regelmäßige Besucher der Sonntagsmessen werden immer seltener. 1985 war es noch einer von dreien, heute nur noch einer von vieren.

Da möchte man doch rufen: »He, wo seid ihr am Sonntag? Ihr, die ihr den verstorbenen Papst wie junge Diakone beweintet und wie studierte Theologen redetet. Wo steckt ihr, wenn die Kinder zur Erstkommunion gehen, wenn die Jugendlichen gefirmt werden, wenn die katholischen Pfadfinder eine Messe gestalten? Warum schickt ihr eure Kinder nicht zu den Gruppenstunden der Katholischen Jugend, an denen ihr selbst noch teilnahmt? Seid ihr nicht die, die nachmittags gebannt vor den Fernsehtalkshows sitzen und davon träumen, einmal teilnehmen zu dürfen?«

Die Angesprochenen würden vielleicht einfach schweigen. Oder antworten, dass man den Papst auch ohne regelmäßigen Gottesdienstbesuch lieben kann. Einspruch: Johannes Paul II. besaß zwar eine »Rockstar-Quality«, wie es in Amerika heißt, doch in manchen Fragen ließ er nicht mit sich reden. Und die Sonntagsmesse war für ihn kein Angebot, sondern eine Pflicht. Rechte Politdilettanten mögen Wojtyla als Verteidiger des Lebens in den Himmel gehoben und gleichzeitig Kriege befürwortet haben; kurzsichtige linke Politiker den Papst als Kapitalismuskritiker geschätzt und sich gleichzeitig für Abtreibung ausgesprochen haben. Doch die Menschen, die anlässlich der Trauerfeierlichkeiten Rom im Sturm nahmen, waren konsequenter. Und wenn sie nicht zur Messe gehen, wird das schon seinen Grund haben.

Im Ausland ist man in diesem Zusammenhang mit Erklärungen schnell bei der Hand: Die Italiener seien eben sympathische Heuchler, heißt es da. So schrieb der Franzose Jean-Noël Schifano, Autor von *Désir d'Italie*, vor einiger Zeit: »Für Italiener ist Religion nur Schaum. Nützlicher Schaum: Denn die Gebote, die sie setzt, dienen dazu, verletzt zu werden. Und solche Verstöße machen Italienern Spaß. Ich verstehe sie. Sie haben Recht. Sollen sie nur weitermachen!« Und ich möchte ihm antworten: Wenn es doch nur so einfach wäre.

Es stimmt schon, der von der Kirche auferlegte kategorische Imperativ – der beachtet, ignoriert oder umgangen werden konnte – wurde längst durch eine persönliche Moral ersetzt. Doch dadurch ist die Religion nicht bedeutungslos geworden, und heutige Katholiken sind nicht unmoralischer als die früherer Zeiten. Viele haben sich bewusst für einen Glauben entschieden, der einst emotionslos von Generation zu Generation weitergegeben wurde. Und das ist begrüßenswert. Einige haben sich auch Gruppen angeschlossen, und so manch eine Gruppe hat sich zu einer Lobby entwickelt, was weniger begrüßenswert, aber erklärbar ist. Viele Italiener suchen Wärme, einen Beschützer, eine Instanz, die ihnen die Last des Zweifels abnimmt. Religiöse Lobbys wirken da wie Heizungssysteme, Versicherungen, Beruhigungspillen, und da bedient man sich eben.

Woher also dieser Widerspruch: Begeisterung auf dem Petersplatz, Kälte in der Kirche? Vielleicht liegt es wieder daran, dass uns Italienern, wie schon erwähnt, schöne Gesten eher liegen als richtige Verhaltensweisen. Fest steht aber auch, dass der Tod Johannes Pauls II., jenes Papstes, der über so lange Jahre unser Leben prägte, einen emotionalen Hurrikan entfacht hat. Wie andere, und mehr noch als andere europäische Länder, gibt sich Italien heute gerne abgebrüht – und wird dabei immer sentimentaler. Das zeigen die Reaktionen auf den 11. September 2001, auf das Attentat von Nassiriya (2003) und die Tsunami-Katastrophe Ende 2004. Beim Tod des Papstes kamen noch andere Punkte hinzu: Mysterium und Gewöhnung, Zuneigung und Wertschätzung, Herdentrieb und Suggestion.

In den Sonntagsmessen gelingt es, von Ausnahmen abgesehen, heute nicht mehr, solche Gefühle auszulösen, Gefühle, die die ersten Christen dazu bewegten, freudig in die Katakomben hinabzusteigen, oder die Schwarzen in den USA, voller Inbrunst ihre Gospels zu singen. Und das liegt, sprechen wir es ruhig aus, nicht allein an den Gläubigen. Viele Priester tragen mit lustlos gehaltenen Gottesdiensten und langweiligen, aufgewärmten Predigten ihren Teil zur Diaspora bei. Eine Lösung könnte sein, ähnlich wie bei den Einschaltquoten im Fernsehen, die Höhe der Opfergaben während der Messe nach dem Grad der Zustimmung zu bemessen. So ließen sich die Pfarreien vielleicht dazu bewegen, für mehr Qualität zu sorgen.

Ja, das ist gar keine schlechte Idee. Dem väterlichen Papst, von dem die Italiener so bewegt Abschied nahmen, hätte sie sicher gefallen. Und Johannes Paul der Große hätte garantiert Spitzenwerte erreicht: Jedes Wort ein Vermögen.

Die Italiener sind ein moralisches Volk. Aber wie die Gesetze muss auch die Moral penibel genau passen. Ein Ansatz *à la carte*: Jeder sucht sich, unter Berücksichtigung seines Gewissens und seines Vorteils, das aus, was ihm behagt. Die Religion bleibt wichtig, aber die Auswahl ist groß, und es gibt viele Gänge.

Die Vorspeise ist klassisch: ein Misstrauen gegen die Obrigkeit, das in den vielen Jahrhunderten unter der Herrschaft fremder Mächte kultiviert wurde. Eine allseits beliebte, aber schwer verdauliche Vorspeise, führt sie doch dazu, dass unsoziale Verhaltensweisen gerechtfertigt werden. Ein Freiberufler, der dem Finanzamt nur ein Viertel seiner Einkünfte angibt, käme sich fast überall sonst in Europa schuldig vor. In Italien sieht er sich als stiller Rächer.

Der erste Gang ist ebenfalls altbekannt. Die Anhänglichkeit an die Familie, die viele Italiener dazu veranlasst, jedweden Trick für legitim zu halten, wenn er nur im Interesse von Familienangehörigen oder Verwandten liegt. »Amoralischer Familiensinn«, hat vor Jahren einmal ein amerikanischer Soziologe solch eine Haltung genannt: sich in der Familie vorbildlich betragen und außerhalb der Familie alles danach ausrichten, dass die privaten Rechnungen stimmen. Die These ist faszinierend, aber zu einfach. Die Familie ist zwar, wie wir gesehen haben, eine starke Maschine, ein hochmotorisierter Wagen, aber man kann ihn lenken und muss sich nicht an die Wand fahren lassen.

Auch über den Hauptgang haben wir schon geredet: Stolz auf unsere Intelligenz, die uns dazu treibt, eigentlich überflüssige Umgehungsmöglichkeiten zu ersinnen. Normen gelten als pedantisch, ihre Verletzung als verlockend. Dabei vergessen wir zwei Dinge: In jeder funktionierenden Gesellschaft ist die Disziplin aller genauso wichtig wie die Genialität Einzelner; und Gerissenheit mit Genialität zu verwechseln, ist ähnlich, wie Michelangelo für einen beliebigen Madonnenmaler zu halten.

Ein weiterer Gang muss noch näher erläutert werden: das Laster der Transzendenz. Welche Haltung nehmen italienische »Transzendenten« ein? Sie behaupten, es gebe ein höheres Gut, und es sei legitim, für dieses Gut etwas anderes zu opfern. Häufig die Korrektheit, manchmal die Objektivität. Den einen oder anderen Grundsatz. Was vertritt zum Beispiel ein »religiöser Transzendent«? Er steht auf dem Standpunkt, um sein eigenes Ideal durchzusetzen, sei es vertretbar, sich auch mit den Schlechtesten zu verbünden und deren Methoden zu übernehmen. Wie geht ein »politischer Transzendent« vor? Er verkündet: Sind es die Ziele wert, kommt es auf die Mittel nicht an! Das ist Machiavelli für Arme, aber der hat – vom Faschismus zum Kommunismus, vom Sozialismus zum Terrorismus, vom »Berlusconismus« zum Pazifismus – immer ins Unglück geführt.

Der nächste Gang ist wichtig, aber nicht sehr bekannt. Hier meine ich die Gefahren, die entstehen, wenn aus Vertraulichkeit Mitwisserschaft wird. Italien ist ein Land von Menschen, die gerne mit anderen zusammen sind: Kontaktaufnahme fällt uns leicht, und wir nutzen diese Fähigkeit, um Freundschaften zu schließen. Dies ist eine Tugend, solange sich solche Verhältnisse nicht zwischen Kontrolleuren und Kontrollierten entwickeln. Denn dann wird es problematisch. Der Parmalat-Skandal – mit einem Schuldenberg von 14 Milliarden Euro brach dieser italienische Milchkonzern nach Bilanzfälschungen und Manipulationen zusammen, und der Firmengründer Calisto Tanzi wurde verhaftet in dem Verdacht, 500 Millionen Euro veruntreut zu haben – und andere italienische Desaster haben hier ihre Ursache.

Die Beilage ist auch weniger bekannt. Nämlich die antiautoritäre Stimmung, die Ende der sechziger Jahre aufkam und sich mit unserem traditionellen Individualismus verband. Kirche, Schule, Universität, Firma, Familie, Paarbeziehung: Jede von außen vorgegebene Norm wird als Einschränkung angesehen; jeder möchte für sich selbst entscheiden. Doch die protestantische Reformation war an Italien vorübergegangen, und ganz allein die richtigen Entscheidungen zu treffen, fällt vielen schwer.

Damit wären wir beim Dessert, und das ist nicht süß. Ich meine den Anspruch auf Vergebung. In Italien ist der Sühnegedanke unpopulär: Nicht Freispruch, aber Begnadigung ist unser Motto. Eine Erklärung dafür? Ja, vielleicht: Da wir der Obrigkeit, ihrer Gerechtigkeit und ihren Motiven misstrauen, haben wir uns einen Notausgang geschaffen. Mögliche Nachsicht als Mittel gegen zu erwartende Ungerechtigkeit und als Waschmittel für das unreine Gewissen.

Diese Haltung wurde besonders deutlich Anfang der neunziger Jahre im Bestechungsskandal *Mani pulite*. Die gerichtlichen Untersuchungen förderten Beweise für einen unübersehbaren Korruptionssumpf ans Tageslicht, in dem sich die eine Hälfte Italiens auskannte und den die andere Hälfte immer schon vermutet hatte. Nach dem ersten Aufschrei der Empörung sahen nicht wenige bald das Vorgehen der Untersuchungsrichter mit Sorge (»die können doch nicht erwarten, dass alle Gesetze eingehalten werden«). Und wer, wie Berlusconi, nur die Auswechslung des Personals forderte und auf Geständnisse und Reue (seine, unsere) verzichten wollte, erntete zunächst Applaus und dann auch Wählerstimmen. Wenn man es sich genauer überlegt, muss man sagen, dass es eigentlich gar nicht anders laufen konnte.

Das Fußballstadion oder Der FKK-Strand der Emotionen

Ich glaube nicht, dass es Wissenschaftler für die Erforschung des italienischen Wochenendes gibt, nicht zuletzt, weil diese dann am Wochenende arbeiten müssten, und dazu hat nicht jedermann Lust. Ich glaube aber, dass sich die Wochenend-Riten im Land langsam ändern, und zwar zum Besseren hin, nachdem eine Zeit lang das Schlimmste zu befürchten war.

Das Weekend, mit oder ohne Bindestrich, ist eine britische Erfindung – laut *Oxford Dictionary* geht es auf die Mitte des 17. Jahrhunderts zurück –, und wir haben es importiert, zusammen mit anderen angelsächsischen Phänomenen (Demokratie, Fußball, gestreifte Hemden). Das Wort »week-end« tauchte bereits 1905 im italienischen *Dizionario Moderno* von A. Panzini auf, und 1919 schrieb der Korrespondent der Turiner Tageszeitung *La Stampa* von Paris aus über »das, was die Engländer Week-End nennen, und an dem man gewöhnlich gar nichts tut«.

Das Weekend als Massenphänomen entwickelte sich jedoch erst später und lässt sich auf zwei Umstände zurückführen: die Reduzierung der Wochenarbeitszeit und den sprunghaften Anstieg des Individualverkehrs in der zweiten Hälfte der fünfziger Jahre. Auch wenn für einen Fiat-Arbeiter aus der Vorstadt Turins ein Ausflug zum Skifahren in Sestriere sicher nicht drin war, lud der eine oder andere doch jetzt schon Frau und Kinder in den Fiat Seicento und gönnte sich eine Spritztour ans Meer. Im Jahr 1964 tauchte zum ersten Mal im *Corriere della Sera* der Begriff *weekendista* (»Weekendler«) auf. Das Phänomen hatte sich durchgesetzt: Sprachliche Scheußlichkeiten sind in solchen Fällen ein Zeichen der Gewöhnung (zwanzig Jahre später lernten wir dann zu »faxen«, und heute *messagiamo* (»simsen«) wir mit unseren Handys).

Wie hat sich das Weekendphänomen in den letzten vierzig Jahren entwickelt? Auf den Punkt gebracht, würde ich sagen: Was als schüchternes Abenteuer begann, hat sich zu einem furchtlosen Masochismus ausgewachsen. Die ursprüngliche Idee – das Wochenende als Erholungspause, in der man, je nach Lust und Laune, spazieren geht oder sich auch nur seine großen Zehen betrachtet – hat eine Wandlung erfahren. Zwischen Freitagnachmittag und Sonntagabend sind Millionen von Italienern damit beschäftigt, der ganzen Woche einen Sinn zu geben. Mit unschönen Folgen, die besonders die Großstädter zu spüren bekommen. Die Zwangswochenendler stehen im Stau, um hinauszukommen, und im Stau geht's auch wieder zurück. Dazwischen liegen dann zwei Tage voller wilder Aktivitäten.

Un tranquillo weekend di paura (»Ein ruhiges Wochenende der Angst«) ist nicht nur der italienische Titel eines Films von John Boorman (orig. *Deliverance*), sondern auch eine treffende Bezeichnung für das Wochenende, das viele Italiener sich selbst, ihren Familien und Freunden, die darauf hereinfallen, auferlegen. Einige Figuren sind mittlerweile legendär: etwa der Mailänder Segler, der sich, um die Kosten seines Sportgeräts zu rechtfertigen, aufreibende Exkursionen in ligurischen Gewässern antut. Oder der Skifahrer aus der Poebene, der sich ein Wochenendchalet in der Schweiz gemietet hat und dadurch zum Pendler wird, ganz ähnlich wie einst die Saisonarbeiter, nur hatten die keinen Skiträger auf dem Autodach. Schließlich auch der lombardische *campagnard*, der, anstatt sich zu Hause Pappeln zählend beim Sonnenuntergang zu entspannen, über die Autobahn gen Süden rast, um sich in der Toskana in einem Bauernhaus zu verschanzen. Dort verbringt er dann zwei Tage, umgeben von aufgekratzten Engländern, die ihn zu einem Drink einladen und ihn dabei fragen, was er denn von Giorgione halte. Der, anders als er denkt, nicht der Klempner aus Colle Val d'Elsa ist.

Auch der Sonntag, ins Wochenende gezwängt, bekam die Folgen zu spüren. EU-Gremien regten sogar an, ihn ganz abzuschaffen. In der Diskussion, die darauf folgte, hagelte es Anschuldigungen, Vorwürfe, egoistische und fundamentalistische Argumente. Spirituelle, psychologische, historische, sportliche, kirchliche und schulische Gründe wurden vorgebracht und gingen mit gegensätzlichen Schlussfolgerungen einher. Mit der Messe im Hinterkopf, verteidigte die Kirche den Tag des Herrn; mit klingelnden Kassen im Hinterkopf, hielten die großen Handelsketten dagegen und setzten sich für das Recht auf Konsum auch am Siebten Tage ein. Aber wer nun nicht Bischof oder Großhändler ist, was soll der denken?

Zunächst gilt es festzuhalten, dass sich der italienische Sonntag bereits stark verändert hat. Er ist flexibel geworden, ähnlich wie die Nachtstunden. Fast jeder dritte Italiener arbeitet schon mal sonntags (im Transportwesen oder in Krankenhäusern, in Bars oder für Tageszeitungen); bei den Akademikern kommt man hier sogar auf achtundvierzig Prozent. Viele Supermärkte sind heute bereits am Sonntag geöffnet, und viele andere Geschäftszweige kämpfen darum, dasselbe tun zu dürfen (allerdings nicht die, die uns nützlich wären, wie Bäcker oder Gemüsehändler an der Ecke, sondern die, denen wir nützlich wären, wie Boutiquen und dergleichen). Die Frage muss also lauten: Wollen wir Italiener das verteidigen, was vom siebten Tag der Woche übrig blieb? Hängen wir noch an diesem halben, chaotischen, anstrengenden, unbefriedigenden italienischen Sonntag?

Die Antwortet lautet: ja. Uns liegt daran, gehört er doch zum Leben unserer Nation. Das Weekend ist eine fremde Erfindung, doch der Sonntag gehört uns. Er bietet unserer Nation, die Veränderungen misstrauisch gegenübersteht, aber auch vor der Normalität zurückschreckt, Gelegenheit, ungewöhnliche Dinge zu tun. Messen oder Massenveranstaltungen, Ausstellungen und Festessen, Fahrräder und Kinder. Sonntage im Auto oder Sonntage zu Fuß. Sonntage, um sich die Beine zu vertreten, und Sonntage, um das Haus auf den Kopf zu stellen. Die neue festtägliche Unruhe braucht nur einen Schauplatz und einen Vorwand, und gewöhnlich lässt sich beides finden.

Auf den Sonntag zu verzichten, wäre ähnlich, wie *Fer-*

ragosto abzuschaffen: Dafür gibt es keinen Grund. Viele Leute behaupten, nach fünf oder sechs Arbeitstagen am Sonntag nur ihre Ruhe haben zu wollen. Und dann finden sie sich doch aufgereiht auf der Landstraße, eingekeilt auf dem Corso oder dicht gedrängt an einem Strand wieder. Da wird ihnen klar, dass sie die kollektive Zelebration des Sonntags mehr lieben als sie Menschenmassen und Gedränge fürchten. Es ist ein hart erkämpfter Patriotismus. Halten wir daran fest. Er ist besser als gar nichts.

Zudem ist Sonntag auch der Fußballtag. Gewiss, es gibt weniger Spiele als früher, weil viele Begegnungen auf Samstag vorgezogen oder über die ganze Woche verteilt werden. Doch der Brauch hält sich und hat viele Getreue. Die einen wohnen dem nachmittäglichen Ritus bei, andere dem so genannten *posticipo*, der auf Sonntagabend »nachverlegten« Partie. Faszinierende Unterhaltung, das eine wie das andere, auch zu Hause am Fernseher. Aber keiner kann behaupten, die Italiener zu kennen, wer sie nicht im Stadion beobachtet hat.

Im Mailänder San Siro war ich zum ersten Mal mit acht, und ich erinnere mich noch gut an den gewaltigen Eindruck, den mir die voll besetzten Ränge machten, all die Köpfe, die sich wie gemalt vor dem Himmel abzeichneten, der grüne Rasen, die weißen Tore, die schwarz-blau gestreiften Trikots von Inter und die Farben der Gastmannschaft (Lazio Rom, weiß und blau). Als mein Sohn dann im selben Alter war, nahm ich ihn zum ersten Mal mit: Wir erlebten eine katastrophale

Niederlage gegen Milan, den anderen großen Mailänder Verein, und doch war es der Beginn seiner Leidenschaft für Inter. Denn auf Anhieb verstand er, dass es sich hier um einen Verein voller interessanter Spinner handelt, der eine unerklärliche Leidenschaft rechtfertigt.

Über so einem italienischen Stadion liegt ein ganz bestimmter Geruch (nach Parkplatz, Kunststoff, Würstchen und Bier) und eine gespannte Atmosphäre: Denn, ob gut oder schlecht, man wird zu einem Ergebnis kommen, und das ist doch schon etwas in einem Land, in dem sonst alles verschoben wird. Das Stadion ist ein FKK-Gelände der Emotionen: Die Urteile sind vernichtend, der Ärger heftig, die Begeisterung exzessiv, die Versöhnung blitzartig. Hier erinnert das moderne Mailand an das antike Rom: Fußballer in San Siro, Gladiatoren im Kolosseum. Wilde Tiere fehlen zwar, aber dafür haben wir Fernsehkameras.

So ein Stadion ist wie ein Laboratorium. Die nummerierten Plätze dienen der Durchführung eines antiken Experiments, nämlich der Kultivierung penibler Haarspaltereien, gepaart mit einer lässigen Nichtbeachtung von Regeln. Steht etwa auf dem Ticket »Block T, Reihe 5, Platz 011«, wird sich der Besitzer dieser Karte auf alle Fälle auch dort niederlassen wollen und den Besucher, der dort vielleicht schon Platz genommen hat, zum Aufstehen nötigen, auch wenn das Stadion halb leer ist. Vielleicht hat er selbst gerade noch auf einer weiß markierten Verkehrsinsel geparkt, aber der Widerspruch stört ihn nicht. Denn diesen Sitzplatz zu beanspruchen, ist sein Recht, und wehe, es kommt ihm da jemand in die Quere. Die Einhaltung von Regeln ist aber nur eine Pflicht, und darüber kann man reden.

Ein italienisches Stadion ist wie der Straßenverkehr, ein Übungsplatz in Sachen Ermessensspielraum. Es gibt Regeln, aber jeder legt sie nach seinem Gusto aus. Die allgemein geltende Norm wird weniger als Gängelung, sondern einfach als langweilig betrachtet. Sie in Frage zu stellen, ist ein Weg, sie interessanter zu machen. Im Stadion werden sogar noch die Straftaten, von Beleidigung bis Bedrohung, zum Gegenstand soziologischer Betrachtungen. Hier erlebt man aggressive Persönlichkeiten und prädestinierte Opfer, unflätige Proteste und zweifelhafte Absolutionen: Einige Leute haben sogar versucht, die peinlichen Vorkommnisse während des Mailänder Derbys in der Champions League zu vertuschen, als live, vor den Augen von Millionen von Fernsehzuschauern in aller Welt, Flaschen aufs Spielfeld flogen und Leuchtraketen abgeschossen wurden. Ereignisse, die Stadien zu ungeeigneten Orten für Kinder machen und die sie gerade deswegen besonders lieben.

Ein italienisches Stadion ist der Beweis, dass die Italiener, auch wenn sie in Massen zusammen sind, doch alle unterschiedlich bleiben. Die Polo Grounds, die Don DeLillo im Prolog seines Romans *Unterwelt* beschreibt, erscheinen als kraftvolles amerikanisches Fresko (»All diese Menschen, geprägt durch Sprache und Klima und Lieder und Frühstücksgewohnheiten und die Witze, die sie erzählen, und die Autos, die sie fahren ...«*); die Ränge von San Siro sind hingegen eine

---

* übersetzt von Frank Heribert

riesige Sammlung italienischer Miniaturen. Achtzigtausend Einzelwesen, die alle ihre eigenen Ängste mitbringen, ihre Erwartungen, Erinnerungen und Enttäuschungen, ihre psychosomatischen Störungen und Pläne für die Abendgestaltung.

So ein italienisches Stadion ist wie ein Mixer der Irrationalität, der fasziniert, weil er von einem rationalen Volk betrieben wird. Die Ängste der Fans, nicht nur der von Inter, sind unnötig, weil jede Mannschaft ohnehin mehr Enttäuschungen als Finalsiege erlebt. Und doch strömen die Leute weiter massenhaft zu den Spielen und nehmen Unannehmlichkeiten auf sich, die in deutschen oder englischen Stadien ganz unbekannt sind. Die Anfahrt ins Stadion ist immer mühsam, das Parken kompliziert, der Weg hinauf zum Sitzplatz anstrengend, später der Weg hinunter stockend, die Abfahrt schwierig. Und immer blockiert ein Wagen mit eingeschaltetem Warnblinker den Verkehr, damit irgendein Großkotz schneller aus dem Stadion kommt.

Italienische Stadien gleichen Pyramiden. Ganz oben stehen die Vereine, die im Besitz sind von großzügigen Industriellen, ehrgeizigen Bauunternehmern, umstrittenen Finanziers oder von windigen Spielervermittlern. Alle wissen sie, was sie bei einem großen Fußballverein finden können: Tarnung, Beziehungen, Glanz, Popularität (solange das Geld reicht und die Nerven halten). In der Mitte finden wir die betuchte Tribünenbourgeoisie und die Mittelklasse der Vornehmen, unterteilt nach Alter, Erfahrung, Stimmkraft sowie Bekanntheits- und Arroganzgrad. Darunter die plebejische Kurvenaristokratie: Hierzu zählt alles, was kommt, und jeder redet mit jedem. Die Zuschauer in einem Stadion wissen, dass sie vom Fußball bekommen, was ihnen die Kultur verweigert und die Politik nur verspricht: die Teilnahme an einem nationalen Diskurs. Man war in Italien, wenn man weiß, was bei Juve läuft. Vorher nicht.

Ein italienisches Stadion ist ein Labyrinth aus Privilegien, Ermessensspielräumen, Sonderrechten, Codes und Hierarchien. Immer mehr VIP-Bereiche entstehen und üben eine große Anziehungskraft aus, bieten sie doch Exklusivität in der Masse, ein Status, der für uns Italiener nichts Widersprüchliches hat. *Sky Box* oder *Palchi Executive* heißen sie bei uns, Bezeichnungen, die so provinziell klingen, dass es sich fast schon wieder romantisch anhört. Von erreichten Gipfeln, errungener Macht, verdienten Belohnungen sollen sie künden, gleichen tatsächlich aber eher Einzimmer-Apartments, wo dreißig Leute mit einem Sandwich in der Hand untergebracht sind.

Auf seine Art ist jedes italienische Stadion auch eine Art Paradies. Jeder Angestellte von San Siro kommt sich wie Petrus persönlich vor und ist daher bereit, auch ohne Bezahlung zu arbeiten. Denn die Stellung garantiert die notwendige Wochenration Selbstbeweihräucherung, ohne die ein Italiener zugrunde gehen würde. Was findet man sonst noch im Stadion? Jede Menge Farben (rote Tribüne, orangefarbene Tribüne, grüner Ring, blauer Block), Mitgliedsausweise, Jahreskarten, Mitarbeiterausweise, Abzeichen, Stempel, Passier-Armbänder, Passierberechtigungen ohne Armband, Bekannte, die einen passieren lassen, junge Damen in Uniform, die einen lächelnd anschauen, unschuldig, inkompetent, unparteiisch.

Ein italienisches Stadion ist also, wie Sie gesehen haben, eine Synthese dessen, was wir Italiener sind, sei es zu unserem Glück oder zu unserem Schaden. Ein Ort, der zwischen Stammesriten und Moderne hin und her schwankt. Ein Ort, den Zehntausende von Individuen aufsuchen, um etwas mit anderen zu teilen: Träume und Erinnerungen, das Aushalten von Enttäuschungen, die Hoffnung auf die Freude des Sieges, eine bedingungslose Liebe und letztlich das, was sich vom italienischen Sonntag erhalten hat.

Der Horizont
oder Wir brauchen einen neuen Kolumbus

Vor zehn Tagen wussten Sie nur wenig über unser Land: Heute wissen Sie viel – und sind umso verwirrter. Ein gutes Zeichen. Touristen, die Italien nicht ratlos macht, haben sich täuschen lassen.

Unsere Reise geht zu Ende: In einer Stunde werden wir wieder am Flughafen in Malpensa sein. Wir haben wenig Verkehr, denn es ist Sonntagabend, die Mailänder kehren von den Seen zurück, und wir fahren in die Gegenrichtung.

Sehen Sie den Mann dort im Wagen, der sich, vor dem Kassenhäuschen wartend, im Rückspiegel betrachtet? Wohin mag er unterwegs sein, was mag in seinem Kopf vorgehen? Sein Hut darauf jedenfalls spricht für einen merkwürdigen Geschmack.

Ich schaue mir gern Länder vom Auto aus an. In den USA ist »Straße« eine philosophische Kategorie, in Italien noch nicht. Dafür liegen Abfahrt und Ankunft zu dicht beieinander, und es gibt zu viele Unterbrechungen, Staus, Mautstationen, Kurven. Dem Herz bleibt keine Zeit, in den richtigen Rhythmus zu kommen. Aus diesem Grund haben wir auch keinen italienischen Bruce Springsteen. Nicht mangels Poesie, sondern mangels Kilometerzahlen.

Im Auto an einem Juniabend spürt man etwas vom Wesen der Poebene: Seit zweitausend Jahren ist hier immer etwas los. Früher standen hier Hütten, heute Lagerhallen. Barbaren fielen ein, und man findet sie immer noch, nur dass wir sie jetzt selbst hervorbringen. Die Schlachten unserer Zeit werden auf den Straßen geschlagen, es gibt Tote, und auch ihr Tod ist immer sinnlos.

Auch die Landschaft hat sich verändert. Verschwunden sind Maulbeerbäume, Flachs, Roggen und Hanf; Weizen sieht man weniger, dafür Mais und Soja; Reis hält sich, im Westen. Die Poebene ist heute trockener als vor hundert Jahren, fast amerikanisch: Es gibt weniger Sümpfe, weniger Abwechslung in den Kulturen, weniger Bäume, weniger Farben. Grün dominiert, und dieses Grün versetzt jeden in Erstaunen, der über die Alpen gekommen ist, egal ob Tourist oder Eroberer. Auf Satellitenaufnahmen erscheinen 95 Prozent der Gesamtfläche Italiens – dreißig Millionen Hektar, die Hälfte davon Anbaufläche – in dieser Farbe. Ein eintöniger Reichtum.

Der italienische Horizont hingegen hat viel erlebt. Hochspannungsleitungen und Straßen haben ihn durchschnitten, Erbteilungen und Landwirtschaft sein Gesicht verändert, die Städteplaner und Unternehmer ihn in Besitz genommen. Die Lagerhallen kleiner Betriebe haben sich ins Bild geschoben, das nicht mehr bestimmt wird von Pappelreihen und Kirchtürmen. Die Städte und Dörfer sind ausgefranst und nun umgürtet von einem Ring aus Tankstellen, Autohändlern, Supermärkten und Fast-Food-Restaurants. Die Bauernhöfe inmitten der Felder, einst als Zeichen des guten Willens errichtet, stehen noch, aber häufig leer. Die Menschen leben woanders: In den letzten fünfzig Jahren ist die Bevölkerung Italiens um neun Millionen Menschen gewachsen, die Anzahl der zur Verfügung stehenden Zimmer aber sogar von 35 auf 121 Millionen, Schwarzbauten nicht mitgerechnet. Wie die Bauernhöfe sind viele Häuser unbewohnt und warten auf Wochenendbesucher und ein wenig Trubel in den Sommerferien.

Nehmen Sie sich ein Stück mit nach Hause von dieser lombardischen Landschaft, denn sie ist ein echtes Souvenir mit ihren schachbrettartig angelegten Äckern, dem kammförmigen Netz aus Gräben und Flüssen, die sich Richtung Po ziehen. Im Herbst liegt sie unter einem dichten Nebel, der hier in der Gegend nicht nur ein meteorologisches Phänomen ist, sondern das Leben der Menschen bestimmt. Aber das sorgt uns nicht. Wir sind an die feuchte Kälte gewöhnt, und außerdem haben wir gute Nebelscheinwerfer.

Sorgen bereitet uns ein anderer Horizont, der nicht vom Nebel der Poebene, sondern von einer neuen Unsicherheit verdüstert wird. Seit einiger Zeit macht uns alles Unbekannte Angst, und das ist nicht zu verstehen. Ein armes, autoritätsgläubiges Land hat sich nach dem Krieg aus den Trümmern erhoben und ist demokratisch geworden, wohlhabend und modern. Solch ein Land sollte die Zukunft nicht fürchten. Aber das ist der Fall. Wir sind eine junge Demokratie mit ersten Anzeichen von Vergreisung.

Diese Anzeichen sind offensichtlich. Wir haben sie

angesprochen in den vergangenen Tagen auf unserer Reise: Die Geburtenrate ist niedrig, Investitionen gehen ins Ausland, Infrastrukturen veraltern, die Forschungsleistungen gehen zurück und eine Reihe schlechter Angewohnheiten hält sich hartnäckig. Nicht zuletzt deshalb lassen viele junge Menschen den Süden hinter sich und ziehen nach Norden, lassen Italien hinter sich und ziehen in die Welt.

Aber das ist noch nicht alles: Kaufen wurde für viele zur Ersatzbefriedigung, und die Flut der Massenartikel scheint nicht aufzuhören. Die Werbung setzt nicht auf Fortschritt, sondern bietet Tröstungen an. Die Hälfte der Italiener hat sich in Köche und Weinexperten verwandelt, die andere Hälfte in Vorkoster. Die Mode wiederholt sich und bringt nur Altvertrautes hervor. Das Fernsehen ist wie eine hoch technisierte Reproduktion der traditionellen Dorffeste, mit Marktschreiern, Schönlingen und den vollbusigen Mädchen aus der Schießbude. Es ist eine Gesellschaft, die manch einer schon, mit Genugtuung oder Verdruss, als »berlusconisiert« bezeichnet; andere, mit belustigter Toleranz, als »brasilianisiert« (»Hedonismus und Konsumrausch, Körperkult, Realityshows und Ruhmsucht, neue Glaubensrichtungen und Selfmade-Spiritualität…«, Giuliano da Empoli, *Fuori controllo, 2005*).

Aber vielleicht gibt es eine Parallele, die geografisch näher liegt. Dieses Italien des beginnenden 21. Jahrhunderts erinnert an das Venedig des ausgehenden 18. Jahrhunderts: ein unablässiges Fest, ein ständiger Karneval in unendlich vielen Folgen. »In dieser Stadt«, erzählte ein Reisender aus jener Zeit, »ist alles Spektakel, Vergnügen, Sinneslust.« Und Indro Montanelli, der vor sechs Jahren gestorbene Starjournalist und Schriftsteller, schrieb in seiner *Geschichte Italiens*: »Vergnügungen entschädigten für die politische Unterdrückung und ließen sie erträglich werden. Und die herrschende Kaste Venedigs war ein blendender Regisseur und Spender von Lustbarkeiten.«

Damals wie heute reduziert sich der Horizont auf die nächste Zerstreuung. Die Moden täuschen die Naiven und überzeugen sie, modern zu sein. Im Partyspaß vergessen wir die Enttäuschung über eine Führungsschicht, die sich zwar verändert, aber nicht besser wird, über eine Wirtschaft, die nicht wachsen, und eine Justiz, die nicht funktionieren will: Ein Zivilprozess, der im Durchschnitt sieben Jahre dauert, ist eine Einladung für Trickser und eine Verhöhnung der Ehrlichen. Die Menschen wissen das, können aber nichts dagegen tun. Die Politik könnte es, scheint aber nichts davon wissen zu wollen.

Silvio Berlusconi pries sich als Kapitän an, der einen anderen Kurs einschlagen wird, kümmerte sich dann aber mehr um den Komfort seiner Kajüte und ist gestrandet, Romano Prodi, sein Nachfolger, pflegt einen weniger selbstherrlichen Regierungsstil. Bevor sie ihm das Vertrauen schenkte, glaubte eine Mehrheit der Italiener bereits an Mussolini, an den Sozialismus, an Amerika, an die Aufklärungsarbeit der Richter, an Europa. Alles Verkörperungen desselben Mythos: ein Zorro, der auf den Plan tritt und für uns den Sieg erstreitet. Doch so ein Zorro ist Kinderkram: Was wir brauchen, ist ein Kolumbus. Jemand, der zum Horizont zeigt, den Kurs angibt, der Mannschaft Mut macht und beweist, dass er, wenn nötig, das Steuer auch selbst in die Hand nehmen kann.

Doch solch ein Kolumbus lässt auf sich warten, und wir navigieren nur auf Sichtweite. Und in der Tat sind wir noch weit entfernt von unserem Ziel, dem Ziel einer gelassenen Demokratie, in der man sich über die toll funktionierenden öffentlichen Einrichtungen unterhält. Infrastrukturmaßnahmen und Stärkung der Forschung, Bildungsförderung und Abbau von Handelshemmnissen, weitsichtige Energiepolitik und eine Reform des öffentlichen Dienstes, Stärkung des Marktes und eine Neugestaltung des Berufsrechts – das alles sind anspruchsvolle Vorhaben. Gewiss, weniger anstrengend wäre es, sich weiter abzulenken und zu vergnügen.

Unser Sonnenuntergang vollzieht sich in Folgen, prunkvoll und festlich, aber es bleibt ein Untergang. Viele von Ihnen werden überrascht sein von dieser brillanten Nation, die jetzt müde und zynisch wirkt. Im Unterschied zu Barzini glaube ich nicht, dass die Ausländer uns in Scharen besuchen, »weil sie einmal Ferien machen wollen von den moralischen Verpflichtungen und Tugenden ihrer Heimatländer«. Nein, ich glaube, dass sie verstanden haben, was wir bloß vermuten: Dieses unvorhersehbare Italien ist immer noch ein besonderes Land. Und zu beobachten, wie es auf der Stelle tritt, tut weh.

»Es ist nicht leicht zu erklären, worin die glückliche, beschwingte Atmosphäre eigentlich besteht, welche das italienische Leben auszeichnet. Sie ist eine Mischung aus Skepsis, guter Laune, Witz, leben und leben lassen, welche tiefe Gedanken, kühne Zweifel und eine gewisse sinnliche, auch romantische Leidenschaft, mit vollem Verständnis für die menschliche Natur und mit der Duldung ihrer Schwächen und Vorzüge, nicht ausschließt.« Das schrieb der Journalist Giuseppe Prezzolini (1882–1982), ein weiterer leidenschaftlicher und enttäuschter Italiener. Nach seiner Rückkehr aus New York ließ er sich in der Nähe Italiens, hinter der Schweizer Grenze, nieder. Es war eine Liebe auf Sicherheitsabstand, aber eine Liebe blieb es.

Wieder ein Beweis, dass es in Italien ein Nationalgefühl gibt. Kompliziert, wütend, begraben unter Schwulst und Geschwätz, getarnt durch Zynismus und Sarkasmus: Aber es existiert und kann voller Anmut sein. Es existierte in Prezzolini, der es bekämpfte, in Barzini, der es exportierte, und in Montanelli, der es verbarg. Es existierte in vielen, vielen Italienern, die sich ein besseres Land wünschen, aber nicht mehr fähig scheinen, ihre Träume zu verwirklichen. Es steckt in dem jungen Burschen an der Tankstelle, der uns jetzt zulächelt, während er die Windschutzscheibe säubert: Und dazu zwingt ihn kein Arbeitsvertrag, vorausgesetzt, er besitzt überhaupt einen.

Vielleicht ist dieses Gefühl Tradition, vielleicht Gewohnheit, vielleicht nur eine Pause, die sich ein Land gönnt, das zu viel gestritten hat. Wahrscheinlich steckt, mit allem anderen vermischt, auch ein Bedauern darin: Denn im Grunde wissen wir, dass unsere Tugenden unnachahmbar sind, während unsere Fehler abstellbar wären. Man müsste es nur wollen. Den Kopf dazu haben wir jedenfalls.

Danksagung

Mein Dank gilt meiner Familie, vielen Freunden und einigen Kollegen, sowie allen tüchtigen Menschen, die sich von nichts beeindrucken lassen und so dieses Land in Schwung halten.

Ortsregister

Personenregister

Alberti, Leon Battista 261
Allen Woody, 117
Altman, Robert 250
Annunzio, Gabriele d' 258
Appel, John 158
Armani, Giorgio 60, 65
Artusi, Pellegrino 48

Balzac, Honoré de 258
Barthes, Roland 53
Barbini, Luigi 272, 322f.
Barbini, Luigi 272, 322f.
Battisti, Lucio 153
Bellini, Giovanni (genannt *Giambellino*) 142
Bennato, Edoardo 168
Benedikt XVI., Papst 300
Berlusconi, Silvio 77, 82, 127f., 132, 134, 136, 176, 306, 321
Bo, Carlo 157
Boccaccio, Giovanni 29
Boorman, John 308
Botticelli, Sandro 121ff., 223
Browning, Robert 60

ITALIEN

0 100 km

SCHWEIZ   ÖSTERREICH

Turin
Aostatal
Südtirol-
Trentino
Friaul   SLOWENIEN
Mailand
Lombardei   Venetien   *Venedig*
Piemont
Emilia-
Romagna
Ligurien
FRANKREICH
Florenz
*LIGURISCHES
MEER*   Toskana   Marken
Elba
Umbrien
Korsika
(Frankreich)   Abruzzen   *ADRIATISCHES
MEER*
Rom
Latium   Molise
Olbia   Apulien
Kampanien
Neapel   Basilikata
Sardinien
*TYRRHENISCHES
MEER*
Cagliari   Kalabrien

ÄOLISCHE
INSELN

Palermo
Sizilien   *Catania*